CATCHING FIRE
How Cooking Made Us Human
Richard Wrangham

火の賜物

ヒトは料理で進化した

リチャード・ランガム
依田卓巳 訳

NTT出版

火の賜物　目次

火の賜物

ヒトは料理で進化した

はじめに

料理の仮説

火は寒い夜に私たちを暖めてくれる。料理の手段にもなる。彼らはいくつかの果物を除いて、生のものは食べない……アンダマン諸島の住人は、火の所有こそ人を人たらしめ、彼らを動物から区別してくれると信じている。

A・R・ラドクリフ＝ブラウン
『アンダマン諸島の住人――社会人類学の一研究』

われわれはどこから来たのか――この問い自体は古くからある。古代ギリシャ人は、人は神が土から作ったものと考えた。現代の私たちは、人体が自然淘汰によって形成されたこと、人類の起源がアフリカにあることを知っている。はるか昔、初めてものを書いたり、土地を耕したり、船を乗りこなしたりするはるかまえに、私たちの祖先はアフリカで狩猟者、採集者として生きていた。骨の化石から見て、一〇〇万年以上前のアフリカ人の外見は今日の私たちとかなり似かよっていた。しかし、さらに深い地層を探ると、人間的なものは徐々に減っていき、二〇〇万年ほどさかのぼったところで猿人となって、ひとつの疑問——何がわれわれを人間にしたのか——を残す。この疑問にあらゆる文化が独自の答えを出しているが、決着をつけることができるのは科学だけだ。

本書において私は新しい答えを示す。すなわち、生命の長い歴史のなかでも特筆すべき〝変移〟であるホモ属(ヒト属)の出現をうながしたのは、火の使用と料理の発明だった。料理は食物の価値を高め、私たちの体、脳、時間の使い方、社会生活を変化させた。私たちを外部エネルギーの消費者に変えた。そうして燃料に依存する、自然との新しい関係を持つ生命体が登場したのだ。

化石の記録によると、私たちと似たような外見になるまえの祖先は、直立歩行をする点で人間らしかったものの、特徴のほとんどは類人猿に近かった(注1)。彼らはアウストラロピテクスと呼ばれる。チンパンジーほどの背丈で木登りがうまく、類人猿と同等の大きさの胃を持ち、鼻から口にかけては類人猿のように突出していた。脳の大きさもチンパンジーとさほど変わらない。つまり、みずからの存在理由に関しては、同じ森林で暮らすレイヨウや捕食動物たちと同程度の関心しか抱いていなかったと推測される。かりに現在もアフリカのどこかの奥地で生きているとしたら、魅力的な存在であることはまちがいないが、脳の大きさが類人猿と同じことから考えて、私たちは彼らに法的な権利を与えたり、彼らを食事に誘ったりすることはなく、国立公園や動物園でその姿を見ることになりそうだ。

アウストラロピテクスは現代人とはかなり異なるが、大きな歴史のなかでとらえると、そう遠い昔に生きていたわけではない。六万人収容のスタジアムにスポーツ観戦にいったとしよう。あなたはお祖母さんと早めに到着し、ふたりで最初の二席に坐る。お祖母さんの横に、彼女のお祖母さん――つまりあなたの四代前のお祖母さん――が坐る。その横にあなたの六代前のお祖母さんが坐る。そうしてスタジアムが先祖のお祖母さんたちの幽霊で埋まる。一時間後、あなたの隣に最後のお祖母さん――あなたがた全員の始祖――が坐る。肘を突かれて振り向くと、そこには奇妙な人間らしからぬ顔がある。低い位置にある額、大きく隆起した眉上弓、輝く黒い目の下にたくましい顎。筋肉質の長い腕と短い脚は樹上での運動能力の高さを示している。彼女はあなたの先祖のアウストラロピテクスだ。あなたのお祖母さんはその姿を見て顔をしかめるだろう。アウストラロピテクスはスタジアムの鉄骨をつかみ、売り子からピーナッツをかすめ取るために群衆の上を懸垂で移動していく。

その彼女は、雨と太陽に恵まれ、豊かで危険なアフリカの森林で食物を探していた時代から、三〇〇万年以上の時を経てあなたとつながっている。ほとんどのアウストラロピテクスは最終的に絶滅したが、彼女の一族はゆっくりと変化を遂げた。進化の面でほかの仲間より運がよかったのだ。

変移の最初のシグナルは二六〇万年前に見られる。エチオピアの岩から掘り出された鋭い石片で、丸い石を意図的に打ち削って道具にしたものだ(注2)。そういう単純なナイフを使って、死んだレイヨウから舌を切り取ったり、動物の肢の腱を切って肉を取ったりしていたことが、化石の骨についた傷からわかった。この新しい行動は非常に効率がよく――手早くゾウの皮をはぐことができただろう――チンパンジーが肉を食べるときにとるどんな行動より技術的にはるかに高度だった。ナイフを作ったということは、計画、忍耐、協力、組織的行動ができたことを意味する。

古い骨はさらに多くのことを語る。約二三〇万年前に、新しい種――ハビリス――の出現を示す、現時点で最古の記録があるのだ。まだ謎が多いハビリスは、類人猿と人間をつなぐ〝鎖の欠けた環《ミッシング・リンク》〟である。一九六〇年、古生物学者ルイス・リーキーと考古学者メアリ・リーキーの息子である二〇歳のジョナサン・リーキーが、タンザニアのオルドヴァイ渓谷で顎と頭蓋、手の化石を発見するまで、その存在は実際に確認されていなかった《ミッシング》。現在でもこの重要な種の脳容量を示す頭蓋骨は六つしか見つかっておらず、手足を含む全身に近い標本は二体しかないため、中間的な存在である彼らがどのような姿をしていたのかはあいまいだ。ハビリスはアウストラロピテクスとほぼ同じ背丈で、長い腕と突き出た口を持っていたようだ。よって類人猿と見なされることもあるが、ナイフを作り、現存する類人猿の二倍の大きさの脳を持っていたと考えられるので、ヒト属、すなわち人間に分類されることもある。要するに、人間に至るまえの特徴と人間的な特徴をあわせ持っていた。脳が大きく、直立歩行をするチンパンジーに近かった。チンパンジーと同じくらい毛に覆われ、木登りも得意だったと推測していいかもしれない。

ハビリスの出現後、進化のギアがまた速くまわりはじめるまで数十万年を待たなければならなかった。しかし、一九〇万年前から一八〇万年前のあいだに第二の大きな飛躍があった――一部のハビリスがホモ・エレクトスに進化したのだ（注3）。彼らの登場によって世界は新しい未来を手にすることになった。

ホモ・エレクトスの知能については議論がある。原始的な言語を使ったかどうか、どの程度感情をコントロールしていたか、といった点はわかっていない。しかし、ホモ・エレクトスはそれまでのどの種より私たちに似ていた。今日の私たちと同じ独特の足運びでなめらかに歩き、走ったと考えられている。一〇〇万年以上あとのネアンデルタール人を含む彼らのさまざまな子孫は、みな同等の身長、体格である。タイムトラベルで現代の街に来たなら、多少横目で見られるかもしれないが、どこにでもある店で体に合う服を買うことができるだろう。解剖学的な構造があまりに私たちに似ているためにホモ・サピエンスに分類する人類学者もいるが（注4）、現代人より小さな脳、低い額といった特徴から、ほとんどの学者は彼らをホモ・エレクトスという固有名で呼ぶ。呼び名はどうあれ、彼らがいまの私たちの身体的特徴を確立したのはたしかである。成長の速度すら、現代人と同じゆっくりとしたものだったようだ。ここまで来れば、約二〇万年前にいまのヒトが現れるのは時間の問題だったと言えるだろう。あとは脳の発達を待てばよかった。したがって、私たちの起源に関する問いは、アウストラロピテクスからホモ・エレクトスを発生させた力は何かということになる。人類学者はその答えを知っている。一九五〇年代以降もっとも支持されてきた学説によると(注5)、そこに働いた唯一の力は〝肉食〟である。

これまで何百もの狩猟採集民の文化が記録されているが、そのすべてにおいて、肉食が食生活の重要な部分を占めている。摂取カロリーの半分を肉から得ていることも多い。二〇〇万年以上前に動物を殺して食べていたハビリスにとっても、肉は同じくらい重要だったことがわかっている。他方、彼らに先行するアウストラロピテクスが、チンパンジーと大きく異なる捕食行動をとっていたことを示す証拠はほとんどない。チンパンジーは機会さえあれば、サル、子豚、レイヨウの子などを捕らえるが、肉をまったく食べずに数週間、長いときには数カ月すごすこともある。霊長類のなかで私たちだけが熱心な肉食動物であり、大型獣を殺して肉を取るのだ。

脳の小さな私たちの祖先は、危険な動物と対決せずに肉を得ることができなかった。おおむね身体能力も不足していた。肉食を始めた祖先は明らかに動きが鈍く、体も小さく、歯や手足も大した武器にはならなかっただろう。狩りの道具も岩か自然の棍棒の域を出なかったはずだ。やがて工夫が重ねられ、身体能力も高まって、獲物を追いつめるのも楽になった。狩猟者たちは、レイヨウが疲労して倒れるまで長い距離を追いかけたかもしれない。コンドルが舞いおりるのを観察して、獣の死体を発見したかもしれない。サーベルタイガーのような捕食動物がさらに状況を厳しくした。チームワークが必要になったかもしれない。たとえば、狩猟グループの何人かが石を投げて怖ろしい動物を遠ざけているあいだ、ほかの者が急いで肉の塊を切り取り、全員で防御可能な場所に引き上げて食べる。つまり肉食の習慣が、長距離移動、大きな体躯、知性の発達、協力の確立といった、ヒトのさまざまな特徴を育んだと想像するのはむずかしくない。こうした理由から、人類学者のあいだでは、肉食をアウストラロピテクスからヒトへの進化の決定要因とする説が根強かった。これは〝狩るヒト〟説と呼ばれる。

しかし、〝狩るヒト〟説は不完全だ。採集による経済的支援なしに狩猟がどうして可能となるかを説明していないからだ。狩猟採集民のなかで、採集はほとんど女性たちがおこない、集団が得る全カロリーの半分をもたらすことも多い。採集は狩猟と並んで死活的に重要となりうる。男性が獲物なしで帰ってくることもあり、そうなると家族は採集した食物に完全に頼らなければならないからだ。通常、集めた大量の食物を運ぶといった能力はアウストラロピテクスにはなかったと考えられている。採集能力はいつ、なぜ進化したのだろう。どのような技術的な進歩が女性による採集を可能にしたのだろう。それとも、ハビリスは交換経済をおこなわずに肉を手に入れられたのだろうか。これらは〝狩るヒト〟説が答えられない重要な疑問である。

もうひとつ、別の意味でさらにむずかしい問題がある。ハビリスは、類人猿からヒトへの過程でふたつの変化があったことを示しているのだ。〝狩るヒト〟説はそのひとつしか説明できない。ふたつの変化は別種のものであり、数十万年の時を隔てて生じた――ひとつは約二五〇万年前、もうひとつは一九〇万年前から一八〇万年前のあいだに。この二種類の変化がひとつの原因から生じたと考えることには無理がある。

たしかに最初の変化は肉食でうまく説明することができる。肉食は、チンパンジーに似たアウストラロピテクスを、ナイフを使う脳の大きなハビリスに移行させる進化に弾みをつけた。とはいえハビリスには、まだアウストラロピテクスのように野生の植物を効率よく集めて消化する、類人猿的な体が残っていた。肉食がハビリスの出現をうながしたのだとしても、第二の変化、すなわちハビリスからホモ・エレクトスへの移行は説明できない。ハビリスとホモ・エレクトスは、肉を得る方法がちがっていたために、あれほど異なる解剖学的特徴を持つことになったのだろうか。ハビリスはおもに獣の死肉をあさり、ホモ・エレクトスはよりすぐれた狩猟者だったという考え方もある。これも成り立ちうるが、考古学的データによる裏づけはない。しかもホモ・エレクトスの解剖学的特徴――仕留めた獲物の固い生肉を食べるのに適していない小さな顎や歯――という大きな問題も解決されない。非力なホモ・エレクトスの口は、狩りがうまくなったということでは説明できないのだ。ほかの何かが作用したと考えるしかない。

地上に火があってなんと運がよかったことか。乾いて熱された植物がこれを提供してくれる――〝燃える〟のだ。岩と動物と生きた植物だらけの世界で、乾いた可燃性の木が熱と光を与えてくれる。これがなければ、私たちの種はほかの動物と同じように生きることを強いられるだろう。火のない生活がどうなるかということを忘れるのはたやすい。夜は寒く、暗く、危険で、私たちはなすすべもなく日の出を待つことになる。食べるものはみな生《なま》だ。私たちが暖炉に心慰められるのも無理はない。

今日、私たちはどこへ行っても火を必要とする。サバイバルの教本には、荒野で道に迷ったらまず火をおこせと書いてある。火は暖かさと光をもたらすだけでなく、温かい食べもの、安全な水、乾いた服、危険な動物からの保護、友人への信号、さらには心の安らぎまで与えてくれる。現代社会で、火は私たちの目から巧みに隠され、閉じこめられているかもしれない。たとえば、地下のボイラー、車のエンジンの部品、発電所の電力供給網のなかに。しかし、私たちが火に完全に頼っていることには変わりない。似たようなつながりはあらゆる文化に見られる。インドのアンダマン諸島の狩猟採集民にとって火は〝旅でまず持ち歩こうと考えるもの〟、〝社会生活の中心〟であり、火を所有していることがヒトと動物とのちがいである。動物には食物と水とすみかが必要だ。人類にもそれらすべてが必要だが、さらに火も必要とする。

私たちは火をいつから必要としたのだろう。この疑問について考えた人はあまりいない。あのチャールズ・ダーウィンでさえ、あらゆる点から考えて興味は抱いていたが、深く追究はしなかった。世界じゅうを旅した五年のあいだに、ダーウィンは未開地での空腹を知った。フォークランド諸島の沼地のような厳しい環境で野営したときには、木の棒をすり合わせて火をおこした。地中のオーブンに熱い石を入れて料理をし、火をおこす技術を〝言語を除いて、おそらく人類がなしとげたもっとも偉大な発明〟と呼んだ(注6)。みずからの苛酷な経験を通して、〝固い紐状の根を消化可能にし、毒のある根や草を無害化できる〟ことを学んだ。ダーウィンは料理した食物の価値を理解していた。

しかし、人類が火を最初に使用したのはいつかということには興味を示さなかった。ダーウィンが情熱を傾けたのは進化であり、ヒトの進化に火は関係ないと考えていた。大方の例にもれず、彼もたんに、私たちの祖先が初めて火を使用したときには、すでにヒトになっていたと想定したのだ。仲間の進化論者だったアルフレッド・ラッセル・ウォレスの見解を次のように引用している(注7)。〝人類は知能によって、変化しない体を変化する宇宙に調和させることができた〟。火の使用は、変化しない体を知能によって自然の脅威に対応させるひとつの方法にすぎなかったというわけだ。〝寒い地域に移り住めば、服を着、小屋を建て、火をおこす。その火を使って、本来消化できなかった食物を料理する……反面、下等動物は大きく変わった環境下で生き延びるために、みずからの体の構造を変えるしかなかった〟。

前史時代のヒトが〝変わらない体〟を持ち、新しい方法を編み出して生活を改善していったという考えはおおむね正しい。およそ二〇〇万年前のホモ・エレクトスの時代から、ヒトの解剖学的特徴にはほとんど変化がない。ヒトにとって文化は適応の最後の切り札であり、二〇〇万年の歴史から見れば、ほとんどの文化的革新はごく最近に起きている。二〇〇万年前まで、考古学上のおもな新発明は石器と槍だけである。芸術、釣り具、個人の装飾品である首飾り、先端に石をつけた武器などは、みなそのあとのことだ。火の使用がどうしてそれより早くなければならない？

ほとんどの人類学者はダーウィンに倣って、料理はのちの時代に人類に備わった技能のひとつと考えた。価値ある伝統ではあるが、生物学的、進化論的には重要でないと。私たちは火を用いるが、やむをえない場合にはそれなしでも生きていける。ダーウィンはそう示唆したかに見える。料理に生物学的な意義はほとんどないということだ。

一世紀後、文化人類学者のクロード・レヴィ＝ストロースが、やはり料理に生物学的な意義がないことを暗に示す革命的な文化分析をおこなった。ブラジルの部族神話の専門家である彼は、料理が人間による自然支配を象徴していることに深い感銘を受けた。〝料理によって動物と人間のちがいが歴然とする……料理は自然から文化への移行を示すだけではない。料理を通して、また料理を用いることによって、人間の条件をあらゆる属性とともに定義することができる〟。一九六〇年代、レヴィ＝ストロースは大きな影響力を持った著作『生のものと火を通したもの』のなかでそう書いている。料理が人間性を定義づけるという洞察はさすがに鋭いが、驚くべきことに、その彼にとっても料理の重要性はあくまで心理的なもののようだった。同じ人類学者のエドマンド・リーチは、レヴィ＝ストロースの知見を次のように簡潔にまとめた。〝人は料理をする必要はない。料理をするのは、自分たちが人間であり獣ではないことを象徴的に示すためだ〟(注8)。レヴィ＝ストロースは人類学の第一人者だったから、料理に生物学的意義はないとするこの考えは広く世に受け入れられた。この点に関する彼の分析に異を唱える者はいなかった。

ヒトの進化に火が果たした役割については、このように疑問視するのが主流だったが、料理は人間性に主要な影響を与えてきたと論じる天の邪鬼もいるにはいた。その最右翼は食物と飲食の専門家たちで、たとえば美食家として名高いフランス人のジャン・アンテルム・ブリア＝サヴァランは、まだチャールズ・ダーウィンが一〇代だったころに、すでに進化論的な意見を述べている(注9)。一八二五年の著作で〝人類が母なる自然を手なづけたのは火によってである〟と書いた。みずからの経験から、料理で肉が食べやすくなることを知っていたのだ。ブリア＝サヴァランは、私たちの祖先が料理を始めてから、肉はより望ましく価値の高い食物になり、狩猟がますます重要になったと論じた。そして狩猟がおもに男性の活動だったことから、料理は女性の役目となった。先見の明があるブリア＝サヴァランは、料理から家事につながる線を示してもいるが、そういう考えが大きく発展することはなかった。それらは大量の発言に埋もれた何気ない台詞であり、結局真剣にとらえられることはなかった。

過去半世紀には、形質人類学（カールトン・クーン、ローリング・ブレイス）、考古学（代表格はカトリーヌ・ペルレ）、社会学（ヨハン・ハウツブロム）の分野で、火の使用が人間の行動や進化に影響を与えた可能性について考察する文献が現れている（注10）。しかしその分析は断定的ではなく、ブリア＝サヴァランほど大胆な発想は料理史という特別な分野にしか見られない。一九九八年、料理史家のマイケル・サイモンズが、さまざまな研究分野の知的要素を組み合わせて、料理が栄養摂取から社会形成に至る多くの面に影響を与えているという考えを打ち立て、過去の誰よりも強力な主張をした。すなわち〝料理は鎖の欠けた環である……人間の本質を決定する……私は料理に人間性を見る〟と結論したのだ。同様に、歴史家のフェリペ・フェルナンデス＝アルメストも、食物史に関する二〇〇一年の著作で、料理は〝人類の人間性の指標である〟と宣言した。しかし、料理の重要性を指摘するほかの著作者と同じく、このふたりも料理が食物の栄養価に与える影響を理解していなかった。したがって、料理した食物にヒトがどう適応したか、料理がヒトの進化にどんな効果を及ぼしたか、あるいは、料理自体がどう進化したかといった、きわめて重要な疑問は残っていた。その結果、魅力的なアイデアこそいろいろ生まれたものの、生物学的な裏づけがなかった。料理が私たちを形作ったと指摘はするが、なぜ、いつ、どのようにそれが起きたのかは教えてくれなかった。

ダーウィンが示唆したように、料理は生物学的に重要でなかったのか、サイモンズが主張したように、料理は人間性に欠かせないものなのか、を検証する方法がある。まずは料理の効用を知ることだ。料理は私たちにとってなじみ深いことをいくつもする。食物の安全性を高め、食欲をそそる豊かな味を生み出し、腐敗を減らす。熱することで固い食物を開き、切り、すりつぶすことができる。だが、これらの利点よりはるかに重要な――だがたいてい見すごされている――面がある。すなわち、料理は私たちの体が食物から摂取できるエネルギーを増やしてくれるのだ。

料理を始めた者たちはエネルギーをより多く得て、生物学的に優位に立った。彼らは生き残り、より多くの子孫を残した。その遺伝子が広まった。体は料理した食物に生物学的に適応し、自然淘汰によって、新しい食事法を最大限に活用するよう形作られた。体の部位、生理機能、生態、生活史、心理、そして社会に変化が生じた。化石の証拠によれば、料理へのこの依存は数万年前、あるいは数十万年前に始まったことではなく、私たちがこの地上に現れたとき、ヒトの進化が始まったときにまでさかのぼる。ホモ・エレクトスになったハビリスがその起源なのだ。人類は火で自然を手なずけたと言ったブリア＝サヴァランとサイモンズは正しかった。人間性は、まさに料理から生まれたのだ。

これらの主張はまとめて〝料理〟説と呼ばれる(注11)。人類は、牛が草食に、ノミが吸血に、ほかのあらゆる動物がそれぞれの食事法に適応したように、料理した食物に適応したと考える説である。われわれは料理という食事法と深く結びついていて、その結果が体も心も含む存在のすべてに反映されている。私たちヒトは料理をするサルであり、炎の動物である。

第1章
生食主義者の研究

私の人間の定義は〝料理する動物〟だ。われわれと同様、獣にも記憶力、判断力、精神能力や感情は一定レベルまで備わっている。けれども料理をする獣はいない……人間だけが食材に手を加えて美味しい料理を作ることができる。程度の差はあれ、人間は誰しも食べるものに味をつけるという意味で料理人である。

ジェイムズ・ボズウェル
『サミュエル・ジョンソンとのヘブリディーズ諸島旅行記』

動物は生《なま》のものを食べて生きていける。人間にもそれが可能だろうか。一般的には可能であると考えられてきた。理屈は明らかだ。動物は生のものを食べて生きる、人間は動物だ、よって人間も生のものを食べて生きていけるはずだ。生でまったく問題なく食べられるものは多い。リンゴ、トマト、牡蠣から、タルタルステーキや多種多様な魚に至るまで。生食の逸話も数えきれないほどある。マルコ・ポーロによれば、一三世紀のモンゴル人の戦士は一〇日間、一度も火をおこさず馬に乗りつづけた（注1）。食べるものは乗った馬の血管を刺して得る生き血だったという。料理をせずに馬を駆ることによって、時間を節約し、敵に居場所を知られる煙を出さずにすんだ。そんな戦士たちも緊急事態でないときに血の食事をとるのは嫌いで、料理したものを食べたがったが、だからといって苦しんだり、体の具合が悪くなったりはしなかったようだ。こういう話を聞くと、料理とはひとつの贅沢であり、生物学的にどうしても必要なものではないという気がしてくる。しかし、ここで〈イヴォ・ダイエット〉の実験を思い出してもらいたい。

二〇〇六年、イギリスBBCが映像化したその実験において、重症高血圧の九人の志願者が一二日間、類人猿に近い食生活を送った（注2）。ペイントン動物園のテントの仕切りのなかで暮らし、ほとんどあらゆるものを生で食べた。ピーマン、メロン、キュウリ、トマト、ニンジン、ブロッコリー、ブドウ、ナツメヤシ、クルミ、バナナ、モモなど――五〇種類を超える果物、野菜、木の実だ。二週目には脂分の多い魚の料理をいくらか食べ、参加者のひとりはこっそりチョコレートも口にした。この食事法が〈イヴォ・ダイエット〉と呼ばれたのは、私たちの体がおもにこういう食物をとって進化《イヴォルヴ》してきたと考えられたからだった。チンパンジーやゴリラならこの食事に大いに満足したはずだ。野生で見つかるメニューより明らかに高品質だから、食べて太りもしただろう。実験の参加者は満腹になるまで、重さにして一日最大五キロ（一〇ポンド）を食べた。栄養学者が立ち合い、毎日の摂取カロリーが女性で二〇〇〇、男性で二三〇〇と充分になるように調整した。

参加者の目的は健康の改善であり、みなそれには成功した。実験終了時、彼らのコレステロール値は四分の一近く下がり、平均血圧は通常値に落ち着いていた。ところが、医学的な希望は叶えられたものの、ひとつ予想外の事態が生じた。参加者の体重が大きく減ってしまったのだ。ひとり平均四・四キロ（九・七ポンド）、一日に換算して〇・三七キロ（〇・八ポンド）の減少である。

どんな食事が必要かという問題は、ヒトの適応を理解するうえで欠かせない。私たちはふつうの動物のように料理にまったく依存せず、たまたま料理した食物の味と安全性を享受しているだけなのだろうか。それとも、生物学的要求によって火の使用と結びついている新しい種であり、体に必要なエネルギーの供給を、料理した食物に頼っているのだろうか。これまでこの問いに答える真剣な科学的検証はなされていない。ただ、短期間で非公式だった〈イヴォ・ダイエット〉の実験とは別に、長期間生食を続けている人々に関する研究がいくつかあり、まとまったデータが似たような結果を示している。

〝生食主義者〟とは、手に入るかぎり一〇〇パーセントか、それに近い割合の食物を生で食べる人々を指す（注3）。彼らの体重に関する研究は三例しかなく、いずれの場合にも痩せていることがわかっている（注4）。そのなかでもっとも大規模な研究は、栄養学者のコリンナ・ケプニックらがドイツのギーセンでおこなったアンケート調査で、食物の七〇パーセントから一〇〇パーセントを生で食べる五一三人を対象としたものだ。生食の理由は、健康になるため、病気にならないため、長生きするため、自然に生きるためとさまざまだった。生の食物には、料理していない野菜やときどきとる肉だけでなく、冷搾法による油や蜂蜜、熱をわずかに用いたドライフルーツや乾燥肉、乾燥魚などが含まれていた。肥満度を表すのには、体重を身長の二乗で割ったボディマス指数（ＢＭＩ）が使われた。結果を見ると、生で食べる食物の割合が増えるにつれ、ＢＭＩが下がっていた。料理した食物から生の食物に移行したときの平均的な体重の減少は、女性が二六・五ポンド（一二キロ）、男性が二一・八ポンド（九・九キロ）。純粋な生食主義者の集団（全体の三一パーセント）のうち三分の一が、慢性的なエネルギー欠乏を示す体重だった。栄養学者たちの結論は明白だった――厳密に生の食物だけをとる食事法では、かならずしも充分なエネルギー供給ができない。

このギーセンの調査で摂取された肉の量は記録されていないが、生食主義者の多くはほとんど肉を食べない。肉の摂取が少ないことがエネルギー不足につながった可能性はあるだろうか？それはある。しかし、料理したものを食べる人々のあいだでは、ベジタリアンと肉食者に体重の差はない（注5）。食材が料理された場合には、ベジタリアンのメニューからでも、肉の多い典型的なアメリカふうのメニューと同等のカロリーをとることができるのだ。顕著な体重減少が見られるのは、生で食べる場合だけである。

料理したものを食べないことによるエネルギー不足は、当然予想される反応につながる。ジャーナリストのジョディ・マーデジッチが、生食主義者になったときのことをこう記している。〝空腹だ。最近、いつもと言っていいほどお腹が空いている〟(注6)。彼女の典型的な一日は朝七時に始まった。二オンスの小麦草を切ってジュースにする。八時三〇分にボウル一杯の〝エネルギー・スープ〟を飲む。〝ヒマワリの小さな新芽と、不味いレモネードのような小麦の発酵飲料《リジュベラック》を室温で混ぜ合わせたもの〟である。風味をつけるために、それにスプーン二杯のパパイヤジュースを加える。昼食は、ヒマワリの新芽、発芽フェヌグリーク、発芽ブロッコリー、発酵キャベツのサラダに、ヒマワリの発芽種と乾燥させた海藻と野菜類でできたシードローフ。夕食には、さらに発芽野菜と、アボカド、パイナップル、赤タマネギ、オリーブオイル、酢、粗塩。一時間後にはまた空腹になる。当時の写真を見ると彼女は明らかに痩せているが、幸せだった。本人曰く、活力がわき、感覚が鋭くなり、精神が澄みわたるような気がした。しかし体重を一八ポンド(八・二キロ)減らした六カ月後、こっそりピザを食べずにはいられなかった。完全な生食をむずかしいと感じるのは、マーデジッチひとりではない。先のギーセンの調査でも、生食を長期に続ける人々の八二パーセントが、料理した食物をいくらかは食べていた(注7)。

生食主義者に生じるエネルギー不足の生物学的な意味を判断するには、生食がもたらす体重減少が重要な身体機能を阻害しているかどうかを確かめなければならない。人類の進化時代と似たような条件にある人々のデータが得られれば理想的だ。ギーセンの調査では、女性が生のものを食べれば食べるほどＢＭＩが下がり、一部または完全な無月経になりやすいことがわかった。完全な生食の女性の約五〇パーセントが無月経となった。さらに約一〇パーセントの月経が不規則になり、妊娠が見込めなくなった。こうした数字は、料理したものを食べる女性よりはるかに高い。ベジタリアンかどうかに関係なく、料理したものを食べる健康な女性の月経がなくなることはまれだ（注8）。しかし、マラソン選手や拒食症患者など、極端なエネルギー不足に陥った女性の卵巣の機能は明らかに低下する。

生食の男性も性的機能に影響を受けたと報告する例が見られる。『健康と成功をめざす喜びの生食ダイエット』のなかで、著者クリストファー・ウェストラは次のように書いている。〝私自身の経験では、生食生活に入ると、性衝動にまったく予期しなかった大きな変化が訪れた。わずか数週間で、一日のうちにセックスについて考える回数が著しく減った〞。彼の言によれば、射精には体外に毒素を排出する役割があり、生食を数週間続けるともはや射精を必要としないレベルまで毒素の摂取が減るということらしい。同様に、生食主義者のなかには、月経も毒素を排出するメカニズムであり、それが止まるのは生食が体によいことの証だと考える人もいる。射精や月経で毒素が排出されるという考えになんら医学的根拠がないことは、改めて説明するまでもないだろう。

生殖機能が衰えるということはすなわち、進化の時代において生食主義者は、料理したものを習慣的に食べる集団よりはるかに繁栄しにくかったということだ（注9）。ギーセンの調査で観察された五〇パーセントを超える不妊は、食糧採集をする自然個体群にとって壊滅的だっただろう。しかも、ギーセンの調査対象はふだん快適に暮らしているドイツの中流階級の都会人である。生殖機能に現れた劇的な効果は、彼らが荒野で生の食物を探さなければならなかった場合と比較すれば、まだ穏やかなほうだったはずだ。

ほとんどの生食主義者は食物のエネルギー価を高めるためにさまざまな工夫を凝らす。軽く温める、混ぜる、すりつぶす、発芽させるなど。すりつぶしたり砕いたりして食物を小さくすれば、得られるエネルギーはかならず増す。ドイツの生食主義者たちも工場生産で販売されていたオイルを摂取してエネルギーを確保していた。ケプニックのチームは、調査対象者の摂取カロリーの約三〇パーセントがこうした脂質――狩猟採集民の手に入らないであろう貴重なエネルギー源――から得られていたことを確認した。それでも生食主義のドイツ人女性の少なくとも半数は、この食事法からほとんどエネルギーを得られず、生理学的に子供をつくれなくなってしまったのだ。

ギーセンの調査の参加者にはほかにも有利な点があった。記録を見るかぎり、採集民の女性たちとちがって運動量がさほど多くないのだ。人類学者のエリザベス・マーシャル・トマスによると、アフリカのカラハリ砂漠に住むサン族の女性は、ふだん長い一日を終えて集落に戻ってくると疲れ果てている（注10）。その日のほとんどを、しゃがんだり、土を掘ったり、歩いたり、大量の食糧や木や子供を運んだりしてすごしているからだ。料理をする集団においても、こうした自然な活動の量は生殖機能に悪影響を及ぼすほど多い。ドイツの生食主義者たちが日々荒れ地で食糧採集する重荷を負わされたところを想像すれば、エネルギー消費が著しく増えるのはわかるだろう。結果として、半数をはるかに超える女性たちが不妊になるはずだ。

さらに、ギーセンの調査の参加者たちがスーパーマーケットで買ったものを食べていたことを忘れてはならない。それらは現代農業の典型的な作物――できるだけ美味しくなるよう栽培された果物、種、野菜――である。〝美味しい〟とは、エネルギーが豊富ということだ。人が好むのは、消化不能の繊維が少なく、水溶性の炭水化物が多い、たとえば砂糖のような食物だからだ。農業の発達によって、リンゴ、バナナ、イチゴといったスーパーマーケットで買える果物は、それぞれの野生の先祖よりはるかに高品質になっている。栄養生化学者のナンシー・ルー・コンクリン＝ブリテンは、ハーヴァード大学の実験室で、ニンジンに、ウガンダのキバレ国立公園でチンパンジーが食べている平均的な野生の果物と同量の砂糖が含まれていることを発見した（注11）。ニンジンですら典型的な野生のトロピカルフルーツより繊維や毒性の物質が少なく、高品質なのだ。もしドイツの生食主義者が野生のものを食べていたら、ケプニックのチームの観察結果より格段に低いエネルギー・バランスと生殖能力を示していただろう。

スーパーマーケットでは、選び抜かれた食物が一年をつうじて手にはいるので、ドイツの生食主義者は季節によって食糧不足になることがなかった。ところが採集民には、甘い果物や蜂蜜、獲物の肉が毎日ではなくときどきしか得られない贅沢品になる時期がかならず訪れる。そういう時期には生存を維持する食糧さえ見つかりにくくなる。人類学者のジョージ・シルバーバウアーの報告によると、中央カラハリ砂漠のグイ族にとって、初夏は全員が体重を減らし、飢えと渇きを訴える時期だ(注12)。カラハリのような砂漠でその結果は痛ましいものになりうるが、定期的に訪れるこのようなエネルギー不足は、現代の狩猟採集民にとっても、熱帯雨林のチンパンジーにとっても日常の出来事だ(注13)。細部に栄養失調の形跡が残る骨や歯の研究によって、エネルギー不足は太古の人類にも広く行き渡った問題だったことがわかっている。農業が発達するまで、たとえ料理したものを食べていても、定期的な飢餓――一般的には年に数週間――に悩まされるのは人類の宿命だった。

生食の人気が高まっているようだが、これほど困難をともなうのに、どうしてみんな気に入っているのだろう。『セルフヒーリングの力!』(注14)といった本に書かれているように、生食主義者は健康上の利点を熱心に説く。健康であることの幸福感、体調改善、体の痛みの軽減、活力増加、感情の安定、社会生活の充実などが報告されている（注15）。関節リウマチ、筋肉痛、歯の劣化、酸化防止剤の使用が減ったという報告もある（注16）。そうした主張のほとんどは科学的に検証されていないが、研究者は血清コレステロールと中性脂肪の数値の改善を確認している。

生食主義者は哲学的な理由も挙げる。人気の高い生食のガイドブック『自然の第一法則』で、著者のスティーヴン・アーリン、ファアド・ディニ、デイヴィッド・ウルフは〝自然な栄養は生である〟と主張した（注17）。〝これまでつねにそうだった。これからもそうだ……料理した食物は毒である〟と。一九四六年に出した本で、植物は〝生きた〟あるいは〝活発な〟酵素を含んでおり、生で食べると体のなかで有効に働くと説いたベジタリアンのエドワード・ハウエルの擬似科学的な考えを、多くの人が支持している（注18）。彼の支持者は食物を通常摂氏四五度から四八度より下の温度で調理する。そこを超えると酵素の〝生命力〟が破壊されてしまうという。科学者の目から見れば、食物の酵素が消化や体内の細胞の働きを助けるという考えはナンセンスだ。胃や小腸で酵素そのものが消化されてしまうからだ。また〝生きた酵素〟という考えは、かりに食物の酵素が消化器官で生き延びたとしても、私たちの体になんらかの意味で役立つには代謝機能が特定されすぎているという事実を無視している。しかし、生理学者が〝生命力〟や〝生きた食物〟という考えを支持しないにもかかわらず、多くの生食主義者はこれを受け入れて生食に励んでいる。もっとも、ハウエルの哲学は低温の調理を認めることで〝生の〟食材を、まったく熱を加えていないものより食べやすく、美味しく、消化しやすくしているのであるが。

道徳的な観点から生食を選ぶ人々もいる（注19）。一八一三年、詩人のパーシー・ビッシュ・シェリーは、肉食は多くの社会的弊害のもととなる言語道断の習慣であり、人間が鉤爪や鋭い歯を持たず、生肉を好まないことを考えれば、明らかに自然に反していると論じた（注20）。料理の発明によって肉食が実現したとし、〝暴政、迷信、商業、不公平〟などの問題を解決するために人間は料理をしないほうがいいと結論づけた。

生食主義者のなかでも少数派の〝インスティンクト・セラピスト〟は、人間はきわめて類人猿と近い関係にあるのだから食事法も彼らに近づけるべきだと信じている（注21）。二〇〇三年、私はローマン・デヴィヴォ、アンテ・スポースと昼食をともにした。彼らの著作『ジェネフィット・ニュートリション』は、料理は人間が適応していない不健康な食事法だと主張している。ふたりとも痩せて健康だった。好みがはっきりしており、生というだけでなくいっさい調理の手を加えない食物を食べていた。小さく切って混ぜ合わせているという理由で、サラダを丁重に断った。自然な食べ方は、チンパンジーのように食べることだという。類人猿がひとつの木から一種類の果実を取って食べるように、私たちもあらゆる食事で一種類のものだけを食べるべきだと。

その食事法を具体化すべく、デヴィヴォとスポースともうひとりの友人は、自然食品が何種類か入ったバスケットを持ってきていた。果物のにおいをひとつずつ嗅いでいき、どれがいちばん合っているか体に決めさせていた（彼らの言う〝本能《インスティンクト》〟で）。ひとりはリンゴを選んだ。もうひとりはパイナップルを。ふたりとも自分が最初に選んだものだけを食べた。三人目はタンパク質を多く含む食物にした。凍らせたバッファローの肉と大腿骨をいくつか持参していた。この日は骨髄の日だった。大腿骨はそれぞれゴルフボールほどの大きさで、なかにストロベリー・アイスクリームのような冷たいピンク色の柔らかい物質が入っていた。彼はそれをティースプーンですくっていくつか食べた。

生きた酵素を保持する、暴力を減らす、類人猿のようにふるまう——いかに奇矯に思えても、こうした考え方は生食主義者の役に立っているようだ。その証拠に彼らは食事に関する厳格な規律を守っている。生食は社会生活の負担となる。キッチンで長時間をすごさなければならず、料理したものを食べたいという気持ちを抑える強い意志も必要となる。人によっては、頻繁に尿意をもよおすといった問題も生じるかもしれない。肉を生で食べる場合には、熱を加えれば破壊されるはずの毒素や病原体を取りこむ危険も増す。健康を損なう危険はほかにもある。最近の研究で、生食によって背中から腰にかけての骨量が少なくなることがわかった（注22）。生食はまた、ビタミンB12やHDLコレステロール（いわゆる善玉コレステロール）値の低下、ホモシステイン（心疾患のひとつの危険因子と見られる）値の上昇と結びついている。

理論的には、ギーセンの調査対象者が体験したかなり低いエネルギー価は例外だとも考えられる。現代の生食主義者は栄養学的な知恵から遠ざかりすぎていて、食べるものを正しく組み合わせていないかもしれないからだ。産業化が進んでいない文化圏での生食はどうなっているのだろう（注23）。これについてはたびたび報告がなされてきた。一九世紀末、ナショナルジオグラフィック協会会長でアメリカ人類学会の共同設立者でもあった人類学者ウィリアム・マギーの記録によれば、メキシコ北西部に住むセリ族の狩猟採集民は、動物の死肉をほとんど生で食べていた。四千年前のメソポタミア、ウル第三王朝のシュメール人は、西部の砂漠に住む遊牧民が食物を生で食べていたと書き記している。つい最近の二〇〇七年においても、ウガンダの全国紙に、ルウェンゾリ山地に住むピグミーが生食で暮らしているという記事が載っていた。帝政ローマ時代のプルタルコスから一九世紀植民地時代の船乗りに至るまで、多くの著作者が同様の記録を残しているが、それらはみな実体がなく、多くの場合、人種差別的偏見によって書かれている。一八世紀の百科全書には〝純粋な自然の産物を味つけもせず、そのまま食べて満足できるのは野蛮人だけだ〟と軽蔑をこめて書かれている。一八七〇年、人類学者のエドワード・タイラーはこうした生食の記述を残らず調べ、現実的な根拠がひとつもないことを確認した。そのうえで、料理は既知のあらゆる人間社会で実践されていると結論した。同様に、自分たちの祖先は火を使わず生活していたと伝える社会は世界じゅうに存在するが、前史時代に火がなかったという記録を調べた人類学者のジェイムズ・フレイザーによれば、それらも同じくらい架空の話だった。たとえば、火はインコによってもたらされた、火は女性器のなかで発見されたあと手なづけられた、など。火の使用と料理の慣行は人類全体に行き渡っているのだ。

それでも理論上、料理した食物をほとんどとらない社会も成立しうる。発想奇抜な栄養学者ハウエルもそう考えた（注24）。一九四〇年代に生食を推奨する理論のなかで、イヌイット（エスキモー）の伝統的食事法は圧倒的に生食であると述べている。以来、イヌイットがほとんどのものを生で食べるというハウエルの主張は生食推進派の旗印となった。

しかし、ここにも誇張があることがわかった。西洋化されていないイヌイットの食事法に関するもっともくわしい研究は、ヴィルヒャルマー・ステファンソンが一九〇六年から何度かコッパー・イヌイットの居住地を探検したときのものだ（注25）。彼らの食事はほとんど植物を含まず、大半がアザラシとカリブーの肉で、それにサケに似た大型の魚と、ときおりクジラの肉が加わった。ステファンソンは、料理が毎夜の決まりきった仕事であることを発見した。

妻はみな、夫が狩りから帰ってきたときに充分な量の食事を用意していなければならなかった。冬には夫はかならず早い時間に帰ってくる。家《イグルー》に入るなり、アザラシの肉を煮るにおいがして、スープから湯気が立っているのが見えた。日が長い夏には、夫の帰宅時間は予測しにくくなる。妻が夫の帰りを待たずに就寝することもよくあった。ステファンソンに同行した人類学者のダイヤモンド・ジェネスは、妻が夫のために肉を料理しておかなかったらどうなるかを、次のように書き記している。〝終日狩りや漁をして戻ってきた夫を長く待たせる妻が、どれほど悲惨な目に遭うか！……夫はおそらく彼女を殴る。あるいは雪のなかで踏みつける。そのあと彼女の持ち物を残らず放り出して、家から出ていけと言い渡すかもしれない〟(注26)。

燃料が少ないため、極寒の地で料理をするのはむずかしい。女性たちは夏は小枝で火をおこし、冬は石の鉢のなかでアザラシやクジラの脂を燃やして料理していた。雪が融けて水になってから、肉を茹でるのにはさらに一時間かかる。困難はいろいろあるが、肉には充分火が通っていた。〝都会で好んで食べられるレア・ステーキのように、エスキモーが肉を中途半端に料理するのは見たことがない。彼らは火を通すときには充分通す〟と一九一〇年にステファンソンは書いている。

料理に時間がかかる、燃料が少ないということは、狩りに出た男性が料理をするのはむずかしいということだ。そこで日中はときどき獲れたての魚を生で食べた。身を食べることもあれば、大きな魚の場合には内臓だけ食べることもあった。余った魚をあとで冷たいまま回収できるように、貯蔵庫も作っていた。これらの食物は料理されていなかったとはいえ、蓄積の影響を受けた。貯蔵庫の魚は〝熟成〟した――言い換えれば、腐りかけてにおいが強くなった。ほとんどのイヌイットは強い味を好んだようだ。ジェネスは〝ある男が一年以上前に貯蔵庫に入れられて腐ったカリブーの骨を取り出し、割って開き、ウジがわいている骨髄を明らかに美味そうに食べた〟のを目撃した。

生の食物の多くは手間を省くためにそのまま口に運ばれたが、あえて生で食べられるものもあった。クジラの脂は柔らかく、肉の上にバターのように塗れるので生が好まれた。ほかにもアザラシの肝臓や腎臓、カリブーの肝臓など柔らかい肉は生で食べられた。もっと風変わりな嗜好もあった。ステファンソンを受け入れた人々は、ピプラーミウトという遠方の集団が、雪に落ちて凍ったシカの糞を集めてベリー類のように食べていると聞いてぞっとしたと語った。本当に気持ち悪い習慣だし、せっかくの糞を無駄にしていると。彼らにとって粒状の糞は血のスープに入れて煮るとこくが出る、すぐれた食材なのだった。コッパー・イヌイットが定期的に口にする唯一の生野菜は、カリブーが食べて消化しかかったコケだった。夏にはカリブーの肉を切り分けながら、コケを胃のなかから直接取り出す。秋が来て寒くなると、コケの入った胃全体をそのまま凍らせることが増える。凍ったものをスライスして食べるのだ。

当時のイヌイットは、動物から得られるものを生で食べることがほかの社会より多かっただろうが、あらゆる文化に共通するように一日のおもな食事は夕食であり、それは料理されていた（注27）。人類学者の田中二郎が、カラハリ砂漠のクン・サン族の典型的な狩猟採集生活を記述している。彼らは軽く朝食をとり、日中は軽食、そして夕食となる。〝ついに太陽が沈みはじめると、女性たちはみな家の近くに大きな火をおこして料理を開始する……黄昏どきに狩猟者たちが帰ってきて、それぞれの家族は暗いなか、火を囲んで夕食をとる……家族全員が集まってしっかりした食事をとるのは夜だけで、日々の食糧の多くをそこで消費する。唯一の例外は狩りで大物を仕留めたときだ。大量の肉が集落に持ち帰られ、人々は日中何度でも食べて、肉がすべてなくなるまで腹を満たしつづける〟。

イヌイットは集落から離れているときに軽食として生ものを食べる。狩猟採集民の典型だ。一九八七年、オーストラリアのアボリジニが何を生で食べ、何を料理しているかを、人類学者のジェニファー・イサークスが調査した。彼らは森で火を焚き、とくに好まれているマッドクラブなどを手早く茹でることはあるが、たいていの動物は集落に持ち帰って料理していた。マングローブワームの一種など、かならず生で食べるものもいくつかあり、それらは集落に持ち帰らなかった。イサークスは、生食も料理もあるものを三種、報告している――カメの卵、牡蠣、ウィチェッティグラブ（訳注―ガの幼虫）だ。いずれも狩猟採集のために集落から離れているときには生で、集落内では料理して食べていた。ほとんどの果物は生が好まれ、森のなかで食べるが、根、草、木の実は料理するために集落に持ち帰っていた（注28）。世界じゅうどこを見ても、家庭での料理が基本である。ほとんどの食物について、生で食べるのは、まわりの状況からそうせざるをえないときにかぎられるようだ。

苛酷な環境で生食を強いられた人々はどうなるのだろう。道に迷った探検家、漂流者、ひとり残された冒険家などだ。料理はできなくなったが、生き延びなければならない。こういう人々が、生食でどのくらい良好に生活できるかを検証する第三のカテゴリーとなる。どうしても生で食べなければならないとなったら、人間は風味がないと文句を言いつつも問題なく生きていける――あなたはそう考えるかもしれない。が、野生のものを生で食べて長期間生きたという記録はどこにも見当たらないのだ。

動物を生で食べて生き延びた最長のケースでもわずか数週間である。一九七二年、イギリスの船乗りのドゥーガル・ロバートソンとその家族が太平洋でシャチに船を破壊され、救命ボートに三八日間閉じこめられた（注29）。彼らは少量のクッキー、オレンジ、ブドウ糖キャンディから食べていった。七日目には釣り糸にかかったものをなんでも食べるしかなくなった。海にいた最後の三一日は、たいていカメの生肉、カメの卵、魚を食べていた。ときおりサメの肝臓や心臓のようなごちそうもあったが、主食は乾燥させたカメの肉を雨水、肉汁、卵と混ぜた〝スープ〟だった。

食糧は食べきれないほど手に入り、家族は楽しい気分で生き残った。この食事法は彼らに非常に合っていたらしく、試練が終わったときには旅を始めたときより体調がよくなっていたとロバートソンが言うほどだった。船が沈没したときの怪我も治り、体は順調に機能していた。唯一の問題は九歳のニールで、骨髄を多めに与えられたにもかかわらず、ひどく痩せていた。
そして全員が腹を空かせていた。彼らは〝飢餓状態にある人だけのやり方で生の食物を味わった〟。家族の夢は料理した食物に集中した。ロバートソンの記録によると、二四日目には〝みんなの夢はアイスクリームと果物から、温かいシチュー、ポリッジ（訳注―水や牛乳でオートミールなどを煮たもの）、ステーキ、キドニー・プディング、鍋料理、キャセロールに替わった。想像のなかで料理がかぐわしい湯気を立てた。貧しい食物を口にしながら、そういう料理のじつに細かいことまで思い出して語り合っていると、とろりとしたグレイビーソースの味まで感じられる気がした〟。ロバートソン一家の生食は生き残りを助けたが、飢餓感ももたらしていた。

一家は恐るべき状況を創意工夫で切り抜けることができた。空腹だったし、痩せたかもしれないが、明らかに命の危険があるほど飢えてはいなかった。彼らの経験から、人間は動物由来の生の食物が充分あれば、少なくとも一カ月は問題なく生き延びられることがわかった。しかし、食糧がまったくなくても、水さえあれば一カ月生き延びられる場合もある。野生のものを生で食べてより長く生き延びた記録がないことから、むしろ人間は極限状態においても食物を料理しなければならないことがわかる。

　野生の食物で長期間生き延びたというのにいちばん近い事例は、ヨーロッパ系ブラジル人のエレナ・ヴァレロである（注30）。この例外的な女性は一九三〇年代にジャングルの奥地で約七カ月生き延びたと言われている。一二歳のころヤノマモ・インディオに誘拐されたため、ジャングルにはくわしかった。誘拐後に部族の一員となったが非常につらい思いをして、ある日、命まで脅かされたので、集落から逃げ出した。料理ができるように燠火を葉に包んで持ち出したが、数日後に大雨が降って火は消えてしまった。ヤノマモの生活に戻りたくなかった彼女は、ひとりジャングルのなかをさまよった。火もなく徐々に空腹になるうちに、見捨てられたバナナ農園にたどり着いた。村人が森の奥にバナナの木を植えていたのは、ヴァレロにとって幸運だった。本人の説明によると、そこで生のバナナを食べて生き延び、月の移行で七カ月を数えたという。逃亡期間が終わったあとの体調は記録に残っていないが、結局彼女はヤノマモに見つけられてしまう。とはいえ、快適な村の生活に戻り、二度結婚し、四人の子をもうけ、またしても子供の命の危険を感じて三五歳で逃げ出した。彼女はついにブラジルの社会で幸福を見つけられなかった。

ヴァレロの話は検証のしようがないが、もし人が未開地で生のものを食べて生き残る可能性があるとしたら、そこに幸運にも高カロリーの栽培果物が豊富にあったと考えるのは筋が通っている。バナナはよく、自然が生んだもっとも完璧な食品であると言われる。

よりふつうの条件下では、未開地で生のものを食べているとすぐに飢餓の危機が訪れる。人類学者のアラン・ホルムバーグが、一九四〇年代にボリビアの僻地の伝道所にいたときのことだ（注31）。七人のシリオノ族の狩猟採集民がジャングルから出てきた。みな極端に腹を空かし、衰弱していて、ひとりがホルムバーグに語ったところでは、そこで伝道所にたどり着いていなければ死んでいたかもしれなかった。彼らは熱帯雨林で生活する部族にいたが、あるとき政府の学校に移された。その強制的な移動を恨み、先祖伝来の土地に戻ろうと学校から逃げ出したのだった。捕らえられないように急ぎ、激しい雨のなかでも歩きつづけた。きちんと覆っていなかった丸太の種火は消えてしまい、その後、七人は三週間後に救出されるまで野生の植物を食べるしかなかった。一日に歩く距離は五マイル以内で、ジャングルを知り尽くしているから食べる植物も難なく見つかったが、それでも生食で充分なエネルギーは得られなかった。ふたりは弓を持っており、獲物もたくさんいたので、いかなる状況でも生肉を食べてはならないという禁忌がなければ、彼らももう少し楽にすごせたかもしれない。数週間ほとんど肉が手に入らなくても、料理ができるかぎり、狩猟採集民はたいてい楽に暮らせる。このシリオノ族の体験は、生食が充分なエネルギーを提供できず、危険であることを物語っている。

　一八六〇年、ロバート・バークとウィリアム・ウィルズらの一行が、オーストラリアを南から北まで縦断する不運な探検に出かけた（注32）。食糧がなくなると、彼らは現地のアボリジニのヤンドルワンダ族に助けを求めた。ヤンドルワンダ族は、豊富にあるナルドゥー（訳注―デンジソウの一種）を食べて暮らしていた。ナルドゥーの種を碾《ひ》いて苦い粉にし、洗って焼く。探検隊は粉自体は気に入ったが、洗って焼く部分は省略したようだ。結果は悲惨なものだった。〝私は日増しに弱っていく〟とウィルズは書いている。〝食欲は充分あり、ナルドゥーの味も好きだが、まったく栄養がないようだ〟。バークとウィルズは中毒か飢餓、またはその両方のために死亡した。が、隊員のなかには生き残った者がいた。彼はヤンドルワンダ族に加わって、料理したナルドゥーをたくさん食べ、一〇週間後に発見されたときには申し分のない体調だった。

ここに挙げたのはあくまで珍しい事例だ。未開地で生ものを食べて生き残ろうとすることなど、めったにあるものではない（注33）。ノルウェーの人類学者トール・ヘイエルダールが、前史時代に南米からポリネシアへの移民があったという自説を証明するために、古代の筏で太平洋を渡ったときには、プリマスのコンロを積んでいて、乗組員のひとりはコックだった。一九七二年にチリのアンデス山脈に飛行機が墜落し、二七人が七一日間、山中をさまよったときには、生存者はやむなく人肉を焼いて食べていた。捕鯨船〈エセックス〉が太平洋で沈没し、小型の救命ボートのなかで船乗りたちが仲間の肉を食べたときにも、石の上で火を焚いて料理していた。第二次世界大戦後、何人かの日本兵がジャングルで単独生活を送った。そのなかのひとり、横井庄一は一九七二年までグアムにいて、果物、カタツムリ、ウナギ、ネズミなどを食べて生き延びた。しかし彼も生で食べたのではなかった。類似の抵抗者がみなそうであったように、地下の洞窟に煙で黒ずんだ鍋があり、それが命を支えていた。

実在したなかでおそらくもっとも有名な漂流者は、ロビンソン・クルーソーのモデルとなった船乗り、アレクサンダー・セルカークだろう。一七〇四年、船長と口論した末、陸におろせと軽率にも要求した彼は、チリの西方六七〇キロ（四一六マイル）の太平洋にあるマス・ア・ティエラ島で単独、四年以上の歳月をすごした。聖書、マスケット銃と火薬一ポンド、いくつかの製図器械、手斧、ナイフ、大工道具少々は持っていたが、発見されたときにはかなり野生化していて、馴らしたヤギや猫と踊り、ほとんど人間には見えないほどだった。しかし、火薬がほぼ尽きるころ〝膝の上でピエメントの木をすり合わせて火を作った〟（注34）。そうしてひとりで暮らすあいだ、ずっと料理をすることができたのだった。

生食主義者が健康的にすごせないのは明らかだ。例外的に高品質の食物を摂取できる現代の豊かな環境においてのみ、彼らは健康でいられる。動物にそのような制限はない——野生の食物を生で食べて繁栄している。〈イヴォ・ダイエット〉の問題点から導き出される疑問は正しい。明らかに、私たちはどこかおかしいのだ。ヒトはほかの動物とはちがう。ほとんどの状況で、料理された食物を必要としているのだ。

第2章 料理と体

おそらく火の使用は、あるプレッシャーを減らし、別のプレッシャーを与えることによって、人間の文化にも身体の発達にも影響を与えた。食事の内容が、生の肉と野菜だけから、料理した食物に移行するのにともなって、咀嚼、消化、栄養摂取の全体的なパターンが変わった。

ケネス・オークリー
『初期人類の社会生活』

今日、生食で人間はなかなか健康を保てないが、私たちの祖先は過去のどこかにおいて、森の果物、生野菜、生肉、その他の自然にある食物から、類人猿と同じくらい効果的に栄養を得ていたはずだ。変化をもたらしたのは何だろう。生の食物から大量のエネルギーを引き出すことができれば明らかに有利なのに、なぜ人類はそうした昔の能力を失ってしまったのだろう。

理論的には、進化上の不運によってこの生物学的不利が生じたとも考えられる。生食に適応した消化器系の遺伝子配列がたまたま失われてしまったのだと。しかし、料理のように広く行き渡った労働集約的な行動を、進化上の適応の失敗として説明することはむずかしい。自然淘汰は、たいてい非常に成功した設計を残していく。消化器官のように重要で、つねに使用される部分に関してはなおさらだ。よって、生の食物を効果的に利用する能力の欠如を補うだけの利点があったと考えていいだろう。

進化上のトレードオフはあらゆるところにある。チンパンジーと比べて、私たちは木登りは下手だが、歩くのはうまい。木の上でうまく活動できないのは、長い脚と平らな足の裏を持っていることに一部由来するが、まさにそれらがあるために、ほかの類人猿より効率よく歩くことができる。同様に、私たちが生の食物をうまく消化できないのは、類人猿と比べて消化器官が小さいことに由来するが、このコンパクトな消化器官は、料理した食物をきわめて効率よく消化吸収できるようなのだ。

料理した食物の利点は、その種が料理に適応しているかどうかによって、ふたとおり考えられる。まず自然発生的な利点がある。これはほぼあらゆる種にとって、進化の歴史と関係なく当てはまる（注1）。すなわち、料理した食物は生のものより消化しやすいのだ。牛、羊、子豚などの家畜は、調理したものを与えるとより早く育つ。雌牛は生の穀物ではなく調理したものを食べると、より脂肪分の多い牛乳をより多く出す。似たような効果は養魚場でも見られる。鮭は生より調理した餌を与えるほうがよく育つ（注2）。飼育者が家畜に調理した飼料や飲み物を与えたがるのも無理はない。調理したものは効果的な成長をうながすのだ。

　調理した食物の自然発生的な利点は、家庭のペットが太りやすい原因にもなる。犬や猫に与えられる市販の穀物、ペレット、ナゲットといったペットフードはみな調理されている。この関連に気づき、調理した食物が健康に悪いと考えた飼い主は、愛するペットの体重を減らすためにあえて生の餌を与えることがある。生食が人の体にいいと主張するのと同じ理由から、生物学的に適正な生食《BARF》が特別な食事法として宣伝されている（注3）。要するに、それが自然だということだ。〝地上に生きる動物はみな生物学的に適正な食事を必要とする。考えてみれば、進化の過程で調理した食物に適応した動物は地上のどこにもいない。要するに、ＢＡＲＦダイエットほどペットにふさわしいものはないということだ〟。ＢＡＲＦダイエットの効果は、生食主義者の体験談を思い出させる。あるゴールデンレトリーバーの飼い主に言わせると〝生の食物を食べている犬は見ればわかる。健康そうで、エネルギーに満ち、痩せていて、活発だ〟。生のものだけを食べさせるようにしてから一週間たたないうちに、犬の毛が輝きだしたそうだ。

　昆虫ですら調理した食物の自然な恩恵にあずかるようだ（注4）。害虫を大量に飼育して、その被害を減らす方法を探っている研究者が、それぞれの種に特別に調理した餌を与えた。コナガの幼虫は、小麦胚芽、カゼイン、豆の粗碾き粉、キャベツの粉末を混ぜて煎ったものでよく育った。キンケクチブトゾウムシは、よく煮たライマメを混合したものでいちばん繁殖した。野生だろうと飼育されていようと、哺乳類だろうと昆虫だろうと、人の役に立とうと立つまいと、生の食物に適応している生物はみな、調理したものでよりよく育った。

料理に適応しているヒトの場合には、これに進化論的な利点が加わる。この利点は、消化が個体のエネルギー消費の高い割合を占める――しばしば蒸気機関車のエネルギー消費に匹敵する――高コストのプロセスであることに由来する。私たちの祖先が料理した食物を食べはじめてから、自然淘汰は消化器官が小さい者に有利に働いた。彼らは従来よりエネルギーを使わずに充分な消化ができ、結果としてエネルギー効率がよくなったのだ。

料理に適応することの進化的な利点は、ヒトの消化器官をチンパンジーなどの類人猿と比べれば明らかだ。いちばんのちがいは、消化に関するさまざまな部位がすべて小さいことである。口、顎、歯、胃、大腸、小腸――すべてが小さい。かつてこれらの部位の異常な小ささは、たいてい肉食の進化的帰結と考えられてきた。が、ヒトの消化器官の設計は、生肉を食べることより、料理したものを食べることに適応したという説明のほうが合理的だ。

ミック・ジャガーがどれほど大きなあくびをしても、チンパンジーの大きさには敵わない。口が内臓への入口であることを考えると、この大きさの種としてヒトの口は驚くほど小さい（注5）。大型類人猿はみな前方に突き出た口（突顎）を持ち、顎も大きく開く。チンパンジーはものを食べるときに、口をヒトの二倍の大きさまで開けることができる。あなたもいたずら好きのチンパンジーにキスをされれば、このことを思い知るだろう。霊長類のなかでヒト並みに小さな口を探すなら、体重一・四キロ（三ポンド）以下のリスザルといった小型種にたどり着くしかない。開口部が小さいだけでなく、私たちの口は容積も小さい――体重はチンパンジーより約五〇パーセント多いのに、口腔の容積はチンパンジーとほぼ同じだ。動物学者はよくヒト属の本質的な特徴を、体毛が薄く、二足歩行で、脳が大きい類人猿としてとらえようとするが、口の小さな類人猿と定義してもいいくらいだ。

唇を含めると、口の大きさのちがいはいっそう際立つ。チンパンジーが口に含むことのできる食物の量は、ヒトのそれをはるかに上まわる。開口部、口腔が大きいだけでなく、非常に太くて筋肉質の唇を持っているからだ。チンパンジーが果物や肉のように汁気の多い食物を食べるときには、その大きな塊を唇で保持し、歯に強く押しつける。これを何分間もくり返してから呑みこむのだ。力強い唇はおそらく果物を食べることに適応した結果である。果物をよく食べるオオコウモリもやはり大きくて筋肉質の唇を持ち、同じように歯に押しつけて食べている。一方、ヒトには一度に少量だけ口に入れるのに適した、比較的小さな唇しかない。

消化に関するヒトの特徴として第二に挙げられるのは、非力な顎である。手を触れてみれば、咀嚼するための筋肉――側頭筋と咬筋――が小さいことがわかるだろう。ヒト以外の類人猿では、これらの筋肉は顎から頭蓋の頂点まで伸びていることが多い。それが矢状稜と呼ばれる骨の隆起に付着していることもある。矢状稜の役割は顎の筋肉をつなぎとめることだけだ。対照的に、私たちの顎の筋肉は通常、顔の半分までにも至っていない。顔の横に手を当てて口を開けたり閉じたりすれば、自分はゴリラではないと納得がいくはずだ——側頭筋が耳の上のあたりで止まっているだろう。ヒトの顎の筋繊維も少なく、マカク属のサルの八分の一しかない。非力な顎の原因は、筋肉内のタンパク質ミオシンを作り出す遺伝子のヒト特有の変異である。約二五〇万年前、MYH16と呼ばれるこの遺伝子が私たちの祖先に広がり、以後はユニークなまでに筋肉の弱い子孫を残した(注6)。私たちの小さく弱い顎の筋肉は、固い生の食物を噛むのには適していないが、料理した柔らかい食物には適している。

ヒトの噛むための歯——臼歯——もまた小さい(注7)。体の大きさとの割合で見ると、あらゆる霊長類のなかで最小だ。ここでも料理による食物の明らかな物理的変化が、噛む力の弱さと小さな歯の説明になる。遺伝子の進化がなくても、実験的に柔らかい食物で育てられた動物は顎や歯が小さくなる。歯の縮小は適応の進んだシステムと言っていい。形質人類学者ピーター・ルーカスの計算によると、生のジャガイモに比べて、煮たジャガイモを割るのに必要な歯の大きさは、五六パーセントから八二パーセント減少する(注8)。

さらに体内に入ってみよう。私たちの胃も小さい。ヒトの胃の表面積は同じ体重の典型的な哺乳類の三分の一にも満たず、ほかの九七パーセントの霊長類より小さい(注9)。料理した食物はカロリー密度が高いので、胃は小さくてもよくなった。大型類人猿はおそらく重量にして二倍の食物を食べている(注10)。彼らの食べるものには、消化できない食物繊維が大量に含まれている(全重量の三〇パーセント。ヒトの食べるものには五パーセントから一〇パーセント以下)。料理による高カロリーのおかげで、私たちの食物摂取はそう多くなく、小さな胃で充分対応できる。

胃に続くヒトの小腸は、体の大きさに比べてわずかに小さめという程度である(注11)。これは小腸が消化吸収の主要器官であり、体重を考慮したヒトの基礎代謝率がほかの霊長類と同じであることによる(注12)。しかし大腸は、同じ体重の霊長類に期待される総量の六〇パーセント以下だ(注13)。大腸では腸内細菌が食物繊維を発酵させて脂肪酸を作る(注14)。脂肪酸は体に吸収され、エネルギーとして使われる。ヒトの大腸が比較的小さいということは、大型類人猿のように植物の繊維を保持しておけない、すなわち、繊維を食物としてあまり効果的に利用できないということだ。しかし、それは重要な問題ではない。料理した食物の高カロリーによって、通常私たちは類人猿の高度な発酵能力を必要としないからだ。

最後に、胃、小腸、大腸からなる消化器官全体を見ても、ヒトはこれまで調べられたどの霊長類より小さい(注15)。私たちの消化器官の重さは、同等の大きさの霊長類で想定される重さの約六〇パーセントだ。言い換えれば、ヒトの消化器官全体の重さは、この大きさの霊長類から考えられる割合よりはるかに小さいのだ。

ヒトの小さな口、歯、消化器官は、料理した食物の柔らかさ、高カロリー、食物繊維の少なさ、消化しやすさにうまく適応している。小さくなれば効率は増し、繊維の多い食物を大量に消化するためだけに代謝コストを無駄に払わなくてすむ。柔らかい高密度の食物を噛むのに大きな口や歯は必要ないし、料理したものを食べるのに適した弱い咀嚼力を生むのには、小さな顎の筋肉があれば足りる（注16）。サイズが小さくなったことで歯の損傷は少なくなり、その後の病気も減るかもしれない。内臓について言えば、形質人類学者のレスリー・アイエロとピーター・ウィーラーが次のように報告している。大型類人猿と比べて、ヒトは消化器官が小さくなったことで、毎日のエネルギー消費が少なくとも一〇パーセントは減っている（注17）。体に消化器官の組織が増えるほど、その新陳代謝により多くのエネルギーが消費されるのだ。料理のおかげで、大型類人猿が食べる非常に繊維の多い食物は、もはやヒトの食事に含まれなくなった。消化器官の一連の変化は理屈に合っている（注18）。

ヒトの消化器官の設計と、料理した食物の特徴のあいだの強固な結びつきは、もしかして見かけ倒しだろうか。ヴォルテールの『カンディード』に登場する楽天的な家庭教師パングロスは、私たちの鼻は眼鏡をかけるために形作られた、なぜなら私たちの鼻には眼鏡がじつにうまくのるからだ、と言った。実際はこの逆で、眼鏡のほうが私たちの鼻にうまくのるように形作られたのだ。パングロスの理屈にしたがえば、料理した食物が、じつはほかの食事法に適応したヒトの消化器官にたまたま適していたという見方も成り立つ。

肉食は明らかにその可能性のひとつだ。〝狩るヒト〟説によれば、そもそも私たちの祖先は植物を食べていて、比較的少量の肉しか食べなかった最後の種は、二〇〇万年以上前にハビリスに取って代わられたアウストラロピテクスだった。アウストラロピテクスが食べる植物の多くは、大型類人猿と同じく低カロリーで繊維の多いものだった。よってこの古代の猿人は、今日のチンパンジーやゴリラと同様に消化器官が大きかったはずだ。この考えを支持するものとして、アウストラロピテクスの化石には幅の広い腰と、腰まわりに向かって裾が開いていく胸郭がある(注19)。どちらも容量の大きな消化器官を胸郭で囲い、骨盤で支えていたことを示している。肉食のシナリオにしたがえば、食べる肉の量が増えたことで、ハビリス以降の子孫の口や消化器官に進化的な変異が生じたにちがいないということになる。

二〇〇四年、形質人類学者のピーター・アンガーが、きわめて初期のヒトの臼歯は祖先のアウストラロピテクスのものよりいくらか鋭いと発表した(注20)。つまり、生肉などの固い食物に適応したのかもしれない。犬、そしておそらくオオカミやハイエナを含む肉食動物も、大型類人猿に比べて消化器官が小さい(注21)。たとえば肉食動物の大腸は高カロリーと低繊維密度の肉を効率的に消化できるように小さい。しかし、これらの事実がヒトの肉食への適応を示しているにもかかわらず、私たちの口や歯や顎は、明らかに未調理の肉食には向いていない。獲物の生肉は固く、だからこそ料理が重要になってくる。肉食説の支持者も、ヒトは肉食動物とちがって歯が小さく、顎も弱く、小さな歯で生肉を切り裂くことはむずかしいと認めている。

ヒトの体内での食物の移動のしかたがさらに問題を複雑にする。肉食動物においては、生の肉は胃に長くとどまり、胃壁の強力な収縮によって分解されて短時間で消化されやすくなる。犬は食物を胃に二時間から四時間、猫は五時間から六時間ためておき、その後、小腸をすばやく通過させる（注22）。対照的に、ヒトはほかの霊長類に似て食物を短時間しか胃にとどめず——一般的には一、二時間——その後長い時間をかけて小腸を通す。食べたものを胃に長時間とどめる肉食動物のような仕組みがないことから、ヒトは生肉の塊を効率的に処理することができないのだ。

私たちの口、歯、顎、胃腸がみな生肉の塊を食べることに適応していないとしても、理論上は、料理以外の処理をした肉を消化すべく進化したとも考えられる。噛みやすくなるように生肉を道具で叩いたかもしれない（注23）。細菌感染の心配があまりない世界の寒冷地では、わざと放置して腐らせたかもしれない（注24）。あるいは乾燥させた。しかしこうした考え方では、植物をどう食べたかという問題が解決しない。

その問題とは、熱帯の狩猟採集民は少なくとも食事の半分を植物でとらなければならないということだ。そして私たちの祖先の狩猟採集民が食べていた植物は、生でたやすく消化できるものではなかった。したがって、かりに肉食説でホモ・エレクトスの歯や胃腸が小さいことを説明できるようになったとしても、食用の植物についてはうまくいかない。消化能力が低下したヒトがなぜ効果的に植物を消化できたのか、説明できないのだ。

ヒトは炭水化物（植物から得られる）か脂肪（少数の動物から得られる）のどちらかを大量に必要とするので、植物は生命維持に不可欠の食物だ。炭水化物も脂肪もなければ、エネルギー摂取をタンパク質に頼らなければならない。過度のタンパク質摂取は中毒症状を引き起こす。タンパク質中毒の症状には、有毒レベルの血中アンモニア、肝臓や腎臓の機能障害、脱水症状、食欲不振などがあり、究極的には死に至る。そうした悲惨な結果を、北極圏での体験にもとづいてヴィルヒャルマー・ステファンソンが書き記している。収穫が少ない季節になると、脂肪がほとんど手に入らず（もとより植物はない）、食事のなかでタンパク質が支配的な多量養素となる。〝脂肪がふつうにある食事から急に赤身だけの食事に切り替えると、最初の数日で食べる量がどんどん増え、一週間ほどたつと、重量にして当初の三倍から四倍の肉を食べている。そのころには飢餓とタンパク質中毒の症状を呈している。立てつづけに食事をとり、食べ終わるたびに空腹を感じ、大量の食物で不快な膨満感があり、気持ちが落ち着かなくなってくる。一週間から一〇日で下痢が始まり、脂肪をとるまでそれが治まらない。そして数週間で死が訪れる〟（注25）。

ヒトにとって安全なタンパク質摂取の上限は、全カロリーの五〇パーセント前後なので、残りのカロリーはクジラの脂のような脂肪か、果物や草の根のような炭水化物から得なければならない。北極圏やティエラ・デル・フエゴ（訳注―アルゼンチンとチリのあいだの群島）のような緯度の高い地域では、脂肪が格好のカロリー源となる。海生哺乳類が寒さから身を守るために分厚い脂肪層を発達させているからだ。しかし、熱帯の哺乳類の体脂肪率はそれよりはるかに低く――平均四パーセント程度――骨髄や脳のように脂肪の多い組織はつねに量がかぎられている。つまり、赤道付近にいたわれわれの祖先は、残りの必須のカロリーを植物から得るしかなかった。熱帯の狩猟採集民に植物は欠かせない。毎年の乾期など食糧が不足する時期には、肉の脂肪率はとりわけ下がって一、二パーセントになる。そういう時期に植物から得られる炭水化物はことのほか重要なのだ。

しかし、初期の人類がいまの私たちと同じような消化器官を持っていたとすれば、料理をせずに植物の炭水化物が得られたはずはない。ギーセンの調査に参加した都会の生食主義者たちの新陳代謝の悪さを思い出していただきたい。彼らは発芽、混合、そして低温のオーブンによる加熱すら利用して、念入りに準備された高品質の食物を食べていたにもかかわらず、ごくわずかのエネルギーしか得られず、生殖能力に深刻な影響を受けた。もし初期のヒトが植物を生で食べていたのなら、現代の私たちのテクノロジーよりすぐれた処理方法を見つけていなければならない。

けれども、石器時代の人々が、加熱以外でいまのミキサーより効果的に食物を処理する方法を開発していたとは考えられないのだ。

生のものを食べて生活する狩猟採集民も、例外的にカロリーの高い植物性の食物——たとえばアボカド、オリーブ、クルミ——を見つけることがあったかもしれない。しかし今日、そういった食物を一年じゅう豊富に生み出している地域はない。中東の肥沃な渓谷のように、農業が始まるまえはきわめて生産性の高い自然の果樹園だった地域もいくつかはあるだろうが、それらが点在していただけでは、ヒトの祖先が一八〇万年前までにアフリカからはるかヨーロッパ、アジアにまで広がっていたことの説明にならない。さらに、どんな居住地域にも季節によって食糧不足が生じるから、彼らは木の根のような低カロリーの食物にも頼らざるをえなかったはずだ。一年のどの時期にも並はずれて生産力がある地域が存在したとは考えにくい。今日の私たちと似た解剖学的特徴を持つ人々が、更新世に生の食物で繁栄できたはずはないのだ(注26)。

火を使った料理は食物の化学的性質を変えてしまうから、歯や胃腸が小さくなることのほかにも、ヒトの消化器官に数多くの効果を及ぼしたはずである。料理はある毒素を減らし、別の毒素を作り出して、ヒトの消化酵素の変異をうながしただろう。私たちの酵素作用と解毒方法がほかの大型類人猿とどうちがうかは、ほとんど解明されていないが、今後研究が進めば、ヒトの体が料理した食物を食べるのに適応していることがいっそう明らかになるはずだ。

たとえば、複素環アミンやアクリルアミドに代表されるメイラード化合物を見てみよう(注27)。これらは糖とアミノ酸――とくにリシン――が結合するプロセスから生じる。メイラード化合物は私たちの体内で自然に生まれ、加齢とともに発生頻度が増えていく。自然の食物でもゆるやかな凝縮によって発生するが、火や煙草の煙であれ、料理であれ、そうした熱の影響を受けると凝縮は自然のときよりはるかに進む。できた化合物は、豚肉やパンの焦げの茶色で容易に確認することができる。メイラード化合物はバクテリアの変異をもたらし、ヒトのガンの原因にもなりうると考えられている。慢性的な炎症を引き起こす可能性もあり、生食主義者は生食で体調がよくなったと感じる理由のひとつとしてこれを挙げる。料理説によれば、ヒトはメイラード化合物にさらされた長い進化の歴史のなかで、ほかの哺乳類より、その有害性に対する抵抗力を身につけてきた。これは重要な問題だ。加工した多くの食物に含まれるメイラード化合物は、ほかの動物にはガンを引き起こすことで知られる。アクリルアミドはその一例だ。二〇〇二年、ポテトチップスなど、広く販売されているジャガイモ食品にアクリルアミドが発生していることがわかった。これがほかの動物と同じように発ガン性を持つとなると危険である。一方、発ガン性を持たないなら、それはヒトがメイラード化合物に適応していること、熱を加えた食物に長くさらされていることの証左と言えるかもしれない。

同様に、ほかの類人猿より毒素に抵抗力がないことも、ヒトが料理に適応したからかもしれない。霊長類が食べる多くの野生の食物を試しに食べてみた私の経験では、野生のチンパンジーが食べるものはほかのサルが食べるものより美味しい。それでもチンパンジーが選ぶ果物、種、葉のなかには、あまりにも不味くて呑みこめないようなものもある。それらの味は強烈であり、栄養以外の含有物があることを如実に示している（注28）。その多くはヒトにとって有害だろうが、チンパンジーにとってははるかに害が少ないはずだ。

ワルブルギア・ウガンデンシスという、樹皮に薬効があることで有名な木のプラム大の果実について考えてみよう。ワルブルギアの果実には、カラシ油を思わせるスパイシーな化合物が含まれている。そのからさは、たとえ一個でもヒトには食べきれないと思うほどだ。しかし、チンパンジーはこの果実を山ほど食べても、まだいくらでも入るという顔をしている。

チンパンジーが食べるほかの多くの果物もほとんど同様に、ヒトの好みにはまったく合わない。彼らが食べる果物には共通して、タンニンほか数種類の化合物が生み出す渋み――口腔内が乾くような感覚――が含まれている。渋みはタンニンがタンパク質と結びつき、凝結させることから生じる。私たちの口のなかはふだん、唾液に含まれるムコタンパク質によってなめらかだが、高密度のタンニンがそれを凝結させるため、舌や口腔内が乾く。だから熟れるまえのリンゴを食べたり、タンニンが豊富に含まれるワインを飲んだりすると、口のなかが〝ごわごわした〟感じになるのだ。チンパンジーが食べるミムソプス・バグシャウウェイや、広い地域に生えるスードスポンディアス・ミクロカルパの果実を食べてみると、同じような感覚を味わうことになる。チンパンジーはこれらを一時間以上かけて噛みつづけ、一キロ（二・二ポンド）以上食べることができるが、私たちにはできない。チンパンジーの別の食物は、私たちにはある種のイチジクのように苦く感じられる。常識を越えた感覚をもたらす果物もある。たとえばモノドラ・ミリスティカは、まずレモンのようなきつい味がして、そのあと局所麻酔薬のノボカインを使ったように舌先が麻痺する。私が試食した数あるチンパンジーの食物のなかで、腹いっぱい食べたいと思ったものは、野生のラズベリーなどわずか数種類にすぎなかった。だが悲しいかな、そういう美味しい果物が一度にたくさん見つかることはめったにない。食物の嗜好に関するチンパンジーからヒトへの移り変わりは、毒素またはタンニンが多い食物への生理学的耐性がなくなっていくことだったようだ。火を用いる料理が明らかに多くの毒素を破壊することから、ヒトは比較的繊細な嗜好へと進化したのかもしれない。

逆に、ヒトが生肉の食事に適応したとすれば、肉についたバクテリアが生み出す毒素に抵抗できる証拠が見つかってもいいはずだ。が、あいにくそのような証拠は見つかっていない。たとえ火で肉を焼いても、ヒトはバクテリアの感染には弱い（注29）。全米疾病対策センターの発表によると、サルモネラ菌だけを見ても、毎年アメリカで少なくとも四万件の食中毒の報告があり、報告されていないものは一〇〇万件にものぼるという。ブドウ球菌、ボツリヌス菌、リステリア菌、ビブリオ菌、バシラス菌、大腸菌といった上位二〇に入る有害バクテリアによる中毒件数は、毎年合計で数千万件に達すると見られている。いちばんの防止策は、肉、魚、卵に六〇度以上の熱を加え、低温殺菌していない牛乳や卵を含む食物をとらないことだ。料理説によれば、私たちの祖先は日常的に肉を料理したために、生肉にいるバクテリアに弱いまま進化したということになる。

人類学は伝統的に〝狩るヒト〟説をとり、アウストラロピテクスは主として肉の摂取量が増えたことからヒトに変わったと考えてきた。たしかに肉食はヒトの進化と栄養摂取にとって重要な要素だったが、私たちの体に対する影響は、火を使う料理ほどには大きくなかった。私たちは生食だけでは健康になれない。生食だけに頼る文化も存在しない。私たちの体の適応状況を見れば、生の食物を容易に消化吸収できないことがわかる。ベジタリアンといえども、食物に熱を加えて健康を維持している。私たちは、肉食動物というより料理者である。生食主義が減量に向いているのも無理はない。

第3章 料理のエネルギー理論

諺に曰く、人は食べるもので生きているのではない。消化するもので生きている。
ジャン・アンテルム・ブリア＝サヴァラン
『味の生理学――最高の美食についての考察』

動物にしろ、人間にしろ、生のものより料理したものを食べることで体重が増え、生殖能力も高まるということは、明らかに加熱によって食物のエネルギーが増すということだ。しかし、権威ある科学資料は真っ向からこの考えを否定する（注1）。アメリカ農務省が発行する『標準参照用の全米栄養成分データベース』と、ロバート・マカンス、エルジー・ウィドウソン著『食物成分』はそれぞれアメリカ、イギリスにおいて、何千もの食物の栄養データを網羅する主要な情報源であり、私たちが日々口にする食品のデータも公開されている。これらによると、摂取エネルギーに対する料理の効果は、牛肉、豚肉、鶏肉、鴨肉、ビートの根、ジャガイモ、米、カラスムギ、ペストリー生地、その他何十という食物についてすべて同じ――すなわち、平均ゼロだった。ほかの資料でも、料理は水分の内容を変え、ビタミン濃度を下げるが、カロリー密度については、生だろうが、焼いたり炙ったり煮たりしようが変わらないという。

この結論には大いに当惑する。料理した食物から人間や動物がより多くのエネルギーを得ていることを示す多くの証拠と矛盾するからだ。栄養学上もこれとは逆の結論がいろいろ出ている。一方には、料理は〝消化プロセスを外部化する技術〟(注2)であり、消化を助ける効用があるという考えが広く普及している。他方、料理はエネルギー価にマイナス効果があると見なされることもある。つい最近、地元のスーパーマーケットで小さな〝朝食用作りたてプレミアム・ソーセージ〟を見かけた(注3)。ラベルにエネルギー価がカロリーで示されていた。ソーセージを生で食べたい人に配慮してか、そこには生の場合と加熱した場合の数値が両方載っていた。〝サイズ2で、生の場合一三〇(脂肪分六〇)カロリー、加熱した場合一一〇(脂肪分六〇)カロリー〟。驚かれるかもしれないが、ときによって料理でカロリーが減ることもあるのだ。たとえば、栄養をたくさん含む汁が失われる。メイラード化合物のような消化できない分子を生み出し、消化できる糖やアミノ酸の量を減らしてしまう。炭水化物を燃やしてしまうことも、食物の消化を悪くする化学変化を引き起こすこともあるだろう。栄養学の第一人者デイヴィッド・ジェンキンスは、そのような効果を重視している。〝(料理の)圧倒的な効果は……タンパク質の消化率を低下させることだ〟(注4)。

栄養学者のあいだでも、料理は食物のカロリー内容になんら影響を与えない、カロリーを増加させる、または減少させると意見が分かれているが、私たちはこの混乱を一気に解決することができる。生食主義者が与えてくれる証拠と、調理した食物から多くの動物がただちに得る利益を考えると、エネルギー摂取に関する料理の効果は終始歴然としているのだ。生のものより料理したもののほうがエネルギーを摂取しやすい仕組みはある程度理解されているが、もっとも重要なのは、加熱することによって澱粉がゲル化し、タンパク質が変性して、あらゆるものが柔らかくなることだ。こういったプロセスを経て、料理は私たちが食物から得るエネルギーの量を実質的に増やしてくれる。

澱粉はパン、ケーキ、パスタなどふだんから口にする食物の主成分である(注5)。世界じゅうのほとんどすべての植物性主食は、澱粉質の食物だ。一九八八年から一九九〇年の統計では、米や小麦といった穀物が世界の食物生産の四四パーセントを占め、その他いくつかの澱粉質の食物(根、塊茎、料理用バナナ、乾燥豆類)を入れると、平均的な食事の六三パーセントを構成する(注6)。今日の熱帯の狩猟採集民の食事の半分以上は澱粉質の食物であり、アフリカのサバンナに住んでいたヒトまたはヒト以前の祖先も、同じくらいの量を食べていたはずだ。

料理の影響をもっとも直接的に調べる方法は、消化率、すなわち私たちの体がある食物を消化吸収する割合を計ることだ。ある澱粉の消化率が一〇〇パーセントなら、それはすべてが利用可能な分子に変換される完璧な食物ということになる。もし消化率がゼロなら、それはまったく消化されず、食物としての価値がない。注目すべき点は、料理が澱粉質の食物の消化率にどの程度影響を与えるかだ。

私たちの消化プロセスは大きくふたつに分かれる。ひとつは私たち自身の体による消化だ。これは口に始まり、胃を経由して、ほとんどが小腸でおこなわれる。もうひとつは四〇〇種以上のバクテリアと原生動物による大腸での消化、より正確には発酵である。私たちの体（口から小腸まで）が消化した食物から得られるカロリーは一〇〇パーセント利用することができる。けれども腸内細菌の消化作用で得られるエネルギーは一部しか利用できない――澱粉のような炭水化物の場合には約半分しか使えず、タンパク質に至ってはゼロである。

この二段階の構造があるために、食物から得られるエネルギー量を調べるには、小腸終端部の内容物のサンプルを採取して、小腸における消化率を計算するしかない。そこで研究者たちは、回腸造瘻術を受けた（大腸を摘出して小腸終端部に人工肛門をつけている）人々の協力を得て、小腸から流れ出るものを採取することにした。

そうして小腸での消化率を調べてみると、料理で加熱された澱粉を私たちがじつに効率よく利用していることがわかった（注7）。カラスムギ、小麦、ジャガイモ、料理用バナナ、通常のバナナ、コーンフレーク、白パン、そしてヨーロッパまたはアメリカの典型的な食事（澱粉質の食物、乳製品、肉の混合）については、加熱された澱粉の少なくとも九五パーセントが小腸終端部までに消化吸収される。ただし、消化率の低い食物もいくつかある――自宅で料理したインゲン豆と、大麦のフレークの澱粉の消化率は八四パーセントにとどまる。

　同じ計測で、加熱していない澱粉の小腸での消化率ははるかに低い。小麦の澱粉は七一パーセント、ジャガイモは五一パーセント、バナナ類の生の澱粉はわずか四八パーセントである。このちがいは、多くの食物を対象とした実験室での研究結果とも一致している。実験でもやはり生の澱粉が消化されにくいことが確かめられた。しばしばその消化率は、熱を加えた澱粉の半分になる。生で食べられた澱粉の粒子《グラニュール》が小腸をそのまま通過し、口に入ったときとまったく変わらずに大腸に入ることも多い。この〝難消化性澱粉《レジスタント・スターチ》〟は、生の澱粉をとる食事法の明らかな欠点であり、なぜ私たちが料理した澱粉を好むか、なぜ生食主義者の体重が減るのかを説明するものだ。

　料理によって消化率が上がるのは、おもに食物のゲル化が進むからだ（注8）。植物の細胞内の澱粉は、グラニュールと呼ばれる高密度のブドウ糖の小粒子の形をとっている。グラニュールは一ミリの一〇〇分の一（一インチの一〇〇〇分の四）より小さな粒子で、肉眼では見えず、小麦を臼で碾《ひ》いても損なわれない（注9）。非常に安定していて、乾燥させれば数万年保存することも可能だ。しかし、水分があるところで温められると、澱粉のグラニュールは膨張しはじめる。代表的な研究例では、小麦澱粉の場合、それは摂氏五八度前後だ。膨張するのは、加熱によって重合体であるブドウ糖の水素結合が弱まり、強固な結晶構造がゆるむからだ。沸点より低い摂氏九〇度でグラニュールはばらばらになり、ブドウ糖の鎖は保護を失ってゲル化する（注10）。澱粉は料理されたあと、かならずしもゲル状態にとどまっていない。焼いて一日たったパンの澱粉はまた固まって安定する。だから私たちは、新鮮でなくなったパンをトーストするのが好きなのかもしれない。

パンを焼く、パイの詰め物を作る、パスタや澱粉質のスナックを作る、ソースを煮詰める、少し想像をたくましくするなら、野生の木の根を火にくべる――いかなる場面でも、ゲル化は澱粉が料理されたときに生じる。たとえ採りたての植物の水気だろうと、水分が存在するかぎり澱粉は温めれば温めるほどゲル化する。そしてゲル化が進むほど酵素が働きやすくなり、完全に消化されやすくなる。かくして料理は生食より多くのエネルギー摂取を可能にするのだ。

この効果は血液検査で容易に確かめられる。純粋なブドウ糖からなる試験食を食べると、その人の血糖値は三〇分以内に劇的に高まり、わずか一時間後には通常レベルに戻る。料理したコーンスターチを食べてもこれと同等の結果が得られるが、生のコーンスターチの場合には血糖値は終始低く、最高でも料理したコーンスターチの三分の一にも至らない(注11)。

料理の効果は、料理した食物と生の食物のグリセミック指数を比較することでも確かめられる。グリセミック指数(GI)は、食物の血糖値への影響を測定するために広く用いられている。純粋な砂糖、白パン、ジャガイモといった高GI食品は、運動後のエネルギー補給には適しているが、たちまち体重増加に結びつくので、ほとんどの人にとってはありがたくない食物だ。しかもタンパク質、必須脂肪酸、ビタミン、ミネラルの含有量が少ないので〝むなしい〟カロリーしか得られないことが多い。一方、全粒パン、高繊維質の穀物、野菜などの低GI食品は体重増加を抑え、糖尿病の症状を緩和し、コレステロール値を下げる。料理は澱粉質の食物のグリセミック指数をつねに上げる(注12)。

動物性タンパク質は、私たちの進化の歴史で澱粉と同じくらい重要な役割を果たしてきた。今日でも非常に好まれる食物だが、肉食によるエネルギー摂取に料理が及ぼす効果については、いまだ正式に調査されたことがない。これは肉がとりわけ複雑な構造を持っているからだ。タンパク質に対する効果さえいまだ議論されている(注13)。最近まで、料理はタンパク質の消化率を下げると考えるデイヴィッド・ジェンキンスのような科学者がいた。一方、タンパク質の料理には利点があるとか、料理してもなんら影響はないと考える科学者もいた。しかし、卵の消化に関する近年の研究で、この問題にはけりがつきそうだ。その研究で初めて、加熱されたタンパク質が生のタンパク質よりはるかに消化されやすいことが明らかになったのだ。

　こうした新しい発見のまえには、生卵が理想的なカロリー源であると広く主張されていた時期もあった。理由はそれなりに筋が通っている。〝卵は決して料理してはならない〟と生食主義者のモリーとユージーン・クリスチャンが一九〇四年に書いている（注14）。〝自然状態の卵は容易に分解され、あらゆる消化器官からすばやく吸収されるが、料理された卵はもう一度液化されなければ消化できず、ただでさえ働きすぎの消化器官に無用の負担をかける〟。ボディビルダーは何世代ものあいだこの説を受け入れてきた（注15）。筋肉隆々の男性像として初めて幅広い人気を得たのは、一九五〇年代にハリウッド映画でヘラクレスを演じたスティーヴ・リーヴスだが、彼は毎日朝食に生卵を食べることで有名だった。チャールズ・アトラスやアーノルド・シュワルツェネッガーといったたくましい有名人も、生卵の効用をさかんに宣伝した。〝ミスター・ユニバース〟のシュワルツェネッガーは生卵を濃いクリームと混ぜて食べていた。筋骨たくましい運動選手によって、生卵を食べることは人気の文化となった。一九七六年、シルヴェスター・スタローン扮するボクシングのヒーロー、ロッキー・バルボアは、映画『ロッキー』で、トレーニングに生卵を呑むことを取り入れていた。三〇年後の『ロッキー・ザ・ファイナル』でもまだ生卵を呑んでいる。こうした伝説の人物が食べる量は、人を怯ませるほどだ――ボディビルディングの有名講師、〝アイアン・グル〟のヴィンス・ジロンダは、生卵を一日三六個まで食べることを勧めている。

生卵は噛まずに食べられるし、含まれる栄養素も理想的で申し分のない食物に思える。鶏卵のアミノ酸は約四〇種のタンパク質を形作り、それらがほぼヒトの体に必要な割合で含まれている。これによって、卵には一般的食物のタンパク質より高い生物学的価値――成長につながる度合いの高さ――が生じる。その点では牛乳、肉、大豆より上だ。生卵には生来ほかの利点もある。殻があるため、肉の切り身よりバクテリアの影響を受けにくいのだ。オーストラリア北部の暖かい海岸に住むアボリジニは、喉が渇くとウミガメの巣を探し、生卵の白身を呑む(注16)。動物由来の食物のなかで、熱処理をせず室温で数週間貯蔵しても安全なのは卵だけだ。

しかし、卵がこのように高品質で、生で食べても比較的安全であるにもかかわらず、狩猟採集民は料理して食べることを好む(注17)。オーストラリア人とちがって、ティエラ・デル・フエゴのヤーガン族は〝卵を半熟で食べることはめったになく、生で食べることはさらに少なかった〟。彼らは破裂を防ぐために卵の殻に穴を開け、焚き火の端に埋めたうえ、なかがすっかり固まるまでそれらを転がしていた。オーストラリアのアボリジニも、喉の渇きを癒すために白身を呑まないときには、似たようなことをしていた。エミュの卵を空中に放って、殻を壊さずに中身を混ぜる。それを熱い砂か灰に埋め、二〇分ほど均等に熱が伝わるように何度かまわす。こうした手間から、狩猟採集民が筋肉隆々の男たちより知恵を蓄えていたことがわかるだろう。

一九九〇年代末、ベルギーの胃腸病学者のチームが、呑まれた卵のタンパク質がどうなるかを追跡できる新しい研究方法で初めて料理の効果を確かめた(注18)。炭素、窒素、水素の安定同位元素を大量に含む飼料を雌鳥に与えると、それらの印のついた元素が卵に入りこむ。それによって、食べたあとのタンパク質分子の移り変わりを観察することができるのだ。体内で卵のどれだけが消化吸収されたかを調べるのには、澱粉の消化率を調査したときと同じ方法で小腸終端部まで来た食物を採取した。そこに達するまでに消化されなかったタンパク質はなんであれ、その人の新陳代謝の役には立たない。大腸に入ると、バクテリアや原生動物が自分たちだけのためにタンパク質を消化してしまうからだ(注19)。

最初、研究者たちは回腸造瘻術を受けた患者だけを対象としていたが、のちには健康な被験者においても研究結果を再確認することができた(注20)。回腸造瘻術の患者と健康な志願者のグループはそれぞれ、生《なま》または料理した卵を四個ずつ食べた。タンパク質の量は合計二五グラム(〇・九オンス)。結果はどちらのグループでもほぼ同じだった。料理した卵の場合には、タンパク質の消化率は平均九一パーセントから九四パーセントだった。この高い数値は卵のタンパク質が食物としてすぐれていることから当然予測できる。しかし、回腸造瘻術の患者について、生の卵の消化率を測定すると、わずか五一パーセントしかなかった。呼気内の安定同位元素の含有率から推測した、健康な志願者の消化率は六五パーセントで、いくらか高かった。つまり、摂取したタンパク質の三五パーセントから四九パーセントは消化されずに小腸を通過しているのだ。料理は卵のタンパク質の価値を約四〇パーセント高めていた（注21）。

ベルギーの科学者たちは、栄養価に現れたこの劇的な効果について考察し、おもな理由は加熱によって引き起こされたタンパク質の変性にあると結論した。変性はタンパク質内の結合が弱まって分子構造が崩れたときに生じる（注22）。その結果、タンパク質分子はもとの三次元構造を失い、元来の生物学的機能も失う。胃腸学者たちの観察によれば、熱は明らかにタンパク質を変性させ、変性したタンパク質は構造が崩れているために消化酵素の影響を受けやすく、より多く消化される。

ベルギーのこの研究のまえにも、料理にともなう変性が消化率に影響を与えることを示唆する成果はあった。一九八七年、典型的な食物タンパク質である牛肉のタンパク質、ウシ血清アルブミン《BSA》に関する研究がおこなわれた（注23）。料理したサンプルでは、トリプシンという酵素による消化作用が、料理しないサンプルと比べて四倍増加した。結論として、熱による変性（タンパク質分子が崩れて水に溶けなくなった）という単純なプロセスがこれほど大きな消化率上昇をもたらした、と研究者たちは考えた。

熱はタンパク質の変性をうながす複数の要素のうちのひとつにすぎない。ほかに酸、塩化ナトリウム、乾燥などがあるが、ヒトはさまざまな方法でこれらすべてを利用している。

酸は通常の消化プロセスに欠かせない(注24)。私たちの空《から》の胃は、胃壁に並ぶ一〇億の細胞から一日に一ないし二リットルの塩酸が分泌されることによって、強酸性になっている。入ってくる食物がそれをいくらか中和するが、胃腺はすぐに反応して、内部をもとのｐＨ２未満の強酸性に戻すのに充分な酸を分泌する。この強酸性には少なくとも三つの働きがある――食物とともに入ってきたバクテリアを殺す、消化酵素のペプシンを活性化させる、そしてタンパク質を変性させる。変性はとりわけ重要に思える。

マリネ、ピクルス、レモンジュースは酸性なので、充分時間をかければ、牛や豚、鶏、魚の肉のタンパク質を変性させることができる(注25)。生魚を柑橘系のジュースに数時間漬けた伝統料理セビチェを私たちが好むのも無理はない。狩猟採集民も同様に、酸性の果物を蓄えた肉に混ぜるという報告がある(注26)。アラスカのトリンギット族は、ヤギの肉にブルーベリーを詰め、すりつぶしたイクラに調理したハックルベリーを混ぜて保存していた。ほかの多くの北米の集団も、干して挽いた肉をさまざまなベリー類と混ぜ合わせてペミカンと呼ばれる保存食を作っていたし、オーストラリアのアボリジニは野生のプラムをカンガルーの砕いた骨や肉と混ぜていた。説明としては、風味が増して保存がきくようになるということで充分かもしれないが、これほど食物に酸を使うことが普及したのには、消化率の向上もひと役買っているかもしれない。これと同じく、魚のように塩を加えて乾燥させた動物性タンパク質も変性し、消化しやすくなる（注27）。ジャーキー、魚の日干しといった乾燥肉が好まれることにも、やはり変性による消化率向上が影響しているのだろう。

ゲル化と変性はおもに化学的な効果だが、料理は食物から得られるエネルギーに物理的な効果も与える。これに関する研究は二〇〇年近くまえの不幸な事件から始まった。一八二二年六月六日、ミシガン州フォート・マキナックの〈アメリカン・ファー〉店内で、二八歳のアレクシス・サンマーティンが、誤って約一メートル（三フィート）の距離から撃たれた。戦地で働いたこともある若い外科医のウィリアム・ボーモントが近所にいて、二五分で現地に到着した。一一年後に、血まみれの現場を彼はこう記述している。〝横腹の大部分が吹き飛ばされ、肋骨が砕けて、胸から腹に空洞ができ、肺と胃の一部がはみ出していた。その多くは裂けて焼けただれ、無惨で手のほどこしようがないケースに見えた。横隔膜も破れ、穿孔が直接胃の穴に達し、私が救護に呼ばれたときには、食べたものがそこからもれていた〟（注28）。

ボーモントはサンマーティンを自宅に連れ帰った。誰もが驚いたことに、サンマーティンは一命を取りとめ、ボーモントは彼の状態が安定してからも自宅に置いて看護を続けた。数カ月で患者はもとの活動的な生活に戻り、ついにはカヌーに家族を乗せて、ミシシッピ州からモントリオールまで漕いでいくほど元気になった。拳大の傷はほとんどふさがったが、完全に閉じることはなかった。残りの人生において、サンマーティンの胃の運動は外から観察できるようになった。

意欲的なボーモントは、願ってもない研究の機会が得られたことに気づき、一八二五年八月一日にそれを開始した。〝正午、食物を腹部の穴から胃に入れた。痛みがないよう絹糸で吊り下げ、適当な長さのところに結び目を作った。入れた食物は、濃い味つけで煮た牛肉、生で塩をふった脂肪分の多い豚肉、生で塩をふった赤身の牛肉、ゆでて塩をふった牛肉、古いパン、刻んだ生のキャベツを、おのおの約二ドラム（訳注―三・五グラム）ずつ。青年（サンマーティン）は家のまわりでふだんどおりの仕事をしていた〟(注29)。

ボーモントは胃をつぶさに観察した。食物が入っていないときにはきわめて静かで粘膜皺も動かない。スープが入ってきても胃は最初ゆっくりと反応する。〝粘膜皺がそれを包みこみ、少しずつ幽門へ流していく〟(注30)。ボーモントが食物を直接胃壁に置くと、胃は興奮して色が明るくなる。〝やがて透き通った粘膜上に非常に細かい透明な点が無数に現れ、破裂しそうになる。その突端が弾けて、澄んだ薄い液体が胃壁全体に行き渡る〟(注31)。史上初めて、消化運動そのものを目にすることができたのだ。

ボーモントはこの実験を八年にわたって断続的におこない、食物が胃で消化されて十二指腸に送られるのにどれだけかかるかを克明に記録した。その観察から、料理の効果に関連するふたつの結論を導き出した。

まず、柔らかくなればなるほど食物はより早く、完全に消化される。ボーモントは、細かく砕かれた食物にも同じ効果があったと記している。〝動物性の食物と同じく、野菜も細かさに比例して消化がよくなった……ただし、それらは柔らかくなければならない〟(注32)。茹でたのち粉末状にしたジャガイモは、味はよくないが消化はよくなった。粉末状でなければ、固形のまま胃のなかに長くとどまり、胃液でゆっくりと分解されていった。〝胃の内外を問わず、この野菜の形状によって胃液の働き方に大きなちがいがあった〟。

肉にも同じことが当てはまる、とボーモントは記した。〝フィブリンとゼラチン(肉のなかの筋繊維とコラーゲン)も同じように影響を受ける。柔らかく、小さくすれば容易に消化される。固く大きなものになればなるほど消化は遅れる……繊維を小さく分け、柔らかくすること、このふたつが迅速で容易な消化には欠かせない〟(注33)。

〝小さく分け、柔らかくすること〟のほかにも料理の効用はある。ボーモントはジャガイモについてはっきりとこう述べている。〝生のジャガイモは同じように胃液にさらされてもほとんど形を変えない。数時間が経過しても消化が進む様子はなかなか見られず、わずかに観察できるのは、表面の薄い膜が少し粘性を持って柔らかくなり、澱粉質になるだけである。小児科で長く働いたことのある医師なら誰でも、生ゆでのジャガイモを充分噛まずに食べると(子供の場合にはつねにそうだ）よく腹痛を起こすこと、ジャガイモの大きな塊がまったく消化されずに胃腸を通過することを知っている〟（注34）。肉も同じだった。茹でた肉と生肉を正午に胃に入れると、茹でたほうは午後二時にはなくなったが、生で塩をふったほぼ同じ大きさの赤身の肉は、表面が少し柔らかくなっただけで、本来の質がしっかりと残っていた。

残念なことに、サンマーティンは科学的興味の対象にされたことを恨むようになった。一八八〇年に八五歳の高齢で亡くなるころには、非常に不当な扱いを受けたと感じていた。後年はボーモントとの関係をいっさい絶ち、家族も苦悩を共有していた。サンマーティンの死後、現代医学の父と称されるウィリアム・オスラー医師がその体を調べたいと申し出、胃を買いたいとまで言ったときにも、家族は拒否した。サンマーティンの臓器に対する医学的興味を根絶するために、死後四日間、遺体を家族のもとにとどめて確実に腐敗させたうえで、地下八フィートという異例の深さに埋めたほどだった。

柔らかく、小さくした食物が消化されやすいというボーモントの発見は、それらに対する私たちの嗜好とも一致する。二〇〇六年、ロンドンの〈セルフリッジ〉デパートが新商品――世界一高価なサンドイッチ――の予約注文を五件受けつけた（注35）。価格八五ポンド（一四八ドル）のそのサンドイッチは、サワードウのパン、和牛肉、新鮮なフォアグラ、黒トリュフマヨネーズ、フランスのモー産のブリーチーズ、イギリス産のプラムトマト、薬味からなり、総重量五九五グラム（二一オンス）だった。値段の高さは牛肉から来ている。和牛は肉が並はずれて柔らかいことから世界でも最高級とされ、飼育者はそのためにあらゆる手間をかけている。ビールや穀物を含む飼料を与え、定期的に日本酒で体をマッサージする。和牛肉の脂肪は室温で融けると言われている。その例外的な価値は、よく知られた人間の傾向を裏打ちしている――柔らかい肉を好むということだ。〝食肉のあらゆる特性のなかで、現在、平均的な消費者がもっとも重要と見なすのは質感と柔らかさである。これらは風味や色より重視されているようだ〟と食肉科学者であるR・A・ローリーが書いている（注36）。食肉科学の主要課題は、もっとも柔らかい肉を作る方法を見出すことだ。飼育、食肉処理、保存、調理法のすべてがその役割を果たす。

料理も然り。料理史家のマイケル・サイモンズによると、昔からつねに料理の主たる目的は食物を柔らかくすることだった（注37）。〝中心となるのは料理によって体の機能を助けること〟と書いている（注38）。新米主婦に炊事の基礎を教える一八六一年刊行の『ビートン夫人の家政書』から引用して、料理をする六つの理由の第一は〝噛みやすくするため〟だとした（注39）。〝食物をすりつぶすこと、小さくすることをすべて歯がやると考えるなら、今日の私たちのように食事を急いでとるのは体によくない〟。料理の第二の理由は、ボーモントが発見したことを強調している――〝消化をより速く容易にするため〟。

カラハリ砂漠の狩猟採集民であるサン族の料理法も、やはり食物をできるだけ柔らかくしようという意図を感じさせる。彼らは肉を〝筋繊維がばらばらになるまで柔らかく〟煮る(注40)。そして〝通常、すり鉢でさらに細かくつぶす〟。植物を食べるときも同じだ。メロンや種などを残り火に入れたり、熱い灰に埋めたりしたあと〝すり鉢でつぶし、粥状になったものを食べる〟。

熱帯や亜熱帯に澄む狩猟採集民――アンダマン諸島人、ボリビアのシリオノ族、中央アフリカのムブティ族、カラハリ砂漠のサン族――はみな肉をかならず料理して食べる。動物性タンパク質を生で摂取するのは、より寒い地域に住む人々だけだ。生で食べるにしても、哺乳類の肝臓や、イヌイットが食べる発酵した魚のように柔らかいものが多い。ティエラ・デル・フエゴ南部の島で二〇年間暮らしたマルティン・グシンデによると、当地のヤーガン族はそのような食物を三種類食べている(注41)。まず、タマキビガイなど軟体動物の〝柔らかい肉〟。これを指の力で石灰質の貝殻から押し出して、そのまま食べる。小魚をアザラシの脂に浸して食べることもある。ウニの殻のなかのミルク状のものも食べる。これはアラスカのトリンギット族の好物でもあり、今日、高級レストランで日本人やヨーロッパ人も口にしている(注42)。グシンデによれば、若いクジラの生の脂を美味しいという人も、少数ながらいたようだ。こうした例を除けば、動物性タンパク質はすべて料理されている。

狩りの獲物にも柔らかい部分がいくつかある(注43)。コロラド州のウテ族は肉はすべて焼くが、腎臓と肝臓は生で食べると言われた。オーストラリアのアボリジニはときに哺乳動物の腸を生で食べるようだ。イヌイットも魚と鳥で同じことをする。寄生虫がいる可能性を考えると、生の腸というのは驚くべき嗜好に思えるが、チンパンジーが獲物のなかでまず最初に食べるのもほぼつねに腸である。肉の部分よりはるかに早く噛んで呑みこんでしまう。

生き血の食事はマサイ族など牧畜民のあいだではよく知られており、第1章で述べたように、一三世紀にマルコ・ポーロがモンゴルの遊牧民の戦士の例を報告している。生の脂肪の食事は脂尾羊が提供してくれる（注44）。アジアの遊牧民はこの羊をたいへん重宝し、尾が脂肪で極端にふくらむまで育てて、その巨大な尾をのせる小さな荷車をつけてやることもある。移動中、遊牧民が生の食事をとるために尾から脂肪をいくらか抜くと、翌日羊は少し身軽に歩けるようになる。

自然のままで柔らかい食物もあるが、肉の固さは変わりうる（注45）。筋繊維が小さい肉はより柔らかい。つまり、鶏肉は牛肉より柔らかい。ストレスなく殺された動物は、筋肉中により多くのグリコーゲンを残している。死後、そのグリコーゲンが乳酸に変わる。これが変性をうながし、肉はより柔らかくなる。死んで数日たった動物の肉は酵素でタンパク質が一部壊されているため、より柔らかい。

しかし、料理ほど肉の固さを変えるものはない。肉の固さの最大の原因である結合組織に熱が大きな効果を及ぼすからだ。繊維性タンパク質のコラーゲンと、弾性タンパク質のエラスチンからなる結合組織は筋肉を三層にわたって広範囲に包んでいる。いちばん内側は〝筋内膜〟と呼ばれるスリーブ状の層で、個々の筋繊維をソーセージの皮のように覆っている。筋内膜に覆われた筋繊維が集まって束となり、より大きな〝筋周膜〟に包まれる。最後に、その筋繊維束がさらに集まって〝筋外膜〟に包まれ、これが筋肉全体を収容する。筋肉の両端で筋外膜は〝腱〟に変わる。結合組織はつるつるで伸縮性があり、強靭だ。腱の抗張力はアルミニウムの半分に匹敵する（注46）。したがって、結合組織は筋肉の保持というすばらしい働きを果たす一方で、肉を非常に食べにくくもしている。とりわけヒトやチンパンジーのように歯に鋭さを欠く動物にとって、事態は深刻だ。

結合組織をおもに形作るタンパク質コラーゲンの強さの秘密は、エレガントな反復構造にある。三種類のタンパク質からなる左まわりの螺旋状の鎖がさらに絡まり合って、右まわりの超螺旋を作る（注47）。これがまた集まってコラーゲン細繊維となり、細繊維が交差しながらたくさん集まって、コラーゲン繊維ができる。その効果はマイクロエンジニアリングの驚異である。コラーゲンのこの桁はずれの力学的な強さがあればこそ、腱は最高の弓のつるの材料になる。脊椎動物にもっとも多く含まれるタンパク質であるのもうなずける。皮膚の主要な構成要素だからだ。

だが、そんなコラーゲンにも弱点がある――熱によってゼリー状になるのだ。コラーゲンは温度が摂氏六〇ないし七〇度に達すると変性、縮小し、螺旋構造がほどけて融けはじめる。一〇〇度で短時間、またはそれより低い温度でより長く熱されると、コラーゲン細繊維がばらばらになり、強靭さからほど遠いゼラチンになる——ゼリー菓子からウナギのゼリー寄せに至るまで、幅広く販売、利用されているタンパク質だ。標準的な肉を切り分けるのに必要な力は、摂氏六〇度と七〇度のあいだで最小になるようだ。それより上の温度であれば、ゆっくりと湯のなかで煮ることによって徐々に柔らかさが増すことがある。

料理が苦手というかたには気の毒だが、肉を加熱することの第二の効果は、第一の効果と逆である。結合組織とちがって、筋繊維は加熱によって固くなり、乾きやすくなる。よって料理が肉に及ぼす影響は複雑だ。料理が下手であれば肉は噛みづらくなる。上手ければ、エビからタコ、ウサギ、ヤギ、牛に至るまであらゆる肉が柔らかくなる(注48)。生肉料理の場合には柔らかさはいっそう重要だ。タルタルステーキでは、きわめて高品質の肉(結合組織が少ない)に、生卵とタマネギとソースを加える(注49)。アメリカの料理本の定番『料理の喜び』は、最高級のサーロインをナイフの背で結合組織の繊維だけが残るまで削ることを勧めている。

タルタルステーキの名称は、モンゴル系のタタール人に由来するようだ。チンギス・カン時代の騎馬兵は、料理する間もないほど急いでいるときに馬の血を飲んで食事代わりにしたが、鞍の下に切った肉を置き、一日じゅうその上に乗って柔らかくしたとも言われる。ブリアア＝サヴァランはこれに関連する熱心な証言を記録している(注50)。〝一八一五年、クロアチア人の大尉と食事をしたときのことだ。「はっ」と彼が言った。「美味い食事をとるのに何も大騒ぎする必要などない！　偵察に出て腹が減ると、われわれは最初に目のまえに現れた獲物を仕留め、分厚く切って塩をかけ、鞍と馬の背中のあいだに入れる。そのあと充分時間をかけて馬を走らせれば、（たっぷり頬張ったものを噛むように顎を動かして）もぐもぐもぐ、王子も驚く豪華な食事のできあがりだ〟。

なぜ柔らかさが重要なのか。ボーモントは、食物が柔らかくなればなるほど消化が進むことを観察した。消化が早く容易になるほど代謝の努力が少なくてすむから、柔らかい食物は消化のエネルギーを節約してくれるのかもしれない。重い食事より軽い食事をしたときのほうが活力を感じることから、この考えは筋が通っているかもしれない。軽い食事は胃腸の労働をそれだけ減らすので、ほかの体の機能が活発になるというわけだ。このエネルギー節約の法則は、柔らかい食物を与えられたラットの実験で見事に証明された。

岡暁子率いる日本の研究チームが、二〇匹のラットをふたつの異なる飼料で育てた（注51）。一〇匹は通常の実験用ペレットで、固いためかなり噛まなければならない。残る一〇匹も通常のペレットだが、ただ空気の含有量を増やして柔らかくしたものを与えた。これは朝食シリアルのように空気でふくらましたもので、固いペレットの半分の力で噛み砕くことができる。ほかの条件はすべて同じにした。このふたつのグループで、カロリー摂取量と移動運動によるカロリー消費量は同じだった。また、通常のペレットと柔らかいペレットの調理時間、栄養構成、含水量は変わらなかった。カロリー摂取量にもとづく伝統的推論では、両グループのラットは同じ成長率で、同じ大きさに育つはずだ。体重も体脂肪率も同じになるはずだった。

ところが実際にはちがった。ラットは生後四週間で異なる飼料を食べはじめたが、一五週目には成長曲線が目に見えて乖離しだし、二二週目にはかなりちがう線を描いていた。次第に、柔らかいペレットを食べるラットが、固いペレットを食べるラットより重くなったのだ。平均三七グラム、すなわち六パーセント重かった。しかもこのラットはより多くの脂肪を腹部に蓄えた。対照群より平均三〇パーセント多く、これは肥満に分類される。丁寧な工程で柔らかくした飼料は、ラットを太らせた。ちがいは消化の労力にあった。食事のたびにラットの体温は上がるが、柔らかいペレットを食べるほうが、固いペレットを食べるほうより体温の上昇が少なかった。とくに、胃がさかんに動いて胃液を分泌している、食後最初の一時間の体温差が大きかった。研究者たちは、柔らかい食物が肥満に結びつく理由は、消化の労力が少なくてすむからだと結論づけた。

岡の実験が意味することは明らかだ。料理が食物を柔らかくし、柔らかい食物が取得エネルギーを増やすのであれば、ヒトは生の食物より料理した食物から多くのエネルギーを得る。料理によってゲル化や変性が進むだけでなく、消化の労力が減るからだ。この仮説はビルマニシキヘビによって検証された。生理学的生態学者のスティーヴン・シーコーは、ニシキヘビが格好の実験対象であることを発見した。獲物を呑みこんだあと、ヘビは檻のなかに横たわり、ほとんど消化と呼吸しかしない。食事の前後で吸われた酸素の量を測ることで、シーコーはヘビが使ったエネルギーを正確に知り、これを消化の労力と見なすことができた。そうやって通常一度に少なくとも二週間、ヘビの調査をおこなった。

シーコーのチームは、ニシキヘビの食事の物理的な構成が消化の労力に影響を与えることを、何度も確かめた（注52）。ヘビがラットをまるごと食べると、同じラットがすり身にされたときより代謝率が高くなった。両生類で実験した場合にも、結果は同じだった。固く茹でた虫を与えられたヒキガエルは、柔らかく茹でた虫を与えられたヒキガエルより消化の労力がかかった。柔らかい餌を食べるラットで岡のチームが発見したように、シーコーの研究も、やはり柔らかい肉のほうがエネルギーの消費が少ないことを示した。

ビルマニシキヘビの実験のとりわけすぐれた点は、ヘビの食道に直接食物を入れられることである。ヘビはそれをまったく拒絶しない。食欲を感じるかどうか、呑みこむのがたやすいかどうかに関係なく、とにかく与えられたものを食べて消化する。料理が消化の労力に及ぼす影響を調べるのに好適な動物なのだ。私は二〇〇五年にシーコーに連絡し、次のような研究をしてみないかと持ちかけた。八匹のヘビと五種類の食事法で実験をおこなう。牛の赤身（脂肪分が五パーセント未満の腿肉の中央部）を基本とし、これを四つの形態で与える――生でそのまま、生ですりつぶしたもの、加熱してそのまま、加熱してすりつぶしたもの。さらに、ラットをそのまま与える。

この実験には数カ月かかった。初期の結果から予測されたとおり、生の牛肉をそのまま食べたときのヘビの消化の労力は、ラットをまるごと食べたときと同じだった。しかし肉をすりつぶすと、筋繊維と結合組織が破壊され、消化可能な部分の表面積が広がる（注53）。より短時間で胃酸とタンパク質分解酵素が働いて、肉のタンパク質の変性や分解が進む。すりつぶした肉はヘビの消化の労力を一二・三パーセント下げた。料理もほぼ同じ効果をもたらした。生の場合と比べて、料理した肉は消化の労力を一二・七パーセント下げた。すりつぶすことと料理というふたつの措置は、ほとんど独立して働いた。どちらか一方が消化の労力を下げる効果は一二パーセント強だったが、両方だと二三・四パーセント下がった。

消化を助けるために柔らかさを重視したビートン夫人は正しかった。料理で柔らかくなった食物を私たちが好むのももっともだ。ミキサーで砕いたもの、臼で碾いたもの、すり鉢でつぶしたものが好きなのと同じ理屈だ。自然界に存在しない、異様に柔らかい食物を食事に取り入れることによって、ヒトという種は消化の重労働を軽減し、エネルギーを大いに節約することができた。体がやらなければならない仕事を、火が代わりにしてくれた。うまく料理されたステーキを食べることで、あなたの胃はより早く休むことができる。澱粉のゲル化からタンパク質の変性、肉の消化吸収に至るまで、同じことが言える。料理はカロリーの源なのだ。

人類が生食で苦労すること、動物も調理食でよく育つこと、ゲル化、変性、柔らかさに関する栄養学的な証拠が得られていることを考えると、料理の重要性がこれまで見すごされていたことに驚きを禁じえない。たしかに料理にもネガティブな面はある。料理中に汁が落ちたり、消化できないタンパク質を生み出したりして、エネルギーが失われることもあるし、ビタミンが減ってしまうことも多い。しかし、得られるエネルギーの大きさからすれば、これらは些細な問題にすぎない。食物が動物性だろうと植物性だろうと、全体的に見て料理はほぼつねにエネルギーを増加させる。

どうして今日、私たちは料理した食物が好きなのだろう。料理が与えてくれるエネルギーは、いまや私たちの多数が必要とする量を上まわっているが、遠い祖先にとっては、現在貧困にあえぐ多くの人々と同様に死活問題だった。人類は何万世代にもわたって料理を食べ、料理に対する嗜好を深めてきた。フォアグラを思い出していただきたい。残酷なまでに餌を与えられ、丸々と太らされたフランスのガチョウの肝臓である。その新鮮な肝臓を牛乳、水、またはポートワインに浸し、アルマニャック・ブランデーやポートワイン、マデイラ酒でマリネにして、最後に焼く。

できたものはとろけるほどに柔らかく、ひと口で大の大人も感涙にむせぶと言われる。生のものを食べていた私たちの祖先は、そのような喜びとはまったく縁がなかった。

料理したものが生のものよりすぐれている理由は、生命の大部分がエネルギーと結びついているからだ（注54）。したがって、進化の観点から見れば、たとえ料理でビタミンが失われ、長期的な毒性化合物がいくつかできるとしても、獲得カロリーを増やすという効果のほうがはるかに重要なのだ。よりよい食事をとるメスのチンパンジーはより多く子を産み、彼女の子孫は生き残る確率が高い。自給自足の文化において、よりよい食事をとる母親ははやり健康な子をより多く産む。子孫が多いだけでなく、彼らは競争能力や生存率も高く、より長く生きる。料理をすることで初めて余剰のカロリーを得た私たちの祖先と子孫は、生のものを食べていた仲間より多くの遺伝子を残した。こうしてここに、新しい進化の機会が生まれた。

第4章 料理の始まり

料理を始めたことは、人類がおもに動物的な存在から、より人間的な存在になるための決定的要因だったかもしれない。

カールトン・S・クーン『人類の歴史』

料理の起源について人類学者の意見は分かれている。旧石器時代後期まで、火が恒常的に料理に使われることはなかったと考える学者もいる（注1）。約四万年前、洞窟に壁画を残すほど文明が進んでいた時代だ。一方、それよりずっと早い時代――五〇万年以上前――に料理が始まっていたと見る学者もいる（注2）。その両極端のあいだの説もあり、賛同者が多いところでは、形質人類学者のローリング・ブレイスが、人類は二〇万年前にまちがいなく火を使用しており、料理もほぼ同じころ始まったと長らく主張している（注3）。さまざまな見解があることからもわかるように、決定的な考古学的証拠は見つかっていない。考古学上の唯一の結論は、私たちの知りたいことはわからないということだけだ。しかし、古代の火のかすかな痕跡から料理の始まった時代を特定できないとしても、生物学を用いて考察することはできる。私たちの祖先の歯や骨を見れば、食事法や食物の処理のしかたの変化を間接的に知ることができるのだ。

もっとも、考古学的データによっても、火の使用が大昔からの伝統だったことは疑いの余地がない。二五万年前からは、私たちの祖先と近縁種のネアンデルタール人が火を使用した明白な形跡があり、ときに料理をしたこともわかっている。もっとも情報が豊富なのは、風通しのいい洞窟や岩地の隠れ場所などで、その多くはヨーロッパにある。フランス、ドルドーニュ地方のアブリ・パトーの住居跡では、熱のために割れた約四万年前のオーリニャック時代後期の河原の石が発見された(注4)。これは当時の人間が水に熱い石を入れて沸かしたことを示している。スペイン、バルセロナの近くのアブリ・ロマーニでは、七万六千年前までさかのぼる一連の住居跡に六〇を超える炉が見つかり、木炭、焼けた骨、そしておそらく料理に使われた木製の道具の石化物が大量に残っていた(注5)。九万三千年以上前のジブラルタルのヴァンガード洞窟では、ひとつの炉に三つの火の跡がはっきりとついている(注6)。現代の狩猟採集民の記録にもあるように、その火でネアンデルタール人が松笠を温め、石で砕き、なかの種を食べていたのだ。

私たちの祖先は中東や南アフリカでも火を使っていた。六万年から九万年前の南アフリカ沿岸、クラシーズ河口洞窟で一度に数週間から数カ月、家族が使ったと思われる大きさの炉に、焼けた貝殻と魚の骨が残っていた（注7）。一〇万九千年から一二万七千年前のエジプト、紅海沿いの山地にあるソドメイン洞窟では大きな火が焚かれていたらしく、三個所に何層もの灰がはっきりと積もり、ゾウの焼けた骨もあった（注8）。一八万年前にさかのぼるザンビア、カランボの滝には、炭化した丸太や植物の茎、木炭、赤くなったエリアがあった（注9）。二五万年前のイスラエルのハヨニム洞窟には炉がたくさんあったようで、灰が四センチ（一・六インチ）積もっていた（注10）。こういった場所は、約二〇万年前に生まれたと考えられる現在の私たちの種、ホモ・サピエンスの進化の過程で、ずっと火が使われてきたことを示している。

二五万年よりまえの火の使用に関する証拠がそろっていないので、そのころまで火は使用されなかったか重要ではなかったと論じられることが多かった。が、今日その見方は揺らいでいる。二五万年よりまえの記録が改善されてきたからだ（注11）。とりわけふたつの遺跡から得られた情報が、初期の人類の火の使い方について貴重なヒントを与えてくれる。

まず、イギリスのビーチズ・ピットの更新世の炉の跡（注12）。確実に四〇万年はさかのぼる考古遺跡で、ゆったりと傾斜した古代の沼の土手にあり、人類がいたことを示す手斧が八挺見つかった。そこに直径約一メートル（三フィート）の黒く変色した場所があり、縁に赤い堆積物があって、火を燃やしていたことがわかる。灰のような物質の跡が火元から沼に向かっており、土手の上のほうには火打ち石が数多く残っていた。火打ち石は鋭い一撃で割ったり砕いたりして作ったもので、多くは焦げていた。考古学者のジョン・ゴーレット率いるチームがその欠片を合わせてみたところ、ある組み合わせから、誰かが重い石の塊（一・三キロ）を割れ目が生じるまで叩いていたことがわかった。その塊は捨てられたが、叩いたことで欠片がふたつ落ちて焦げていた。明らかに、道具を作っていた者は暖かい炎のそばに屈んでいたのだ。

もうひとつの四〇万年前の遺跡はドイツのシェーニンゲンにあり、トウヒとマツを削った非常に精巧な半ダース以上の投げ槍に加え、同じ時期に一頭ずつ人間の手によって殺された馬の体が少なくとも二二頭分見つかっている（注13）。骨に残る切り傷から、人間が馬から肉を切り取ったのがわかる。同じ遺跡で、多数の火打ち石と、炉と思われる直径約一メートルの赤くなった場所が四個所、さらにいくつか焦げた木片が見つかった。そのうち一本はトウヒを細く削ったもので、火かき棒か、ことによると肉片を火にかざす串として使ったかのように片端だけが炭化していた。考古学者ハートムート・ティームが発見したこのすぐれた湖畔の遺跡は、最古の集団狩猟のあり方を示す証拠である。ティームの説によると、この集団は馬の群れを倒したあと、とうてい一気に食べきれないことに気づき、数日湖畔に滞在して火をおこし、できるだけ多くの肉を乾燥させたのだという。

五〇万年よりまえになると、ヨーロッパに火の使用に関する証拠はなくなる。五〇万年から四〇万年前までイギリスはほとんど氷に覆われていたから、それ以前の住居跡があったとしても氷河があらかた流し去ってしまったのだろう。しかしはるか南に下ると、七九万年前でもはっきりと火の使用を示す証拠がある。イスラエル、ヨルダン川沿いのゲシャー・ベノット・ヤーコヴという太古の遺跡から、まず一九三〇年代に手斧と骨が見つかり(注14)、一九九〇年代に入ってナーマ・ゴレンニンバーが、焼けた種、木、火打ち石を発見した。焼けた種にはオリーブ、大麦、ブドウが含まれていた。火打ち石はいくつかの場所に集められており、焚き火をしていたと推定される。ニラ・アルパーソン＝アフィルが現地の集積物を分析し、その火を焚いた初期の人類は〝火を作り出す幅広い知識を持っており、自由に火をおこすことができた〟と結論した(注15)。

ゲシャー・ベノット・ヤーコヴは、火の使用をはっきりと伝える最古の遺跡である。そのまえにはいくつか刺激的なヒントがあるだけだ。一〇〇万年から一五〇万年前までの考古遺跡で、焼けた骨（南アフリカのスワートクランズ）、焚き火と関連して高温に熱された土の塊（ケニアのバリンゴ湖に近いチェソワンジャ）、炉のような場所で熱された石（エチオピアのガデブ）、植物の珪酸体を含む変色した土壌（ケニアのコービ・フォラ）なども見つかっているが(注16)、それらがヒトの火の使用にどのような意味を持つかについては決着がついていない。意図的な火の使用と同じくらい、落雷などの自然現象の可能性もあると、まったく相手にしない考古学者もいる。

一方で、初期のホモ・エレクトスのころから火を操っていたと考える根拠はあると認める学者もいる（注17）。要するに、旧石器時代前期の手がかりはどれも、ヒトによる火の使用の可能性はほのめかしていても、確証ではないということだ。

太古にヒトが火を使っていた証拠を見つけ出すのはむずかしい。たとえ肉を料理しても骨に焼け跡がつくとはかぎらないし、いっときだけの小さな焚き火なら数日雨や風にさらされれば跡形もなくなる。タンザニア北部、セレンゲティ国立公園の近くに住むハッザ族のような狩猟採集民は、一度火を使っても、その場所に骨も道具も残さないことがよくある（注18）。そうなると考古学者も、たとえ火の跡を見つけたとしても人間の活動と結びつけられない。火を使用した比較的新しい証拠を残している洞窟や隠れ場所は、石灰岩などの柔らかい石でできていることが多く、すぐに浸食されてしまう。洞窟の半減期は平均約二五万年で、火の使用に関するそれ以前の証拠はますます見つかりにくくなる（注19）。二五万年前の住居跡にも、火を使っていたにちがいないものはあるが、そのことを示す証拠がない（注20）。また、火を使用した証拠がわりあい多く見つかっているヨーロッパの間氷期――四二万七千年から三六万四千年前――に続く時期には、不思議なことに同様の証拠の数が減っている（注21）。つまり、人類が何十万年にもわたって火を使っているのは明白なのに、考古学は私たちの祖先が火を使いはじめた正確な時期を教えてくれないのだ。

人類が初めて火を使った時期を示す考古学的証拠がないのであれば、今度は生物学に目を向けてみよう。そこにはきわめて重要な鍵がふたつある。まず、残された化石によって、この二〇〇万年に起きたヒトの解剖学的特徴の変化をある程度把握することができる。私たちの祖先の特徴が、いつ、どのように変化したのかがわかるのだ。第二に、食事内容が大きく変わると、生物種はそれに応じてすばやく明確な解剖学的変化を起こすことが多い。食物に対する動物の適応はすぐれており、進化の過程における食物と解剖学的特徴の密接なつながりは、その動物の特性よりむしろ食物そのものに影響される。ノミが血を吸うのは、細長い口吻がたまたま哺乳類の肌を突き刺すのに適していたからではない。血を吸うことに適応してあの口吻になったのだ。馬が草を食べるのは、草食向きの歯や胃腸があったからではない。草食に適応して、縦長の歯と長い消化器官を持つことになった。ヒトが食物を料理して食べるのは、それにふさわしい歯や胃腸を持っていたからではない。料理した食物に適応した結果、小さな歯と短い胃腸器官を持つに至ったのだ。

つまり化石の記録を探ることによって、料理がいつ始まったのかを知ることができる。どこかの時点で、私たちの祖先の解剖学的特徴が、料理した食物に適応するために変わったはずなのだ。その変化は、料理がときどきの出来事ではなく確実に毎日の仕事になったときに生じたにちがいない。そうなるまでは、食物を生で食べなければならないこともあっただろうから、料理に完全に適応するわけにはいかなかった。そして、私たちの祖先が料理に適応した時期こそ、火を失うことなく効果的に用いることが可能となった時期にほかならない。

ヒトは料理を始めるまえに、何千年ものあいだ、暖をとり、光を得るためだけに火を用いていたと説く人類学者がいる(注22)。しかし、多くの動物は生より料理した食物に自然に引き寄せられる。太古の祖先もやはり料理したものが好きだったのではないか。進化人類学者のヴィクトリア・ウォッバーとブライアン・ヘアが、アメリカ、ドイツ、コンゴのチンポウンガ自然保護区にいるチンパンジーなどの類人猿で調査をおこなった(注23)。それぞれ食物や生活状況が異なるなどの地域でも、類人猿は似たような反応を示した。どんな種類であれ生の食物を好む類人猿はいなかった。サツマイモとリンゴは、生でも料理していても同じくらい熱心に食べたが、ニンジン、ジャガイモ、肉は料理したほうを好んだ。そのときまで肉を食べた記録がなかったチンポウンガのチンパンジーは、とりわけ貴重な情報源となったが、はっきりと生肉より料理した肉を好む傾向が見られた。火を使用した私たちの最初の祖先も、おそらく同じ反応を示し、料理した食物を口にするなり好ましいと感じただろう。野生動物や飼育動物に料理の味や即座の効用が広く受け入れられるのと同じだ。セネガルのチンパンジーはアフゼリアの実を生で食べないが、サバンナで火事があったあとは、その木の下で焼けた実を探して食べる(注24)。

どうして野生の動物は、料理した食物のにおい、味、食感を好むように〝前適応〟しているのだろう。料理した食物がすぐ好きになるというのは、高エネルギーの食物を直感的に認識するメカニズムを持っているということだ。多くの食物は料理されると味が変わる。苦みや渋みが減って、甘みが増す。つまり味が嗜好の一因になっているのかもしれない。証拠もいくつかある。人間とコミュニケーションができる、ココというゴリラがいる。彼女は料理した食物が好きだ。認知心理学者のペニー・パターソンが理由を訊いてみた。〝ビデオで録画しながら、ココに、料理した野菜が好きか（私の左手を指す）、新鮮な生の野菜が好きか（私の右手を指す）と訊いてみた。ココは私の左手、すなわち料理した野菜が好きと答えた。好きな理由について、より美味しいから（片方の手）、または、食べやすいから（もう一方の手）のどちらかと尋ねたところ、ココはより美味しいからと答えた〟（注25）。

霊長類がものを食べるとき、舌の知覚神経は味だけでなく粒子の大きさや感触もとらえている（注26）。感触に反応する脳細胞（ニューロン）が、小脳扁桃と眼窩前頭皮質の味覚にかかわるニューロンと連動して、総合的に食物の特性を判断する（注27）。霊長類はこの感覚神経システムによって、味だけでなく、ザラザラする、粘る、脂っこい、温度の高低といった広範な食物の特性に、直感的に反応することができるのだ（注28）。

二〇〇四年、ヒトの脳のそのような能力が初めて報告された。ある粘度の食物が口に入ったときに脳の特定の領域が活発化することを、心理学者のエドマンド・ロールズらのチームが発見したのだ（注29）。その領域は、甘みに関する味覚皮質領域と一部重なっていた。こうした研究から浮かび上がる図式は、味、食感、温度といった特性に対する神経回路の反応が、脳のなかで食物の外見やにおいに対する学習性の反応と統合されるということだ。したがって、動物が生の食物の質を判断するメカニズムは、そのまま料理した食物にも当てはまり、消化を助ける食感のよい食物を選ぶことを可能にする。

ロールズの研究から、チンパンジーを初めとする多くの種が料理した肉やジャガイモを好むおよその理由は、人間にとっても同じではないかと推察される。私たちはカロリー値の高い食物を、甘さだけではなく柔らかさからも判定している。私たちの祖先も同じように、既存の感覚と脳のメカニズムによって、料理した食物を好む傾向があったはずだ。だから人類が初めて火を使用した時期と、初めて料理したものを食べた時期が大きく離れていることは、まずありえないと考えられる。

まったく新しい食事法と、それにともなう解剖学的特徴の変化が時間的に大きく離れていることも、同様にありえない。ピーターとローズマリー・グラントによるガラパゴス・フィンチ（訳注―スズメ目の小鳥）の研究によると、旱魃が長引いて極端な食糧不足に陥った一年間でもっとも生存率が高かったのは、大きく固い木の実を食べることのできる、最大のくちばしを持つ種類だった（注30）。くちばしの小さなフィンチに対する淘汰圧はきわめて強く、わずか一五パーセントしか生き残れなかった。さらに種全体として一年のうちにかなり大きくくちばしを発達させた。親と子のくちばしの大きさの相関を調べると、変化が遺伝していることがわかった。食物供給がふだんのレベルに戻ると、くちばしはまた小さくなったが、旱魃が逆行させた遺伝的な変化が消えるのに約一五年を要した。

グラント夫妻のフィンチは、解剖学的特徴が食事の変化に対応してすばやく進化しうることを示している。ガラパゴスの旱魃による食事の変化は一時的だったので、解剖学的変化も一時的なものだったが、ほかの調査データによれば、環境の変化が永続する場合、種も永続的に変化し、その移行はやはりすばやいことがわかっている。その顕著な例は、海面上昇で新たにできた島に閉じこめられた動物たちに見られる。中米ベリーズの新しい島に棲みはじめた本土のボアコンストリクター（訳注―大型のヘビ）は、八千年たたないうちに食事を哺乳類から鳥類に切り替え、木の上でより長くすごすようになった（注31）。体型は細くなり、雌雄の大きさのちがいもなくなって、体重が当初の五分の一まで減った。進化生物学者のスティーヴン・ジェイ・グールドによると、この程度の変化はふつうに見られる（注32）。現存の化石から判断して、ある種が完全に別の種に進化するのにかかる時間は平均一万五千年から二万年だ、とグールドは言う。私たちの祖先のように長年かけて成熟する種は、成長の速い種より進化に時間がかかるのはたしかだが、それでもこうした変化の速さは、料理の効果に関する従来の考え方と鋭く対立する。たとえば、ローリング・ブレイスは、火を用いて肉を柔らかくすることは約二五万年から三〇万年前に始まり、歯が小さくなったのは約一〇万年前と主張した（注33）。つまり、料理が始まってから少なくとも一五万年は歯になんの影響も現れなかったということだ。まったく新しい環境への対応にこれほど時間がかかるのは動物としてありえないことだから、ブレイスの考えはまちがっていたと結論していいだろう。料理に適応した変化はもっとすばやかったはずだ。

その変化はすばやいだけでなく、本格的でもあった。そのことは、食事の小さなちがいが大きな効果を生んでいるふたつの種から類推できる――チンパンジーとゴリラである。この二種の類人猿は森林の同じ場所に棲んでいることが多く、食事は多くの点で似かよっている。どちらも、手に入るときには熟れた果物を食べる。樹木の柔らかい芯や葉を食べて繊維分を補給する。食物の選び方で重要なちがいはひとつだけだ。すなわち、果物が手に入りにくいとき、ゴリラは葉だけに頼るが、チンパンジーは毎日果物を探しつづける（注34）。ゴリラとちがって、チンパンジーはおそらく生理学的な理由から樹木の芯と葉だけで生きていくことができない。

葉に頼れるかどうかという二種の類人猿の能力のちがいは、些細なことに思えるかもしれない――とりわけ、料理を始めることに比べれば。しかし、そこから多くの結果が生じている。命の糧である果物を見つけるために、チンパンジーはゴリラより遠くまで出かけなければならず、したがってより小さく、敏捷である。分布地域にもちがいがある。チンパンジーと異なり、ゴリラはルワンダ、ウガンダ、コンゴ民主共和国にまたがるヴィルンガ山地のような、果物がない高地の森林にも棲息する。チンパンジーが棲むのは低地にかぎられる。葉を食べて生きていけるほかの類人猿と同様に、ゴリラも成長が速く、若いうちに子を作り、繁殖サイクルが短い（注35）。

食事のちがいによって、二種の集団生活のパターンもまったく異なる。ゴリラが葉を食べる森林は容易に見つかり、広範囲にわたるため、集団は一年じゅう安定した生活ができる。一方、チンパンジーは、食物が乏しい季節になると、まれに見つかる果物を探して単独か小集団で移動するしかない。集団生活のちがいはさらに次の結果も生み出す。ゴリラは雌雄間に長続きする関係を築くが、チンパンジーはそうではない。

ゴリラとチンパンジーを隔てた食生活上の小さなちがいに比べ、料理した食物と生の食物のちがいは多岐にわたる。料理の効用には、エネルギーが余計に得られること、食物が柔らかくなること、火のまわりで食事がとれること、多様な食物をより安全に食べられること、実りの少ない時期により多くの食糧を確保できることなどがある。よって料理は、とくに脆弱な若い層の生存率を高めたと考えられる。食べられる食物が増えることから、新たな生物地理学上の地域へと進出することもできただろう。料理をする祖先とそれ以前の祖先の解剖学的特徴は、少なくともチンパンジーとゴリラほどはちがっているはずだ（注36）。つまり、料理がいつ始まったにしろ、その効果は容易に見て取れるはずである。料理の始まりは、柔らかくエネルギー豊富な食物に適応した、ヒトの解剖学的特徴のすばやく大きな変化に刻印されていると考えられる。

その変化を探るのはそうむずかしくない。二〇〇万年前まで人類が火を使用した形跡はない。それ以降、私たちの祖先の進化に、別種と見なされるほどすばやく大きな変化が起きた時期は三つしかないのだ。すなわち、ホモ・エレクトス（一八〇万年前）、ホモ・ハイデルベルゲンシス（八〇万年前）、そしてホモ・サピエンス（二〇万年前）が登場した時期だ。そのどれかで料理が定着したと考えるのが筋が通っている。

そのうち現在にいちばん近いのが、通常ホモ・ハイデルベルゲンシスと呼ばれている祖先から、ホモ・サピエンスへの進化である。これはアフリカで約三〇万年前に始まり、約二〇万年前にはほぼ完成したゆるやかな移行だった（注37）。けれども、ここを料理の始まりとするのは近すぎる。ホモ・ハイデルベルゲンシスはすでにビーチズ・ピットやシェーニンゲンで火を使っていたし、別の場所では四〇万年前にも火を使用していた。加えて、ホモ・サピエンスへの移行は、私たちが探している変化をともなっていない。ホモ・ハイデルベルゲンシスは、たんにホモ・サピエンスよりいくらか頑丈な骨格をしているにすぎない（注38）。顔は大きく、頭はやや角張っていて、脳はわずかに小さい。この二種のちがいの大部分は細かい点であり、明らかに食事内容とは関連していない。ホモ・サピエンスが生まれる三〇万年以上前に料理が始まったことは疑いの余地がないと言える。

ホモ・ハイデルベルゲンシスは、八〇万年から六〇万年前のアフリカで、ホモ・エレクトスから進化した（注39）。エレクトスからハイデルベルゲンシスへの移行時期は、考古学上、火の使用に関するデータがきわめて少なくなる時期とほぼ一致している。解剖学的特徴のおもな変化として、脳容量が約三〇パーセント増し、額が高くなり、顔が平たくなった。これらの変化はチンパンジーとゴリラのちがいより小さく、食事の変化と対応している点はほとんど見られない。よってこの更新世の移行は料理に適応したものとは考えにくい。可能性としてはゼロではないが、決定的ではない。

残る唯一の選択肢は、ハビリスからホモ・エレクトスに移行したもっとも古い変化である（注40）。これは一九〇万年から一八〇万年前に起こり、後世の移行よりはるかに大きな解剖学的変化をともなった。ハビリスが多くの点で類人猿に似ていたことを思い出していただきたい。アウストラロピテクスのように、彼らはふたつの効果的な移動スタイルを持っていたようだ。まず直立歩行をし、木登りに便利な強くてよく動く腕を持っていたと考えられる。小さな体は木の上で役に立ったにちがいない。身長は一ないし一・三メートル（三フィート三インチないし四フィート三インチ）、体重はチンパンジーとほぼ同じで、女が三二キロ（七〇ポンド）、男が三七キロ（八一ポンド)。体こそ小さいが、臼歯は後続のヒト属のどの種よりはるかに大きかった。三つの代表的な臼歯の表面積は、ハビリスから初期のホモ・エレクトスにかけて二一パーセント減少した。ハビリスの大きな歯は、何度も噛まなければならないものを大量に食べていたことを物語っている。

ホモ・エレクトスは、ハビリスのように類人猿的な特徴を備えていない。ハビリスからホモ・エレクトスへの進化で、六〇〇万年の人類の進化上、歯のサイズがもっとも縮小し、体のサイズがもっとも大きくなって、明らかに木登りに好都合だった肩、腕、体幹の適応が失われた。加えてホモ・エレクトスは、アウストラロピテクスより胸郭や骨盤が狭く、それは胃腸の容量が小さかったことの現れだ。一方、脳容量は四二パーセント増加した(注41)。ホモ・エレクトスはまた、生活域をアフリカから拡張した人類史上初の種でもある。一七〇〇万年前に西アジア、一六〇〇万年前に東南アジアのインドネシア、一四〇〇万年前にスペインに達している。歯の縮小、より大きな脳や体へのエネルギー供給、小さな胃腸を示唆する形状、新たな生活域を開拓する能力――これらすべては、料理がホモ・エレクトスの誕生に寄与したという考えを裏づける。

木登りをする能力の低下ですら、ホモ・エレクトスが料理をしていたという仮説に符合する。ホモ・エレクトスは敏捷なハビリスとちがって、おそらく現代人並みに木登りが下手だったため、地面に寝ていたと考えられる。この新しい習慣には、捕食動物を照らし出し、怖がらせて追い払う火の使用が必要だ。霊長類が地上で寝るのはきわめてまれである。小型の種は木の穴や、隠された巣、水上に差しかかる枝、崖の岩棚、または地上の捕食動物が決して到達できないような高い木の上などで寝る。大型の類人猿はたいてい寝床か巣を作る。ヒト以外の霊長類で日常的に地面で寝るのは、大型類人猿のなかでも最大の種であるゴリラだけだ（注42）。ゴリラは捕食動物の少ない森林に棲んでいるし、体格で敵を圧倒できるから、むしろ生活はホモ・エレクトスより安全だ。地面で寝ることがもっとも多いのは成体のオスで、体重は約一二七キロ（二八六ポンド）。小さいゴリラは木の上で寝ることが多い。

鮮新世後期から更新世初期にかけてのアフリカには捕食動物がたくさんいた（注43）。四〇〇万年から一五〇万年前の私たちの祖先は、森でサーベルタイガーに出会っただろう。ヒョウほどの大きさのメガンテレオン、ライオンほど大きなディノフェリスもいた。より樹木の少ない場所には、同じくらいの体格の剣歯ネコ類であるホモテリウムがいた。私たちの初期の祖先のまわりには、いまは絶滅したライオンやブチハイエナの仲間がうろついていたし、少なくとも一八〇万年前からは現代のライオンやヒョウもいた。ゾウ、サイ、バッファローに似た有蹄動物など大型の動物も数多く、寝ている二足歩行者を知らず知らず踏みつけてしまうこともあっただろう。要するに、アフリカの森林地帯の地面に寝るのはそうとう危険だった。

捕食動物の多い環境に棲む類人猿の行動から類推して、アウストラロピテクスやハビリスはまちがいなく樹上で寝ていた。居住地には木が鬱蒼と茂っていたし、上体の解剖学的特徴からすると、木登りはかなり得意だったはずだ。しかし、ホモ・エレクトスはどうだろう。有名な〝トゥルカナ・ボーイ〟――一五一万年から一五六万年前の非常に保存状態のよいホモ・エレクトスの化石――は、彼らがあまりうまく木に登れなかったことを証明している（注44）。形質人類学者のアラン・ウォーカーとパット・シップマンの研究によれば、トゥルカナ・ボーイはもっぱら地上を移動していた。指の骨はアウストラロピテクスの湾曲して強靭な形を失っている。肩胛骨も現代的な形をしており、腕を上げて木からぶら下がる圧力に適応しているようには見えない。トゥルカナ・ボーイの保存状態がすぐれているので、ウォーカーは、体のバランスを司る内耳前庭の構造を調べることもできた。恒常的に木に登る種は前庭が大きく特徴的だ。トゥルカナ・ボーイの前庭は木登りをする種と異なり、現代人のそれにきわめて近かった。

したがって、トゥルカナ・ボーイに代表されるホモ・エレクトスはあまり木に登れず、大型類人猿のような巣を作るのにも苦労したことだろう。チンパンジーは両手両足で木の上に立ち、まわりの枝を曲げて五分ほどで巣を作り上げる。大きな枝を何本か折り、集めた枝を編みこんで寝床状にして、最後により快適になるよう、クッションか枕代わりに葉のついた小枝を何本かのせる。こういう巣作りには、揺れる枝の端をたやすく往き来できる能力が必要だ。ホモ・エレクトスや現代人のように、脚が長く、足の裏が平たい人類はそれほど軽快に動けない。とりわけ幼い子を持つ母親にとっては、揺れる木の上で子を抱えたまま巣を作るのは至難の業である。

よって、ホモ・エレクトスは地上で寝たにちがいない。しかし、月のない夜に暗い地上で寝るのは想像を絶するほど危険だ。ホモ・エレクトスは現代の私たちのように無防備だった。速くも走れないし、武器なしで闘いには勝てなかった。夜中にディノフェリスやハイエナの群れに襲われたら、たちまち命の危険にさらされた。

しかし、火を使っていたのなら、ホモ・エレクトスも今日サバンナに住む人々と同じように眠ることができただろう。茂みで火のそばに寄り集まって横たわり、ほぼひと晩じゅう、誰かが見張っていればいい。眠りから覚めた者は火をつつき、仲間としばらく話をするかもしれない。そうしてまた別の者が寝る。火以外に光のない一二時間の夜で八時間連続して眠る必要はない。見張りを立てながら、誰もが充分な睡眠をとれる警備体制のようなものが自然とできていく。ジャガーに襲われた記録から判断すると、現代の狩猟採集民は、狩りに出ている日中より野宿している夜に、むしろ安全にすごしている(注45)。

ホモ・エレクトスが木登りの能力を失った理由は、火の使用で説明できるかもしれない。通常の仮説は、肉を求めて長い距離を移動することが増えるにつれ、長い脚のほうが有利になり、うまく木に登れなくなった、よってホモ・エレクトスは樹上生活を捨てた、というものだ。しかし、それではホモ・エレクトスが安全に眠れた理由を説明できないので、私としては別の仮説を支持したい――火を用いることによって、ハビリスの集団は地上で安全に寝られることを学んだのだ。

木の根や肉を料理することが新たな習慣になると、生のものを食べるしかなかったときと比べて、木から得られる食物はそれほど重要でなくなった。食物を得たり、安全に眠ったりするために木に登る必要がなくなると、たちどころに自然淘汰のうえで長距離移動に適した解剖学的特徴が有利となり、完全な地上生活への移行が進んだのだ（注46）。

料理の始まりはホモ・エレクトスが現れた時期と一致する——この説をふたつの証拠がそれぞれ裏づけている。まず、歯や胸郭の縮小を含む食事に関連した解剖学的な変化は、人類の進化史上ほかのどの時期よりも大きく、料理が食べるものの栄養価を上げ柔らかくするという理論と符合する。第二に、木登りに適した特徴が失われたのは恒常的に地上で眠りはじめたことの現れだが、火を使用せずにこれが可能だったとは考えにくい。

あと唯一残された選択肢は、最初に料理を始めたのはいまの私たちの形態に近い存在、すなわち身体的には現代人と同じヒト属だった、という伝統的な理論である。これが正しいとすると、私たちの祖先が料理を始めるはるかまえに、ホモ・エレクトスはカロリー密度が高く、柔らかくて噛みやすい食物に適応していたことになる。しかし、これまで見てきたとおり、常温でつぶしたり混ぜたりする処理では、たとえ現代の生食主義者が新しい道具を用いておこなったとしても、充分なエネルギーは得られない。

二五〇万年以上にわたって、私たちの祖先は動物の骨から肉を削ぎ取ってきた。その影響は計り知れない。生肉と生の植物を含む食事が人類をアウストラロピテクスの段階から押し上げ、より大きな脳へと進化させ、おそらく食物処理の革命を次々と引き起こした。けれども、私たちの体に残された証拠によれば、ハビリスがホモ・エレクトスに変容し、そこから解剖学的には大きく変わらないまま現代人に至る旅を始めるのには、料理の発明が必要だったのだ。

第5章 脳によい食物

食べているものを話してくれれば、あなたがどういう人間かを話してあげよう。

ジャン・アンテルム・ブリア＝サヴァラン
『味の生理学——最高の美食についての考察』

〝人間は自然のなかでもっとも弱い葦にすぎないが、それは考える葦である〟と一六七〇年にブレーズ・パスカルは書いた（注1）。並はずれた知性はヒトという種の定義に欠かせない特徴だが、その起源は長いあいだ謎とされていた。ダーウィンは、知性は社会的競争と生存努力のうえで有利に働いたと考えた。それでも人類がほかの種より頭がいい理由ははっきりしなかった。ひとつの説明がなされるようになったのは、ごく最近のことだ。多くの進化人類学者の見解によれば、たしかに知性を発達させるプレッシャーは、社会的競争を有利に勝ち抜く必要から生じたが、種によってちがいが生まれるおもな原因は、体がどれだけ脳の力を引き出せるかによる、というのだ。このため、食事の質が類人猿の脳の成長に重要な影響を与えたと考えられるようになった。ヒトについては、料理が大きな役割を果たしたにちがいない。

知性の進化を特定の利点と結びつけて説明しようという試みもあった。進化生物学者のリチャード・アレクサンダーは、ヒトには闘う習性があり、脳の力は襲撃や戦闘での勝利に欠かせないため、集団間の激しい暴力という長い進化の歴史のなかで高い知性が有利に働いた、と論じた(注2)。が、この仮説はチンパンジーによって覆される。チンパンジーは小規模な人間社会の争いと同じような行動をとるが、人間ほどの脳の発達は見られない。チンパンジーの集団間の暴力は〝見たら撃て〟の方針に近い。オスの集団が、弱い隣の対抗集団を見るたびに攻撃する。ときには犠牲者を探して、相手の縄張りに深く入りこむこともある。こうした闘いによる死亡率は、小規模な人間社会のそれに近いが(注3)、チンパンジーの脳の発達は人間に遠く及ばず、知性はボノボやゴリラやオランウータンといったより平和的な親類とさほど変わらない。

知性の進化に関するもうひとつの説明は、社会的というより環境的なものだ。この考えによれば、知性は広い行動域を持つ種に有利に働く。広範囲を歩きまわる生物は、縄張りを頭のなかで把握するために並はずれた知力を必要とする。実際に、狩猟採集民は類人猿やサルとは比較にならないほど広い地域を移動する。しかし、行動域の広さと脳の大きさはかならずしも相関しない。

脳の大きな霊長類は知性が高いが（注4）、全体的な傾向として行動域がより広いとは言えない（注5）。ヒトにおける知性と行動域のつながりは偶然の産物のように思える。霊長類全体をつうじて、行動域に対する脳の大きさ、またはその逆方向の因果関係を証明するものはないのだ。

もう少し説得力のあるアプローチは、知性にはさまざまな利点があるという。頭のいい種は草や枝を使って穴から昆虫を引き出す、石を持ち上げて金槌のように用いて木の実の殻をつぶすなど、創意に富む多彩な方法で餌を得ることができる。複雑な社会関係を築くこともできる。進化心理学者のロビン・ダンバーが発見したところでは、脳または新皮質の大きな霊長類は、脳の小さな霊長類より個体数の多い集団で暮らし、緊密な社会関係をより多く結び、効果的に連携している（注6）。

知性が社会的に報われるのは筋力に打ち勝ったときだ。チンパンジーやヒヒなど大集団で暮らす霊長類の個体間の関係は、日々移り変わる。複数のメンバーが別のメンバーと柔軟に連携することで、体の小さい個体や地位が低い個体も競争に勝ち、集団内のリソースや交尾相手を手に入れることができる。連携をうまく利用するのはむずかしい。個体それぞれが最高の協力者を得ようとするし、今日の協力者は明日の敵になるかもしれないからだ。つねに相手の気分や戦略に気を配り、それに応じて自分の行動を調整しなければならない。利口な動物は相手をだますこともある。顔の表情を見せないようにして感情を隠したり、仲間を集めて強い個体を追い払いたいときに、わざと攻撃されたふりをして悲鳴をあげたりする。結果として集団内には愛情や同盟や敵意が渦巻き、つねに他者の裏をかこうとするプレッシャーが生じる。

ほとんどの動物は、社会的な連携をもてあそぶ不安にあえて手を出そうとしない。鶏のように一対一で闘うか、外部者に対して自集団のメンバーを助けるというシンプルなルールにしたがう。一方、顕著な例外もある。カラスの仲間は霊長類のような社会的能力を数多く持ち、ほかの鳥と比べて明らかに脳が大きい（注7）。バンドウイルカは非常に複雑で柔軟な連携をおこない、ヒト以外のあらゆる生物で体重比にして最大の脳を持っている（注8）。ブチハイエナは大集団で生活し、やはり柔軟に連携して、力のある個体に対抗する（注9）。霊長類の例と同じく、ブチハイエナの脳も、ほかのそれほど社会性のない親類と比べて大きい。同様の社会性と知性の結びつきは、集団生活をする昆虫にも見られる。その神経系は脳ではなく、神経節に集中している。ダーウィンは、コロニーで暮らすアリやスズメバチがほかの昆虫の数倍もある〝異常に大きい脳神経節を持っている〟と記した（注10）。

こういった相関が〝社会的な脳〟説を支えてきた（注11）。知性は社会生活に不可欠の要素である、よって大きな脳が進化したとする説だ。この説を用いれば、集団で暮らす動物にとってライバルを打ち負かし、交尾相手や食物、連携、集団内の地位を得るために、知性を発達させることがいかに有利であるかをうまく説明することができる。大きめの脳を持つ種が複雑な社会を形成しがちである理由もわかる。この説によると、ある種の脳の力がかぎられていれば、社会的選択肢もかぎられている――脳の小さなサルは知性が足りず、多くの社会関係を形成、維持できない――ことになる。

〝社会的な脳〟説は、知的であることの大きな便益を説明する際に欠かせない。むしろ利点がありすぎて、社会的な霊長類が残らず大きな脳と高い知性を発達させてもおかしくないほどだ。ところが、実際には大きな差がある。キツネザルは平均的な哺乳動物と同程度の脳しか持っていない。類人猿はほかのサルより脳が大きく、ヒトは霊長類のなかで最大の脳の持ち主だ。〝社会的な脳〟説ではこのちがいが説明できない。つまり、社会的知性がそれほど重要なら、なぜ一部の集団生活をする種の脳はほかの種の脳より小さいのか、という問題が残るのだ。

〝食事法〟がその大部分に答えてくれる。一九九五年、レスリー・アイエロとピーター・ウィーラーは、何種類かの動物が大きな脳を発達させたのは消化器官が小さいからであり、小さな消化器官ですむのは高品質な食事をとっているからであると論じた(注12)。彼らの説は、脳がブドウ糖――すなわちエネルギー――の大きな消費者であるという事実認識から生まれた。活動していない人間にとって、五回に一回の食事はすべて脳のエネルギーとして消費される。私たちの脳は、重さは体重のわずか二・五パーセントなのに、基礎代謝率(休んでいるときのエネルギー収支)

のなんと二〇パーセントを占めているのだ。ヒトの脳はとりわけ大きいので、エネルギー消費の割合はほかの動物をはるかに上まわる。平均的な霊長類は基礎代謝率の約一三パーセントを脳にまわす。ほかの大半の哺乳類はさらに少なく、八から一〇パーセントほどだ。多くの神経細胞（ニューロン）にエネルギーを供給しつづけなければならないことから、ヒトの脳においてはエネルギー代謝にかかわる遺伝子がほかの霊長類の脳より多く発現している（注13）。神経細胞は私たちが起きていようと寝ていようと信号を出しているので、高比率のエネルギー供給が必要だ。酸素かブドウ糖の供給がほんのわずか止まるだけでも神経細胞は活動を止め、すぐに死んでしまう。食物が少ない、感染病が猛威をふるうといった厳しい状況下でも、脳細胞のエネルギー要求は不断に続く。大きな脳に進化するためにまず必要なのは、そこにエネルギーを安定的に供給する能力だ。

　大きな脳には大量のエネルギーが必要であることを前提として、アイエロとウィーラーは、ヒトのどんな特性がほかの動物を上まわる脳へのブドウ糖配分を可能にしているのかと自問した。ひとつの可能性は、ヒトだけがとりわけ大量のエネルギーを取り入れているというものだ。たしかにヒトの食べるものは並はずれて高カロリーで、私たちは一日のうちに、体重が同じ典型的な霊長類より多くのエネルギーを取り入れている。したがって、体内を流れる余分なエネルギーが貪欲な脳へも充分に回っているのかもしれない。しかし、ヒトの基礎代謝率は、よく知られている霊長類やほかの動物とさほど変わらない。休息時、ヒトが体に供給しているエネルギーの比率は、体重が同じほかの霊長類で計測されるものとほとんどちがわないのだ。基礎代謝率がヒト特有の数値でなかったことから、アイエロとウィーラーは、私たちの大きな脳が体内を流れる過剰なエネルギーで動かされているのではないことを知った。

全体的な高エネルギーという説が退けられたのは、非常に大きな収穫だった。残るはたったひとつの答えだったからだ。ヒトとほかの霊長類のように基礎代謝率が同じ種のなかで、脳に余分のエネルギーが行っているとすれば、それを相殺するために、ほかのところに行くエネルギーが減っていなければならない。問題は、どこへ行くエネルギーが減っているかだ。霊長類については、必須の生理学的要求があるために、体重からほとんどの器官の大きさをかなり正確に予測することができる。ある種の二倍の体重を持つ種は、ほぼ二倍の重さの心臓を持たなければならない。一定の大きさのからだ全体に血液を行き渡らせるのには、一定の大きさの心臓が必要だからだ。そこにトレードオフは存在しない。腎臓や副腎など、ほかのほとんどの器官にも同じ原理が当てはまる。しかし、これに対してアイエロとウィーラーは、ひときわ目立つ例外をひとつ発見した。同じ霊長類でも、胃腸の相対的な重さに大きなちがいがあるのだ。重い種もいれば、軽い種もいる。胃腸の大きさのちがいは、食物の質に由来していた。

牛の胃袋を扱ったり、シカの解体をしたことのある人は、哺乳類に大量の消化組織があることを知っているだろう。哺乳類の腸の代謝率は高く、大型類人猿などおもに草食の種の胃腸は総じて一日じゅう――夜明けのあとの食事から、眠って数時間後に至るまで中断することなく――働いている。その間ずっと胃腸は攪拌、胃酸分泌、消化酵素合成、消化した分子の腸壁から血液への移送といった、大量のエネルギーを使う作業に取り組んでいる。活動中の胃腸はつねに高い比率でカロリーを消費しているので、エネルギー支出の合計は、体重と消化運動量で決まる。犬やオオカミなどの肉食動物は、草食の馬やウシやレイヨウより胃腸が小さい。より簡単に消化できる食物――たとえば繊維質の葉ではなく糖分の多い果物――に適応した種も比較的胃腸が小さい。果物を食べるチンパンジーやクモザルは、葉を食べるゴリラやホエザルより小さな胃腸を持っている。胃腸が小さくなればエネルギーの消費量が減るので、高品質の食事をとる種は余ったカロリーを体のほかの部分に割り当てることができる。

胃腸の大きさが種によってかなりちがうという発見は、アイエロとウィーラーが探していた突破口だった。体重比で胃腸の小さな霊長類は、より大きな脳を持っていることがわかったのだ。予想どおりのトレードオフだった。アイエロとウィーラーは、ある種が小さな胃腸を持つことで節約できるカロリー量を計算し、それが大きな脳に求められる追加のカロリー量とうまく一致していることを示した。そして、胃腸に使うエネルギーが少ない霊長類は、それだけ脳組織にエネルギーをまわすことができると結論づけた。大きな脳は〝高エネルギー組織〟を減らすことで可能となったのだ。この考え方は〝高エネルギー組織〟説と呼ばれる（注14）。

類人猿以外にも、小さな胃腸でエネルギーを節約してとりわけ大きな脳を進化させるという、似たようなパターンを示す種がいくつかある。南アフリカに棲息するモルミルス科のエレファントノーズフィッシュは、胃腸が比較的小さく、驚いたことに全エネルギーの六〇パーセントをきわめて大きな脳に費やす（注15）。エネルギーのトレードオフの原則にしたがうとしても、それを脳ではなく筋肉にまわす動物もいる。消化組織の小さな鳥類は、余ったエネルギーで翼の筋肉をより大きくする傾向がある（注16）。おそらく鳥にとって、大きな脳を持つことよりうまく飛ぶことのほうがはるかに重要だからだ。別の種類のトレードオフも確認されている。相対的に筋肉の少ない種は、より大きな脳を持っていることがわかっている（注17）。要するに、大きな脳はなんらかのかたちで代償を支払われなければならないのだ。胃腸の小さな動物が余ったエネルギーをどう使うかは、彼らにとって何が大切かによる。霊長類においては、小さな胃腸によって節約したエネルギーを脳組織にまわす傾向がとりわけ強い。ほとんどの霊長類は集団で暮らし、そのなかで社会的知性のもたらす利益が非常に大きいからだろう。

〝高エネルギー組織〟説によれば、ヒトの脳が顕著に大きくなったのは食事の質の向上に関連していることになる。アイエロとウィーラーはそのような時期をふたつ特定した。最初に脳が大きくなったのは、アウストラロピテクスがホモ・エレクトスに移行した二〇〇万年前ごろ。〝狩るヒト〟説にしたがって、彼らはこの拡大を肉食によるものと考えた。二番目の時期は、ホモ・エレクトスがホモ・ハイデルベルゲンシスに移行した五〇万年より少しまえ。彼らはその原因を、食事に残された唯一の改善の可能性——すなわち、料理に求めた。

アイエロとウィーラーの考え方は原則として正しいと思う。しかし、アウストラロピテクスからホモ・エレクトスまでに、脳が一回しか大きくならなかったと考えた点でまちがっている。実際には、脳の進化は大きく二段階に分かれていた——まず、ハビリスが現れたとき、第二に、ホモ・エレクトスが現れたときだ（注18）。いずれも脳の拡大をともなうこれらの移行は、それぞれ肉食と料理で説明することができる。

〝高エネルギー組織〟説は、ヒト属の誕生期に起きた脳の顕著な拡大のみならず、二〇〇万年前の前後に数多く生じた脳の大きさの変化も説明する。たとえば、チンパンジーと共通する私たちの最後の祖先について考えてみよう。五〇〇万年から七〇〇万年前のことだ。このアウストラロピテクス以前の類人猿は熱帯雨林で生活し、チンパンジーに似ていて、同じくらいゴリラにも近かったはずだ。彼らは今日の大型類人猿に匹敵する——つまり今日のサルより大きな——脳を持っていただろう。類人猿の脳がサルの脳より大きいことは〝高エネルギー組織〟説でうまく説明できる。大型類人猿は体重のわりに、繊維や毒素が比較的少ない高品質の食物を食べているからだ。

チンパンジーの脳容量は約三五〇から四〇〇立方センチメートル（二一・六から二四・四立方インチ）（注19）。チンパンジーと体重がほぼ同じか、やや少なめのアウストラロピテクスの脳容量はそれよりずっと大きく、約四五〇立方センチメートル（二七・五立方インチ）である。アイエロとウィーラーの説にしたがえば、アウストラロピテクスの食事は今日のチンパンジーと比べて高品質だったはずだ。実際にそうだった可能性は高い。食物が豊富にある季節には、アウストラロピテクスも、同じ森林地帯に棲むチンパンジーやヒヒとそう変わらない食事をしていただろう――果物を中心として、ときおり蜂蜜、柔らかい種、その他の食べられる植物など。しかし果物が少ない季節になると、アウストラロピテクスは、チンパンジーに似た祖先より高品質のものを食べていたにちがいない。今日のチンパンジーは、果物が不足すると、大型の草の茎や木の柔らかい新芽など出身地の熱帯雨林特有の食物に手を出す。より乾燥した森林地帯に暮らすアウストラロピテクスは、そのようなものがほとんど手に入らなかった。ほかの選択肢のうちもっともありそうなのは、澱粉の豊富な根とか、葉状植物の地下や水面下にある貯蔵組織だ（注20）。それらは理想的な食物である。

サバンナの多くの植物の球茎、地下茎、塊茎には炭水化物がたくさん含まれ、乾期には高カロリーの澱粉が濃縮された恰好の食物となる。ただ地中や水中に隠れているため、これらを見つけられる動物はかぎられているが、チンパンジーは塊茎を掘り出すし——棒を使うことすらある——アウストラロピテクスも、少なくとも同じくらい器用で、適応もしていたはずだ。彼らの歯が大きくて豚のようであったことはよく知られており、これは根や球茎を噛み砕くのに適していた。アウストラロピテクスの食糧源として重要な場所は、スゲやスイレンやガマがよく育ち、今日の狩猟採集民にとっても澱粉質の食物の〝スーパーマーケット〟になっている、川や湖の畔だった。

植物の地下のカロリー貯蔵部分も〝高エネルギー組織〟説が期待する品質を備えている。細胞壁のせいで消化できない繊維が葉の部分より少ないので消化しやすく、食物としての価値が高い(注21)。したがって、五〇〇万年から七〇〇〇万年前、森林に棲む類人猿からアウストラロピテクスに進化したときの脳の最初の拡大は、食べるものを葉からより高品質の根に移したことで説明がつくかもしれない(注22)。

次の顕著な増加期において、脳容量はアウストラロピテクスの約四五〇立方センチメートル(二七立方インチ)から、ハビリス(五つの頭蓋骨の測定にもとづく)の六一二立方センチメートル(三七立方インチ)へと三〇パーセント以上増加した(注23)。アウストラロピテクスとハビリスの体重はほぼ同じだから、相対的な脳の増分はかなり大きい。考古学の証拠によれば、この時期の食事上の大きな変化は、肉食が増えたことだ。つまり、肉が脳の成長を可能にしたのだろう。脳がこれほど大きくなったということは、ハビリスは肉に手を加えて食べていたとも考えられる。類人猿やヒトの歯は容易に肉を切り裂くことができず、口も比較的小さい点で不利だ。ウィリアム・ボーモントがアレクシス・サンマーティンの胃の観察で気づいたように、胃も生肉の塊を効率よく消化することができない。

また、チンパンジーの観察からわかったことだが、類人猿の顎にとっても、手を加えていない肉は食べにくい。獲物の肉を懸命に噛むが、それでも消化されなかった肉片が糞のなかに混じることがある。この重労働と非効率のためか、ふだんつねに旺盛な食欲を示す肉をあえてあきらめることもあるくらいだ。一、二時間噛んだあと、残った肉を捨てて休息したり、代わりに果物を食べたりする。ウガンダ、キバレ国立公園内のカニャワラのチンパンジーは、ときに獲物の筋肉に歯を立てることもなく、肉食の機会をみずから放棄してしまう。私は一度、ジョニーという名のチンパンジーがそうするのを見たことがある。いつもはオナガザル科のアカコロブスをさかんに狩っていて、このときも動物性タンパク質に飢えていたようだったが、幼いアカコロブスを一匹殺し、地上におろして腸だけ食べると、死体をほかのチンパンジーの目につかないところに放置した。そしてすぐ木の上に戻り、たちまち別の幼いアカコロブスを捕まえて同じことをくり返した――地上におろし、腸を食べ、残りを放っておいた。

柔らかい部分を好むのは、ほとんどのチンパンジーに共通する。獲物の動物を殺すと、まず胃腸や肝臓、脳といった部分を食べる。これらはすぐに呑みこむことができるが、筋肉はゆっくりと噛まざるをえない。一キログラムの三分の一（一ポンドの四分の三）の筋肉を咀嚼するのに一時間もかかる。果物を食べても、肉を食べても、一時間あたりに得られるカロリー量はほぼ同じなのだ。ハビリスも同じ問題に直面したはずである。手を加えていない肉から摂取カロリーの半分を得るとして、チンパンジーのように肉をゆっくり噛んでいたら、大きさによっては一日に何時間も噛んでいなければならなかっただろう。同様に、胃腸も長時間にわたって活動しなければならず、消化の労力もかかる。

肉に手を加えて咀嚼と消化を早くする仕組みがあれば、この問題は大きく改善する。チンパンジーにも肉の原始的な加工技術がある。肉に木の葉を加えることで咀嚼が楽になるのだ。獲物を置いてこれから食べようというときに、手近にあるどんな木の葉でも加えるところを見ると、選んだ葉に特別な栄養価はないようだ。唯一はっきりした選択の基準は、その葉が固いこと。チンパンジーは若木の葉や草の柔らかい葉ではなく、成長しきった木の葉だけを選び取る。地上に落ちて長くたち、茶色の葉脈だけになった栄養ゼロの葉を使うことすらある。私が友人たちとおこなった、ヤギの生肉を食べる非公式の実験では、葉を足すことによって牽引力が生まれた。成長しきったアボカドの葉とヤギの腿肉をいっしょに食べると、葉を加えないときより肉の塊が速く小さくなった。おそらくアウストラロピテクスも、ガゼルの子やほかの小さな哺乳類を捕まえたときには、同じことをしたのではないか。

ハビリスはさらに進んだ手法を持っていた。彼らの骨の近くから、何度も使われたあとがはっきりと残る石槌や拳大の球が発見されている。ハビリスはたぶんその槌で骨を砕いて骨髄を取り出していたのだろう。西アフリカのチンパンジーのように槌を使って木の実を割ったり、ほかの道具を作ったりしていたのもまちがいない。これに加えて、石槌や棍棒で肉を叩いて柔らかくすることもできた。仕留めた獲物から大きな肉を削ぎ取ったあと、ステーキ状に切って平らな石の上に置き、棒や石で叩いたのかもしれない。少々乱暴なやり方でも、肉は結合組織が壊れて柔らかくなり、消化の労力は減っただろう。何も手を加えない生肉の咀嚼と消化がむずかしいことから、私はこれがヒトの起源においてもっとも重要な文化的進化のひとつだったのではないかと思う。この加工によって、ハビリスは肉の栄養価を高め、肉を食べて消化する速度を増すことができた。肉を柔らかくすることで、胃のなかにある時間が短くなり、消化の労力が減って、その分のエネルギーを脳にまわすことができたのだ（注24）。

このように葉から根への移行、肉食への移行、そして肉の加工という食事の変化で、六〇〇〇万年前のチンパンジーに似た祖先から、二〇〇万年前のハビリスに至るまでの脳の成長を説明することができる。その後の脳容量の拡大はこれより連続的だ。六一二立方センチメートル（三七立方インチ）だったハビリスの脳容量は、四〇パーセント以上大きくなって、最初期のホモ・エレクトスの八七〇立方センチメートル（五三立方インチ）に至る。ただ、並行して体重も増えていることから、この拡大の位置づけはむずかしい。体重は、ハビリスのわずか三二ないし三七キロ（七〇ないし八一ポンド）から、ホモ・エレクトスの五六ないし六六キロ（一二三ないし一四五ポンド）へとかなり上昇している。あいにく骨から正確な体重を予測することは困難なので、最初のホモ・エレクトスの脳がハビリスの脳より体重比でどのくらい大きかったのか、あるいは、そもそも大きいと言えるのかどうかははっきりしない。しかし、ホモ・エレクトスの脳は一八〇万年前からも拡大しつづけ、一〇〇万年前には平均九五〇立方センチメートル（五八立方インチ）に近づいている（注25）。ホモ・エレクトスが料理を始めたという私の主張と証拠にもとづけば、〝高エネルギー組織〟説から、料理したものを食べることによって脳が成長したと考えられる。料理が始まれば胃腸は小さくなり、活動を減らすことができる。それらはともに消化器官の労力軽減につながるのだ。

四番目の顕著な脳容量の拡大は八〇万年前以降、ホモ・ハイデルベルゲンシスが出現したときに起きた。このときの増分も大きく、脳は約一二〇〇立方センチメートル（七三立方インチ）を占めるようになった。このめざましい拡大をアイエロとウィーラーは料理の発明に結びつけているが、それはまちがいだ。原因は謎であり、さまざまな可能性が考えられる。

　そのひとつは、より効率的な狩猟である。ハートムート・ティームがシェーニンゲンで発見した、四〇万年前の集団での狩猟の形跡を見ると、まえの時代よりはるかに技術が進歩していることがわかる。つまり、まえの時代より肉の摂取とそれにともなう動物の脂肪の利用がはるかに増え、これがホモ・エレクトスからホモ・ハイデルベルゲンシスへの進化をうながした可能性がある。

　一方、料理は発明後長い時間がたったあとも脳の進化に影響を与えつづけたはずである。手法が改善されるからだ。おそらく初期の手法はもっぱら食物を火の上に置くことだっただろう。何世代にもわたってキャンパーはそうしているし、現代の狩猟採集民も、料理しやすい食物にはこの手法を用いる。オーストラリア中央部に暮らすアランダ族は、河岸の平らな土地を掘って豆粒大のスゲの球茎を集める。その料理法のひとつは、たんに熱い灰のなかに短時間埋めこみ、両手でこすり合わせて薄い殻を取ってから食べるものだ。アフリカのカラハリ砂漠の狩猟採集民クン・サン族は、主食のひとつであるツィン豆を熱い灰に埋めるだけで料理する。動物を火で炙るのも、とくに最初に毛が焼けてしまうと効率がいい。骨髄も同じように効率よく料理することができる。骨全体を炙ったあと石で割ると、なかから温められたバターのように骨髄が流れ出す。

　より複雑な料理法もゆっくりと開発されていったのだろう。それぞれの食物に特有の料理法も生まれた。クン・サン族が食べるモンゴンゴの実が一例だ（注26）。モンゴンゴの実はきわめて栄養価が高く、何週間も続けて彼らの主要なカロリー源になることがある。これを料理する女性は、まず消えかけた焚き火の炭を、熱く乾いた砂と混ぜる。そして実が炭に直接触れないよう注意しながら、砂の山のなかにたくさん埋めこみ、数分後、山をこねて熱を均等に行き渡らせ、必要に応じて炭を足す。木の実が焼けると槌でひとつずつ割り、なかの果肉を食べたり、のちの料理のために取っておいたりする。そのように巧みな料理法がいつ生まれたのかはわからないが、実のエネルギー量を増やし、消化器官の活動時間を短くし、消化全体の労力を減らして、脳にエネルギーをまわす役に立っているのはたしかだ。

このように料理の効率が上がったことが、初期のヒトの脳容量が安定して大きくなった理由だったのかもしれない。初期のホモ・エレクトスに比べて、後期のホモ・エレクトスの脳は明らかに大きくなっていた。ホモ・ハイデルベルゲンシスについても同じことが言える。肉食、料理の発明といった大きな食生活上の事件だけでは、こうした小さな変化を説明することができない。大きな飛躍のあいだに起きた安定的な脳容量の拡大は、料理の手法が次々と改善されていたからと考えれば、容易に説明がつく。ホモ・ハイデルベルゲンシスが登場したときの顕著な拡大は、おそらく重要な料理法の進歩がいくつかあったせいだろう。

約二〇万年前、現在の私たちの種であるホモ・サピエンスにも同じことが起きた可能性がある。脳容量の増加は、ホモ・ハイデルベルゲンシスの一二〇〇立方センチメートル（七三立方インチ）から、ホモ・サピエンスの一四〇〇立方センチメートル（八五立方インチ）と比較的小さいが、この移行とほぼ同時期に、酸化鉄の使用（おそらく個人の装飾のために）、骨からの道具作成、長距離の交易など、初めて文明的な行動が見られるようになった（注27）。料理の手法にも似たような文明化があったかもしれない。

地面を掘って作るオーブンの初期形態は、発明として影響力が大きかった可能性がある。料理の効率が格段に上がるからだ。世界じゅうの狩猟採集民が、地中に熱い石を入れるこのオーブンを利用している。六万年以上前にアフリカの外へ進出した人々は、このオーブンを使っていなかったようだ。オーストラリアには三万年前まで記録がない（注28）。ただし、それ以前の時期により単純な形態のオーブンが使われていたが、いまや痕跡が残っていない可能性はある。

現代の地中のオーブンでは、熱された石が長時間にわたって均等に熱を伝える。中央アフリカのアランダ族に関する一九二七年の記録によると（注29）、一般的な手順としてまず穴を掘り、なかに乾いた木を積み上げ、その上に熱しても割れない石を置く。石は遠くの河原から運んでくることも多い。石が赤く熱せられて火の下に落ちると、一度棒で拾い出して灰を取り除く。それから熱い石を穴に戻し、上に緑の葉をのせる。これに肉をのせるが、肉汁を逃さないように葉で巻くことが好まれる。その下に根など植物性の食物を置くこともある。さらに葉を積み、いちばん上に枝を編んだマットなどを敷いて水を注ぐ。風味づけにハーブを加える人もいる。そして最後に、蒸気を全体に行き渡らせるために土で穴をふさぐ。一時間ほどたつと――ひと晩放っておかれることもある――肉も野菜も料理されて、すばらしい味になる。肉は葉のついた枝に取り出し、石のナイフで切り分けて供する。地中のオーブンの均等な熱と蒸気が効率よく澱粉などの炭水化物をゲル化し、肉の柔らかさの微妙な調整も可能にする。この洗練された料理法は、まちがいなく肉や植物の消化率を高めたはずである。

同様に、容器の使用も料理の効率を高めたにちがいない。やはりこれも消化の労力を減らし、脳の拡大に貢献したのではないだろうか。陶器は一万年ほどまえの新しい発明だが、そのはるかまえから、自然に存在するものが料理用の容器として使われていた可能性がある。最初から皿にのっている動物もいる。ムール貝などの貝類は、世界の多くの地域で殻が開くまでまるごと火に放りこまれる。ティエラ・デル・フエゴのヤーガン族はムール貝の殻を使って、焼いたアザラシの肉汁を受けたり、クジラの脂をためたりする。そこに食用キノコをつけて食べるのだ。

そういった技術から、容器を使った料理へのステップはほんのわずかだ。初期のホモ・サピエンスが自然の容器でものを熱した痕跡は約一二万年前にさかのぼる。カシの樹液から糊を作って、槍に石の穂先を取りつけたのだ(注30)。望ましい粘度を得るために糊は熱さなければならなかった。

つまりそのころには、容器を用いた料理もしていたにちがいない。ほとんど想像力を要しない容器もあっただろう。カメは自然が生んだインスタント食品だ。手をかけず何日も生かしておくことができるし、生きていても、料理しても、運ぶのがたやすい。おまけにひっくり返せばそれ自体が鍋になる。肉を食べたあとも残りをうまく使うことができる。ベンガル湾アンダマン諸島の人々は、裏返しにした甲羅の上で粘りが出るまでカメの血を煮詰め、一気に食べる（注31）。多くのアジア人と同じく、彼らも竹を器にし、料理にも使う。竹を一定の長さに切り、火にかざして乾燥させる。そこにある程度料理した野生の豚肉などを詰め、ゆっくりと温めて、竹を割らずに肉を膨張させる。湯気が出なくなったところで火からおろし、開口部に葉を詰めて蓋をする。できあがった肉料理は何日も保《も》つ。残念ながら、初期のヒトが工夫を凝らして植物を使っていた料理法の多くはなんら痕跡を残さず、私たちの知りえないものとなった。

料理の効率と食物の質を高める、ほかの方法も編み出されただろう。さまざまなものの特別な焼き方には計り知れない歴史がある。南極に近い寒冷地で暮らすヤーガン族は、石板二枚からなるフライパンを作り出した（注32）。大小の石板二枚を火で熱して取り出し、大きいほうにステーキやクジラの脂身をのせてから、小さいほうを重ねる。これはじつによくできた道具で、数分以内に脂肪がこんがり焼け、縮んで、狩猟民のごちそうとなる。ヤーガン族はソーセージも好きだ。アシカのブラッドソーセージを作るには、まず仕留めたばかりのアシカの腹腔にたまった血を取っておく。柔らかくてまだ湿った腸を抜いて裏返し、きれいにして、腱で一方の端を結んで閉じ、ふくらませたあともう一方の端も閉じて乾かす。空っぽの腸が充分固くなったところで、大きな貝殻を使って血を詰め、また閉じて、両端の結び目がほどけないようにそれぞれ短く細い棒を刺す。そうしてできたソーセージを熱い灰のなかに入れ、破裂させないようにときどき動かす。同じ手法はほかの消化器官でもうまくいく。ときに胃のなかに脂身や、心臓、肺、肝臓を刻んだものを詰めることもある。こうしたハギス料理が大昔になされた形跡は残っていないが、未開地においてさえ、つぶしたり焼石で煮たりする（二万五千年から四万年前に始まった）新しい手法が生まれるはるかまえに、ただ温めるだけではない料理があったことを想像させてくれる。

火を使いはじめたことは料理史上最大の進歩だったが、その後よりよい料理法が次々と発見されて、継続的に消化の効率が高まり、さらに多くのエネルギーを脳の成長にまわせるようになった。この改善は生後間もない人間の脳の成長にとってとりわけ重要だった。消化しやすい離乳食は、子供のエネルギー供給に欠かせないものだからだ。

このように料理法の発達は二〇〇万年の人類の進化において、類を見ない継続的な脳の拡大に貢献した。今日知られるいかなる種もこれほどの速さで、これほど長期にわたって脳が成長カーブを描いたことはない。チャールズ・ダーウィンが料理を〝言語を除いて、おそらく人類が生み出した最大の発明〟と呼んだとき、彼の頭にあったのはたんに食糧供給の改善だけだった。しかし、食事の改善によって脳の拡大が可能になったと考えれば、料理の重要性ははるかに増す。料理の発明は、高品質の食物を提供したとか、いまの人間の体を形作ったということのみで偉大なのではない。もっと重要なことがある――私たちの脳が無類に大きくなることを助け、退屈な人間の体に輝かしい精神を宿らせたのだ。

第6章 料理は人をいかに解放するか

貪欲な動物は……たえずものを食べて排泄しつづけ、プラトンが言ったように、哲学と音楽にとってきわめて有害な生活を送っている。一方、より高貴で完成された動物は、つねに食べて排泄しつづけることはない。

ガレノス『体の部位の実用性』

長いあいだ、食事はさまざまな種の社会行動を理解するための鍵と考えられてきた。食物の探求は進化に成功するための基礎であり、社会的な戦略が個体の食生活に影響を与える。チンパンジーの群れの大きさは、果物のなる木の密度と分布の変化に合わせて毎月のように変わり、その社会は、もっぱら草を食べるゴリラの社会とまったく異なる（注1）。人類もこうした関係の例外ではない。〝狩るヒト〟説は、男女間の関係を見事に説明するので、ほかの説明はいらないと考える研究者もいるくらいだった。一九六八年、形質人類学者のシャーウッド・ウォッシュバーンとチェット・ランカスターがこう書いている。〝われわれの知性、関心、感情、基本的な社会生活――すべては狩猟に適応して進化した〟(注2)。こうした考え方にはたいへん影響力があったが、どれも肉食の先を見ることはめったになかった。しかし料理の採用こそ、私たちの祖先の食事と社会行動に急激な変化をもたらしたはずなのだ。

柔らかさを例にとってみよう。食物は熱を加えると柔らかくなる。その結果、生のものより速く食べることができる。料理した食物を食べることで、ヒトは一日の労働を完全に組み替えることができた。大型類人猿のように、起きている時間の半分を咀嚼に費やす必要がないので、自給自足社会の女性たちは一日の活動を食糧の採集と料理にまわす。生のものを長時間噛みつづけなければならない生物学的要求から解放された男性たちは、思うままに生産的または非生産的な労働に取り組むことができる。料理によって、人間社会のもっとも際立つ特徴――性別による分業――が可能になったと考えられるのだ。

性別による分業とは、男女が異なるやり方で補完的に家庭経済に貢献することを指す。どちらがどのような活動をするかは文化によって異なるが、この分業は人類全般に見られる習慣だ。したがって、現代人が地球全体に広がりはじめる六万から七万年前よりはるかまえに発生していたと考えられ、性別による分業の進化は狩猟採集民を中心として議論される。七五〇人あまりの集団であるハッザ族もそのひとつだ。タンザニア北部の浅い湖を取り巻く乾燥した森林地帯に、小集団を点々と作って暮らしている。

ハッザ族は現代の人々だ（注3）。隣接地域に住む農民や牧畜民は彼らと交易し、彼らの娘と結婚することもある。政府の役人、旅行者、研究者も訪れる。ハッザ族は金属製のナイフや貨幣を使い、木綿の服を着、猟犬で狩りをし、ときどき農産物を取引する。おそらく二千年ほどまえ、ほかの世界との交流がまったくない狩猟採集民として生活していたときから多くが変わった。それでも彼らは、かつて古代人が暮らしたのと似たようなアフリカの森林地帯で、いまも狩猟採集からほとんどの食糧を得ている数少ない人たちだ。

夜が明けると、みな寝ていた小屋から出てきて前夜の食事の残りを食べる。そのうち一日の活動に関する意見が静かにまとまり、集団内の女性の大半――だいたい六人以上――は土を掘る棒を持って、数キロメートル（一マイル以上）離れたいつもの〝エクワ〟の採集地に出かけていく。何人かは赤ん坊を布でぶら下げている。火が必要になったときのために、ひとりか数人が種火の薪を持っていく。やや大きい子供たちが横を歩く。その間、男性もひとりかふたり組になって弓矢を持ち、犬を連れて去っていく。狩猟に行く者もいれば、隣人を訪ねる者もいる。ちらほらと集落に残っている人もいる――母親が食物を取りにいっているあいだ、代わりによちよち歩きの子供の面倒を見る年配の女性たち、前日の長い狩りの疲れを癒す若者などだ。

女性たちは子供の歩調に合わせてゆっくりと歩く。ときおり小さな果物を摘んで、その場で食べる。小一時間でより小さな集団に分かれ、呼べば聞こえるほどの距離を置いてそれぞれが好きなものを採集する。土を掘るのはつらい重労働だが、長くはかからない。数時間後には、彼女たちのカロス（獣皮のマント）には、太く茶色い長さ一フィートほどの根がたくさん積まれる。この塊茎〝エクワ〟は一年をつうじてハッザ族の主食であり、簡単に見つけられる。カロスがいっぱいになると誰かが火をおこし、女性たちはひとところに集まって、互いに労をねぎらいながら軽食をとる。エクワを炭に立てかけて焼くのだ。二〇分足らずで小さなものは焼き上がる。その軽食のあと、何人かはおしゃべりをしながら、その日の残りに備えてさらにいくらかエクワを掘り出す。ほとんどの者は球根などほかの食物も見つけている。女性たちは食物の入ったカロスを縛り、帰途につく。ひとり最低でも一五キロ（三三ポンド）の食物を運ぶ。重労働に疲れて午後の早いうちに集落に戻る。

人類学者のあいだで、狩猟採集生活にゆとりがあるかどうかについて議論が生じることがある。一九五〇年代に、カラハリ砂漠ニャエニャエ保護区のクン・サン族の女性たちと暮らしたローナ・マーシャルは、こう書いている。〝彼女たちは心地よい満足を覚えていなかった。思い出されるのは、土を掘り、食物を拾い、重い荷物を持って歩いた、暑く単調でつらい日々だった〟（注4）。とはいえ、時代と文化によってちがいはある。オーストラリア北西部のキンバリー地域のアボリジニと暮らした人類学者フィリス・カベリーは、アボリジニの女性たちは互いにいっしょにすごすことと、毎日の採集生活を楽しんでいたと言っている（注5）。

ハッザ族の生活に話を戻そう。女性たちはそれぞれ自分の小屋に戻ると、カロスの中身を空ける。夕方前に火をおこし、大量のエクワを焼いて待つ。男性たちが肉を持ち帰ってくれば食事は完成だ。彼らは夕刻から戻りはじめる。蜂蜜を取ってくる者もいれば、手ぶらで帰るものもいる。そのうちひとりがイボイノシシを仕留めて帰ってくる。彼が火で毛を焼いたあと、男性も女性も集まって肉を切り分ける。集落の多くの男性が分け前を得るが、狩りに成功した者は、自分の友人や家族や親戚にふんだんに肉がまわるよう取り計らう。狩猟採集民の典型的なやり方だ。ほどなくおのおのの家族の火で肉が焼かれる。美味しそうなにおいが夜気を満たす。焼かれた肉とエクワはたちまち消費される。家族がみな眠りにつくときには、翌朝食べる分のエクワが残されている。

ハッザ族は狩猟採集民として、ヒトとヒト以外の霊長類をはっきりと区別する男女の分業を、大きくふたつの点で体現している（注6）。まず男女が別の食物を探して一日をすごす。次に、双方が得たものを男女の区別なく食べる。なぜわれわれの種だけがこのように変わった方法で狩猟採集をおこなうのか（ほかの霊長類や動物は成獣同士が食物を分け合うことはない）は完全に解明されていない。得られる食物によってさまざまな変形が存在する。ティエラ・デル・フエゴは、気候が厳しいために植物性の食物がほとんどない。よって男性は海生哺乳類を狩り、女性は極寒の浅瀬にもぐって貝を捕る（注7）。オーストラリア北部の熱帯の島では、植物性の食物が非常に豊富なので、女性は家族全員を養える食物を持ち帰るのみならず、小動物の狩りに出ることもある（注8）。男性は狩りをほとんどせず、たいてい政治に明け暮れている。

土地によって食物の種類は異なるが、根や種だろうと貝だろうと、主食となるものはつねに女性が提供する傾向がある（注9）。こうした食物は通常手を加える必要があり、時間と労力がかかる。オーストラリアの多くの民族は、草などの小さな種から〝堅《ダンパー》パン〟と呼ばれるパンを作る（注10）。女性たちは植物を刈り取り、種をひとところに落とすために積み上げる。それを踏んだり、打ったり、手でこすり合わせたりして脱穀し、ふるいにかけて長い樹皮の皿にため、つぶしてペースト状にする。そのまま生で食べることもあるが、熱い灰に入れて焼き上げることが多い。ここまで料理するのに、場合によっては一日以上かかる。女性はみずから用意する主食に夫も子供も頼っているので、こうした仕事を根気よくこなす。

これと対照的に、男性はあれば喜ばれるが簡単には見つからない食物を探す傾向がある。肉や蜂蜜など、一度に大量に手に入って美味しいものを獲得しようとする。こうした獲物が集落に届くかどうかで住民の幸福感は大きく左右される。フィリス・カベリーが記述した、オーストラリア西部のアボリジニの生活がその典型だ。〝アボリジニはつねに肉を欲している。数分前にヤムイモやダンパーをたらふく食べた男性が空腹と訴えることも少なくない。そうなった集落は暗く、無気力になり、舞踏にも身が入らない〟(注11)。大型の獲物を狩るのは圧倒的に男性の仕事――現代社会の九九・三パーセントにおいて――である(注12)。

食糧調達における性差らしきものはほかの霊長類にも見られる(注13)。メスのキツネザルは、好ましい食物をオスより余計に食べる。マカク、ゲノン、マンガベーといったさまざまなサルでも、メスは昆虫を、オスは果物をより多く食べる。チンパンジーのメスはシロアリやアリを、オスは肉を多く食べる。しかし、ヒト以外の霊長類において、オスとメスが集めて食べる食物の大半が同じものであることを考えると(注14)、こうしたちがいは些細である。

さらにヒトで目立っているのは、男女のそれぞれが自分の集めたものだけでなく、パートナーが見つけたものも食べるということだ。ヒト以外の霊長類に、この補完的な関係はいっさい認められない。テナガザルやゴリラといった多くの霊長類も家族を形成する。これらのオスとメスは終日いっしょにすごし、互いにやさしく接し、協力して子孫を育てるが、ヒトとちがって成年のオスとメスが食物を与え合うことはない。対照的に、ヒトの男女はそうすることが期待されている。

採集社会において、女性はつねに夫や子供と食物を分け、近親者以外にはほとんど渡さない。男性も同様に、ほかの男性から与えられた肉であれ、みずから捕ってきて一部をほかの男性に与えたあとの肉であれ、妻とそれを分け合う。あらゆる社会に夫婦間の食物の交換が浸透している。ある文化では女性が根を掘り、男性が肉を捕ってくる。別の文化では女性が買い物に出かけ、男性が給料を稼ぐ。夫婦のどちらが何を持ってくるにしろ、ヒトの世帯は一つひとつが小さな経済生活を営んでいる点で、ほかの種の社会生活と端的に異なる（注15）。

私たちの社会の進化の過程で、性別による分業はどのように発生したのか。この理解には、男女のどちらがより多くの食物を供給するかという問題が大きくかかわってくる。

かつてはハッザ族に見られるように、女性が大半のカロリーを供給すると考えられてきた（注16）。しかし、世界の狩猟採集集団を見渡すと、おそらく高カロリーの食物の多くを供給してきたのは、女性よりむしろ男性だ（注17）。これはとりわけ緯度の高い寒冷地で言える。そこでは食べられる植物がほとんどなく、食物を得るおもな手段は狩猟となる。九つの集団をくわしく研究したところ、女性が集める食物から得られるカロリーの割合は最高五七パーセント（ナミビアの砂漠に住むサン族）から一六パーセント（パラグアイのアチェ族）だった。これらの社会では女性がカロリーのほぼ三分の一を、男性が三分の二を供給していた。しかし、こうした平均値で男女がそれぞれ持ち寄るものの価値を正確に見積もることはできない。一年の時期によって、男女が得る食物の相対的な重要性は変わるだろうし、全体としてどちらの食物も生存と健康維持に欠かせないことがありうるからだ。さらに、カロリー量のちがいに関係なく、ひとつの世帯にとって双方の貢献が不可欠ということもある。

性別による分業は一世帯の存続と社会全体の両方に影響を与える。そのもっとも重要な結果は、家族内に絆が生まれて道徳規準が高まることだ、と社会学者のエミール・デュルケームは考えた(注18)。分業はまた生産性も高める。男女それぞれが自分の仕事の技術を磨き、時間と資源を有効活用できるようになるからだ。分業に頼るためには協調的な気質と類まれな知性が必要なので、分業が感情的、知性的技能の進化にかかわっていると考えられることすらある。そうした理由から、人類学者のジェインとチェット・ランカスターは、性別による分業を〝ヒト属の行動の基盤〟と考え、〝生活面で類人猿とヒトを分ける真の分水界〟と位置づけた(注19)。それがヒト属から始まったと考えるのが正しいかどうかには議論がある。私自身はランカスター夫妻に同意するが、性別による分業はもっとあとで始まったと考える識者も多い(注20)。ともあれ、それがいまの私たちを形作るうえで重要だったことはまちがいない。

形質人類学によるこの社会構造に関する古典的な説明は、ジャン・アンテルム・ブリア＝サヴァランが言っていることと実質的に同じだ——人類の食事において肉が重要になったとき、女性は男性より肉を手に入れるのがむずかしかった。余分な肉を手に入れた男性は女性に分け与え、女性はその贈り物に感謝して、お返しに集めた食用植物を分け与えた。その結果、初期の世帯が生まれた。形質人類学者のシャーウッド・ウォッシュバーンはこれを次のように書いている。

〝男性が狩猟し、女性が採集した成果は分け合われ、若い者たちに与えられる。男女とその子孫による習慣的な分け合いがヒトの家族の基礎となる。この見方によれば、ヒトの家族は狩猟の相互主義の産物であり、サルや類人猿の母親と子孫の社会集団に男性が加わったものである〟（注21）。

このウォッシュバーンの記述は伝統的な考え方の核心をとらえている。性別による分業の進化を、肉食と草食の両方で家庭が成立したと考えることによって説明するものだ。ここにある暗黙の了解は、食物は生だったということだ。しかし、食物が生だったとすれば、性別による分業はうまくいかない。いまの時代なら、一日じゅう狩りをして集落に戻ってきた男性は、夕食が料理されているので容易に空腹を満たすことができる。けれども、集落で用意されている食物がすべて生だったとしたら、彼は大きな問題を抱えることになる。

なぜなら、生のものを食べるのには時間がかかりすぎるのだ。大型類人猿からその時間を推定してみよう。彼らはたんに体が大きいことから――体重三〇キロ（六六ポンド）以上――多くの食物を必要とし、咀嚼の時間も長くかかる。タンザニアのゴンベ国立公園にいるチンパンジーは一日に六時間以上、食物を噛んでいる（注22）。食物のほとんどが熟した果物であることを考えると、六時間は長いと思われるかもしれない。たしかにバナナやグレープフルーツはたやすく呑みこめるので、チンパンジーは近くに住む人間が作った果樹園をよく襲う。しかし、野生の果物は栽培種よりはるかに不便だ。森林の果物の果肉は物理的に固いことが多く、皮や膜や毛をまず取り除かなければ食べられない。果肉が皮や種から完全に離れ、価値ある栄養素を吸収できるほどつぶされるまでに長い時間がかかる。チンパンジーにとって次に重要な食物である葉もやはり固く、小さくして効率よく消化するために長時間噛まなければならない。ほかの大型類人猿（ボノボ、ゴリラ、オランウータン）も同じく、食物を噛むのに長い時間を費やす。霊長類では咀嚼に費やす時間が体の大きさと相関しているので（注23）、ヒトが大型類人猿と同じ食物を生で食べるときに要する咀嚼時間を見積もることができる。それは控えめに言って一日の四二パーセント、一二時間起きているとして五時間あまりだ。

実際には、ヒトが一日に食物を噛んでいる時間は五時間をはるかに下まわる。ブリア＝サヴァランは、ブルニエのある司祭が次のものを四五分で食べるのを見たと言う――スープ一杯、茹でた牛肉ふた皿、マトンレッグ一本、大ぶりの鶏一羽、たっぷりのサラダ、大きなホワイトチーズ四分の一、ワイン一本、カラフェ一杯の水。もし彼が誇張していないとすれば、この司祭が一時間以内に食べたものは、数日分のカロリーを提供してくれただろう。野生のチンパンジーがこれだけの飽食にあずかれるとは考えにくい。

直接観察にもとづくくわしい研究によって、ヒトがほかの種と比較していかにすばやくものを食べるかが検証された(注24)。アメリカでは、九歳から一二歳の子供は食事に一日のわずか一〇パーセント、一二時間にすれば一時間あまりしか使っていない。これは人類学者が記録した世界の一二の自給自足社会——ベネズエラのイエクワナ族から、ケニアのキプシギ族、南太平洋のサモア人まで——の子供の毎日の咀嚼時間に近い。六歳から一五歳までの少女は一日の四パーセントから一三パーセント、平均八パーセントを咀嚼に費やしていた。少年の調査結果もほぼ同じで、一日の四パーセントから一三パーセント、平均七パーセントを使っていた。

子供のデータは、工業化の進んだアメリカと自給自足社会でほとんど変わらない。調査された一二の文化で、成人が咀嚼に使う時間は子供よりさらに短かった。男女ともに一日の平均五パーセントである。自給自足社会での観察は夜明けから日暮れまでだろうという反論があるかもしれない。日が暮れたあと、たくさんのものを食べることも多いから、一日の咀嚼時間の合計は五パーセント——一二時間中わずか三六分——より多いだろうと。しかし、たとえ日没後に一時間というありそうもない長さの夕食をとったとしても、咀嚼時間の合計は夕食の二時間を加えた一四時間の一二パーセントに満たない。どうデータを見ようと、ヒトが咀嚼に費やす時間は大型類人猿の五分の一から一〇分の一なのだ。

この時間短縮は明らかに、料理した食物が柔らかいせいである。植物性の食物に熱を加えると、肉と似たような変性が起きる（注25）。缶詰め食品業界でよく知られているとおり、熱を加えた野菜や果物でしゃきしゃきした新鮮な歯ごたえを保つことはむずかしい。通常、植物の細胞は多糖のペクチンで結びつけられている。加熱でこの化学物質が劣化し、細胞間が離れるため、組織を歯で噛み分けることが容易になる。また、温められた細胞は、細胞壁の膨張とタンパク質の変性で細胞膜が破裂されて堅牢さを失う。結果は予想がつくだろう。

食物に割れ目を作るのに必要な力を測定することによって、柔らかさ（または固さ）と嚥下前に噛む回数とのあいだに密接な関連があることを研究者が確認している（注26）。これは動物にも当てはまる。野生のサルは、食物の質が悪いと一日の咀嚼時間がほとんど二倍になる（注27）。ホテルの残飯を盗むなど、人間の食物を手に入れられる野生の霊長類の咀嚼時間が記録されたことがある。食事のなかで人間の食物の割合が増えるほど、その霊長類の咀嚼時間は短くなり、すべて人間の食物になったときには、もとの一〇パーセント以下にまで下がった。

一日に六時間咀嚼するチンパンジーの母親は、一日に一八〇〇カロリーを消費する（注28）。つまり、咀嚼一時間ごとに約三〇〇カロリーを消化吸収しているということだ（注29）。チンパンジーに比べると、ヒトは食物を噛まずに呑みこむのに近い。多くの成人は一日に二〇〇〇から二五〇〇カロリーを摂取するが、一日にわずか一時間ほどしか噛んでいないことから考えると、カロリー摂取率は時間あたり平均二〇〇〇から二五〇〇以上、すなわちチンパンジーの六倍以上だ。ハンバーガーやキャンディバー、祭日のごちそうといった高カロリーの食物をとれば、当然ながらこの率はさらに高くなる。ヒトは明らかに、ほかの霊長類よりはるかに密度の濃いカロリー消費をおこなってきた。料理のおかげで一日約四時間の咀嚼時間を節約することができるのだ。

料理を始めるまえ、私たちの祖先の自由時間ははるかに少なかった。そのため自給自足生活のなかでできることは、かなりかぎられていた。男性は一日じゅう狩りをしているわけにはいかない。獲物が何もなかったときには、植物で腹を満たさなければならず、それらは噛むだけでそうとうの時間を要する。ほとんど狩りをせず、生食の形態がおそらくアウストラロピテクスと似ているチンパンジーについて考えてみよう。ウガンダのンゴゴにいるチンパンジーは、ほかのチンパンジーと比べて積極的に狩りをするほうだが、それでも平均すると一日に三分以内だ(注30)。狩猟をするヒトにはもっと時間があり、獲物を求めて何時間も歩く。八つの狩猟採集社会を調べた最近の研究によると、男性は毎日一・八時間から八・二時間狩りをする(注31)。ハッザ族の男性は平均値に近く、一日四時間以上を狩りに費やす――ンゴゴのチンパンジーの約八〇倍だ。

チンパンジーによる狩りは、縄張りを見まわるといった日課的行動のなかで偶然獲物に出会うような事例がほとんどだ。いるかどうかわからない獲物探しにわざわざ時間を費やすことを嫌う。チンパンジーが好みの獲物――オナガザル科のアカコロブス――を狩るとき、攻撃されるアカコロブスはめったに木の外に出てこない。近くの木に飛び移ったりすると、チンパンジーに待ち伏せされかねないから、一個所にとどまっているほうが安全だと感じるようだ。相手は動かないので、チンパンジーは獲物の木の下に坐り、ときどき急襲をしかければいい。そうして理論上は何時間でも狩りができるのだが、ンゴゴで観察されたチンパンジーの狩りは最長でも一時間あまりで、平均して一回わずか一八分だった（注32）。ゴンベで私がおこなった観察では、チンパンジーが植物を食べ終わって次に食べはじめるまでの時間は平均二〇分で、狩りの時間とほぼ一致していた（注33）。平均的な狩りと平均的な植物摂取の間隔がほぼ同じなので、果物や葉を食べていないこの二〇分を狩りにまわすこともできるわけだが、もし狩りが長引いてしまうと、貴重な植物摂取の時間を失うことになりかねない。

食物を生で食べる類人猿のスケジュールは、消化のリズムによっても制限される。食事のあいだに休憩を入れなければならないのだ。ヒトに関するデータから判断すると、食事の量が多くなればなるほど、胃が空《から》になるのには時間がかかる。満腹になったチンパンジーの胃は空になってまた確実に摂取をうながすまで一、二時間かかる。よって咀嚼に四、五時間かかるなら、食物摂取全体には八、九時間かかるということだ。食べ、休み、食べ、休み、また食べる。まだ料理をしていなかった私たちの祖先もおそらく同じようなリズムだったはずだ。

生のものを手を加えずに食べる大型類人猿やハビリスにとって、こうした時間的制約は避けられない。料理が始まるまえ、男性は狩りに頼っては食べていけなかった。チンパンジーのように偶然出会った獲物を狩ることはできたが、狩りに長い時間を費やすのは、捕らえ損ねたときに挽回できない危険が大きすぎた。主食の植物性食物から日々必要なカロリーを得るのに、あまりにも長い時間がかかるからだ。

ウォッシュバーンら人類学者は、ヒトの性別による分業は狩猟にもとづくと主張した。男性が肉や蜂蜜などの獲物を見つけられなかったときには、女性が食物を与えたと。しかし、これで必要なカロリーが摂取できないのは明らかだ。日中何も食べずに帰ってきた男性が、夜のあいだに生の植物を食べて必須のエネルギーを得る時間はないからだ。同じ時間的制約は、料理以前の私たちの祖先が主食を狩猟で得ていたか、採集で得ていたかという問題にも当てはまる。食物が生であるかぎり、かたや狩猟、かたや採集という分業は充分なカロリーを供給できないのだ。かりに生食の狩猟者に食物を提供するパートナーがいて、充分な量の生の食物（自分の分だけでなく狩猟者の分も）を集めて集落に持ち帰り、狩猟者はそれをありがたく食べるとしよう。さらに彼が一日、何も獲物を捕まえられなかったと仮定する（注34）。精巧な武器を持っている現代の狩猟採集民でさえ、狩りに失敗することはよくある。ハッザ族でも、狩猟者たちが一週間以上、大物の肉を持って帰れないことが年に数回はある。腹を空かした狩猟者はざっと二〇〇〇カロリーを摂取しなければならないが、暗くなってから食事をするわけにはいかない。捕食者だらけの夜間に、パートナーが採集しておいてくれた木の実や葉や根を手探りで食べるのはあまりにも危険だ。地上にいるとすれば、食物を探っているあいだ、捕食者や大型の有蹄類に身をさらすことになるし、木の上にいるとすれば、手軽にまとまっていない生の食物を樹上に運ぶのはむずかしい。

したがって、狩猟者が空腹を満たすには、日暮れまえ——赤道付近なら午後六時から七時のあいだ——に食物のほとんどを食べてしまわなければならない。狩りの途中で何も食べなかったとすれば、正午前には集落に戻って、パートナーが集めてきた食物を食べなければならないだろう(彼女がそんなに早い時間に食物採集を終えていたと仮定してだが)。日中の残りの時間を、食べ、休み、食べ、休み、また食べることに費やさなければならない。要するに、生のものを食べるかぎり避けられない何時間もの食事のために、狩猟の時間がいちじるしく短くなる。そのような状態では、性別による分業そのものが可能かどうか疑わしい。

火の使用がこの問題を解決してくれた。火を使うことによって、狩猟者は食事にかける時間を減らし、以前の時間的制約から解放された。火はまた、暗くなってからの食事も可能にした。初めて料理をした私たちの祖先は、それで日中の数時間を稼ぐことができただろう。狩猟は、偶然を当てにした活動から、より多くの成功をめざす積極的な追跡に変わったかもしれない。現代の男性は日暮れまで狩りをしても、集落に戻ってたっぷり食事をとることができる。料理が始まってから、狩猟は今日のように男女間の経済的なやりとりを前提とする世帯の発達を助けることになったのだ。

第7章 料理と結婚

女性による家事労働はまちがいなく、男性がより多くの富を生み出すことを可能とした。その意味で、女性は社会の経済要因である。ただ、それを言うなら馬も経済要因であり……馬も女性も経済的に独立していない。

シャーロット・パーキンス・ギルマン
『女性と経済——社会の進化要因たる男性と女性の経済的関係についての研究』

女性が料理した夕食は彼女と子供の要求を満たすだけでなく、夫をも助ける。夫は家に帰れば当然食物があるものと期待して、日中好きな活動に専念することができる。たしかにこのアレンジは男女両方にとって快適だが、とりわけ男性にとって好都合だ。なぜ女性は男性のために料理をしなければならないのだろう。料理の特質に注目することによって、結婚生活とヒトの共同体について新たな理解が生まれる。伝統的な求愛競争や、互いの労働の成果を享受することを越えた理由から、男女が結びついているのがわかる。そこから導かれる居心地の悪い結論は、ひとつの文化的規範として、家父長制度があるゆえに女性は男性のために料理をする、ということだ。男性は共同の力を用いて女性に家事の役割を割りふっている——たとえ女性がそれを望まない場合にも。

女性が夫のために料理をする傾向があるのは明らかだ。一九七三年、人類学者のジョージ・マードックとカタリーナ・プロヴォストが、一八五の文化における五〇の生産活動の性差のパターンをまとめた。ときに男性が肉を料理したがることはあるものの、料理全般は、どの文化においてもほとんど女性に偏った活動だった(注1)。植物性の食物を採集すること、水を汲みにいくことより、さらに幾分女性に偏っている。九七・八パーセントの社会で、女性が単独、または圧倒的に料理を受け持っていた。記録上、男女がほぼ同等に料理をするか、男性が大部分の料理をする社会はわずか四つで、そのうちインド南部のトダ族に関する記録は誤りだった(注2)。トダ族でも女性がほとんどの料理をするのだが、マードックとプロヴォストは一九〇六年のまちがった報告の訂正を見つけ損なったのだ。

明らかな例外にすら共通のルールがある。残る三つの特殊な社会は、ふたつのタイプの料理をはっきりと区別していたのだ——女性がする家族のための料理と、男性がする共同体のための料理である。この三つの社会は、サモア諸島、マルケサス諸島、トラック諸島とすべて南太平洋にある。それぞれ文化的背景は異なり、互いに何百マイルも離れているが、主食がパンノキの実という一点で共通している。パンノキはバスケットボール大の果実を作り、高品質の澱粉を大量に生み出すともに、食べるまでに共同作業を必要とする。

この果実の料理にはたいへんな労働と時間がかかるので、男性たちが数日を選び、公共の建物でいっせいに取りかかる（注3）。大きな火を焚き、果実の皮をむき、切り分けて蒸す。ミクロネシアのトラック諸島（今日よくチューク諸島と呼ばれる）では、汗まみれの男性たちが珊瑚の杵で果肉を叩きつぶす音が百ヤード先にまで響きわたっていた。その日の遅く、彼らは冷めたどろどろの果肉を葉に包み終え、余った分を料理に加わらなかった男性たちに分けてやる。一日の終わりには全員が葉の包みを持っていて、女人禁制の建物のなかでそれを食べることもあった。

彼らは女性に食べさせてもらう必要がなかった。女性の助けをいっさい借りず、親族の男性だけで女人禁制の建物にこもって、一度に何週間もすごすことがあった。しかし、自宅に帰ったときには、料理したパンノキの果肉を妻に渡した。妻がそれに豚か魚のソースと野菜を加えて夕食を作る。パンノキがないときには、タロイモの根など、ほかの澱粉質の食物を料理する。男性は気が向いたときに主食を料理するが、女性は責任をもってほかのあらゆる料理と家族の食事の世話をしていた（注4）。

女性の自由度が高く、料理に関する男女比が逆転している社会がいくつか存在しているのに、マードックとプロヴォストの調査では見落とされていた可能性はあるだろうか。文化人類学者のマリア・レポウスキは、南太平洋のヴァナティナイ島の住人を特別に研究した。外から見て彼らの社会が女性の夢の共同体のようだったからだ。実際に、多くの点で女性の生活は恵まれていた。男性優位のイデオロギーが存在しないのだ。男性も女性も宴会のホストになり、カヌーによる探検をリードし、豚を育て、狩りや釣りをし、戦闘に参加し、土地を所有、相続し、開墾の決定をし、貝殻のネックレスを作り、斧の緑色岩の刃などの貴重品を取引することができる。どちらも等しく重要人物になって尊敬されうる。家庭内の暴力はまれで、厳しく非難される。〝男女の役割のいちじるしい重複〟が見られ（注5）、自分の時間のすごし方を自分で決められる度合いがきわめて高い。女性にも〝生産方法に関して男性と同等の自主性と統治権〟が与えられていた（注6）。

しかし、家父長制を免れているように見えながらも、ヴァナティナイ島の女性たちは家庭内の料理をすべてまかされていた。料理は下等な仕事と見なされていた。やはり女性にまかされている皿洗い、水と薪の運搬、掃除、豚の糞の片づけといった雑用もすべて地位の低いもの、すなわち男性がやりたがらない仕事と考えられていた。ある日、女性の集団がヤムイモの重い籠を頭にのせて三マイルの道のりを歩いて戻ったあとで、レポウスキにこう不平をもらした――「畑で一日働いたあと家に帰ると、まだたくさん仕事が残ってるの。水を汲んできて、薪を探し、料理と掃除をして、子供の面倒を見なければならない。そのあいだ男が何をしてるかと言うと、ベランダに坐ってビンロウの種を噛んでるだけよ！」しかし、手伝ってほしいと言うと、〝通常、男性は、それは女の仕事だとはねつける〟とレポウスキは書いている（注7）。手伝わなくてすむことなら、どうしてわざわざ手伝わなければならない、というわけだ。

この世界全般に見られる傾向は、英語にも反映されている。〝淑女《レディ》〟ということばは古英語の〝パンをこねるもの《フレフディゲ》〟から来ているし、〝主人《ロード》〟の語源は〝パンを持つもの《フレフウエアルド》〟である（注8）。もちろん、男性に料理ができないわけではまったくない。産業社会においては、男性はプロの料理人になりうる。都会の結婚生活では、夫婦が交替で料理すること、夫がほとんどの料理をこしらえることも多い。狩猟採集社会で男性が長期間の狩りに出かけたときには自炊するし、独身者のグループでも料理をする。男性は祭日や儀式になると、パンノキの例にあったように公の場で協力し合って料理をする。しかし、女性がいないときや儀式の際に料理をする男性も、わが家ではやはり女性に料理をしてもらう。家庭料理は女性の仕事というルールは、驚くほど浸透しているのだ。

これに対する古典的な説明は、それが男女双方にとって便利だからというものだった（注9）。幸せな結婚生活を送る多くのカップルが証明しているように、男性も女性も互いに努力の成果を分かち合うことによって利益を得る。しかしこの説明は皮相的だ。なぜヒトという種がそもそも家庭を持つのか、なぜ夫が妻の労働を搾取するような暗い力学が生じうるのか、といった基本的な問いに答えられないからだ。ヴァナティィナイ島の男性が料理を手伝うことは容易だった。女性にそう要望されることもあったが、彼らはあえて手伝わなかった。シャーロット・パーキンス・ギルマンは、人類は〝性的な関係が経済的な関係でもある〟唯一の種だと書き（注10）、女性の役割を馬のそれと比較した。モリーとユージーン・クリスチャンは、料理が〝女性を奴隷にした〟と不満を述べている（注11）。理論上は、ほかのあらゆる動物と同じように、狩猟採集民もおのおの自分が食べるものを採集し、一日の終わりに自分の食事を作ってもいい。ならば、家庭料理は女性の定められた運命と男性がくり返し主張するような、性別による分業はどこから生まれたのだろう。

ヒト以外の霊長類のほとんどは、食物を得るとたいていその場で食べてしまう。が、狩猟採集民はそれに手を加え、料理するために持ち帰る。そして集落では労働が提供され、交換される。つまり、料理は個人の食糧採集を社会経済に変えているのかもしれない。考古学者のカトリーヌ・ペルレはそう考えた。〝料理という行為は最初からひとつの事業だった。料理は個人的な自給自足に終止符を打った〟（注12）。料理に頼ることで食物は所有され、与えられ、盗まれるものになった。料理が始まるまえ、私たちはチンパンジーのようにおのおの独立して食べていた。料理が始まったあとは、火のまわりに集い、労働を共有するようになった。

料理は必然的に社会活動であるというペルレの考えは、オランダの社会学者で火の専門家であるヨハン・ハウツブロムに支持されている。ハウツブロムによると、料理は〝つねに誰かが火の面倒を見なければならないことからも〟社会的協調を必要とする(注13)。食物史家のフェリペ・フェルナンデス=アルメストは、料理は食事の時間を作り出し、それによって人々を共同体にまとめたと指摘した(注14)。料理史家のマイケル・サイモンズによると、料理はつねに食物の分配をともなうことから、共有による協調を促進した。料理は〝取引の出発点である〟とサイモンズは書いている(注15)。

こうした見方は、世界のあらゆる場所で料理が社会的に重要であることにうまく当てはまる。共同体で食べることと、ひとりで食べることのちがいは、狩猟採集民にとりわけ顕著に現れる。彼らにとって料理は生食とちがい、きわめて社会的な行為だ。集落から離れたときにとる軽食は、熟れた果物や地虫など生の食物が多く、ふつう個別に採集して、他人と分け合うことなく食べる。しかし、料理はたいてい集落でおこなわれ、家族が——宴会の際にはほかの家族も加わり——食べ物を分け合う。さらに食事の準備の多くで人々が協力し合う。共通のパターンとして、女性が薪と野菜を集め、野菜の下ごしらえをして料理をする。男性が肉を持ち帰って、みずからまたは女性が料理する。また、家族は火のまわりに向かい合って坐り、ほぼ同時に食べることが多い（最初に男性が食べることもあるが）。

一方で、火の面倒を見る、食事をする、食物を分け合うことには協力が必要であるという考えは明らかに誤りだ。一七〇九年、ロビンソン・クルーソーの生活を現実に送ったアレクサンダー・セルカークは、太平洋のまんなかのファン・フェルナンデス諸島で四年以上、ひとりで料理をしながら暮らして救出されたとき、きわめて健康だった。戦争をひとりで生き延びた兵士の多くも、一九七二年に発見されるまでグアムに三〇年以上ひそんでいた横井庄一の例のように、その土地から食物を採集してみずから料理していた。オーストラリア北部のティウィ族のように、狩猟採集民の女性が夫の助けをなんら借りずに食物と燃料を集め、火の世話をして、料理をすることもある。狩猟採集民からアメリカ社会まで、あらゆる社会の男性は何日も続けて狩りに出て、その間、自分で料理することができる。こうした単独の自給自足の例を見れば、料理というものの仕組みそのものが人々の協力を必要とするという考えがまちがっているのは明らかだ(注16)。

ではなぜ〝料理という事業〟は、社会的である必要もないのにしばしば社会的なのか。料理した食物に頼る以上、協力の機会が生まれるのはたしかだ。しかし、それと同じくらい重要なのは、料理をする者が利用されるということだ。料理には時間がかかる。したがって、ひとりで料理をする者は、たとえば食物がなく腹を空かした男性が盗むつもりで襲ってきた場合、自分の持ち物を守るのがむずかしい。ペアを作れば問題は解決する。夫がいれば、妻が集めた食物を他人に盗られることがない。逆に妻がいれば、夫は夕食をとることができる。この考えにしたがえば、料理は簡単な結婚制度を生み出したということになる。または、狩りや求愛競争がきっかけで生まれていたそれまでの結婚生活を強化した。いずれにせよ、結果として夫は共同体のほかの男性とのつながりを用いて、妻が食物を盗まれるのを防ぎ、妻はお返しに夫の食事を用意した。男性による食糧提供、労働の効率化、子育てのための社会的ネットワークの形成など、家庭を持つ利点の多くは、女性が男性の保護を必要としたという、より基本的な問題を解決したことから生じた副次的な結果だった。男性は社会的な力を利用して、女性が食物を奪われないことを保証し、かつ料理という仕事を女性に割りふることによって、みずからの食事を確保したのだ。

この理論は、料理が必然的に長時間の作業であり、人目につきやすいことを出発点としている。森のなかで、煙やそのにおいは料理をしている者の居場所を遠くにまで知らせ（注17）、食物がなく腹を空かした者を容易に呼び寄せてしまう。ホモ・エレクトスがどう反応したかは想像にかたくない。女性は体が小さく力も弱いから、食物を欲しがる獰猛な男性の手出しになすすべもない。そこで特定の男性ひとりと友情を結んで、ほかの男性の甘言、たかり、いじめから守ってもらう。彼との結びつきによって食物がほかの男性から守られるだけでなく、彼自身も肉を持ち帰ってくれる。こうした結びつきは、男女双方がうまく食べていくためにきわめて重要だったため、私たちの祖先の心理にある種の進化をもたらし、それが男女関係を形作り、今日の私たちにも影響を与えている。

このように料理が社会関係に影響を与えたという考えの補強材料として、狩猟採集民が食事の際に競争を極度に嫌うことが挙げられる。ローナ・マーシャルが記述したニャエニャエ保護区のクン・サン族のふるまいが、狩猟採集民の食事どきの態度の典型例だ。〝料理や食事をしている家族の火を訪ねた者は、厚かましいと思われないように少し離れて坐り、加わりなさいと勧められるまで待たなければならない……彼らが食物に関して無作法にふるまったり、ずるいことをしたり、無理に割りこんだりすることはいっさいなかった……食物やほかの贈り物を受け取るときの丁寧なやり方は、両手をまえに出してそれをのせてもらうことだ。片手を伸ばすのは、クン・サン族にとって奪うことを意味する。みな痩せて、絶えず食物不足と空腹に悩まされている彼らがとても礼儀正しくふるまうのを見るのは感動的だった〟(注18)。

こうした自発的なエチケットは、現存の狩猟採集社会に広く行き渡っている。社会的行動をとるほかの種には見られないものだ。ヒト以外の動物にとって、食べることのできない貴重品はただちに争いを引き起こす(注19)。チンパンジーが食べる果物は、たいていスモモくらいの大きさかそれより小さく、わざわざ奪い合うほどのものではないが、熟れたパンノキの実は一個八キロ(一八ポンド)にもなり、ひとつの集団が食べるのに二時間かかる。一頭がそれを見つけると、食べ終わるまえにほかのチンパンジーが目にして、自分にもよこせと集まってくる。子供はここぞとばかりに母親にせがんで分け前をもらい、成体のオスやメスは争ってまるごと一個か大きな塊を手に入れようとする。チンパンジーではオスが勝つ。ボノボではメスが勝つ。どちらの場合でも、群れのなかで優位な性が勝者となる。クモのさまざまな種においては、メスの巣に同居するオスがやはりメスから食物を奪い、その結果、オスが近くにいるメスは体重が少なくなる。サバンナに棲むライオンにおいても、メスは獲物の多くをオスに奪われてしまう。

動物による食物の奪い合いにはめったに節度が見られない。チンパンジーは、独占できる食物があればなんでも奪おうとするが、肉に対する競争はことに熾烈で、一キロ（半マイル）先からでも聞こえる騒乱になる。群れのなかで下位のチンパンジーが獲物をうまく捕まえると、数秒のうちに支配的なオスがその獲物をまるごと引ったくることがよくある。大きな群れでは、分け前を求めて鳴きわめくオスたちが獲物をばらばらに引き裂く。肉食は何時間も続くことがある。分け前にあずかれないか、ほんの少ししか食べられなかったチンパンジーは、両方の手のひらを上にして相手の口に持っていき、肉をよこせと激しく要求する。要求すればするほど、たいていたんに引きちぎったり、奪ったりすることによって得られる肉が増える(注20)。肉を持っているチンパンジーは背を向けたり、相手が到達できない枝に登ったりして攻撃をかわそうとする。うるさくつきまとう相手に飛びかかったり、肉を振りまわして殴ろうとすることもある。こういう作戦は時間稼ぎにはなるが、ほとんど効果はない。とにかくしつこく要求しつづければ、肉を持っている者は結局食べるのにまわす時間が減るだけなので、あきらめて相手にいくらか渡すことになる。しつこい相手にすんなり肉を差し出すこともあり、そうなると、もらったほうは肉を手にしてたちまちその場を去る。このように、肉を持っていることは、肉そのものの価値から予想されるほどありがたいことではない。肉は食べるのに時間がかかるために、トラブルのもとになる。

群れの最下位のチンパンジーはほとんど肉が得られない。獲物の奪い合いのなかでメスが最終的に大きな塊を得ることはめったにない。全般的にメスが食べる肉の量はオスよりはるかに少ない。成功率が低いのは、明らかに闘う能力の不足による。肉をかならず手にするオスと緊密な社会関係を結んだメスがいくらか肉を得ることはあるが、総じてふだんの生活で肉の栄養を必要としているのは、メスや子供というよりオスのチンパンジーだ。性的魅力のあるメスでさえ肉を食べられるとはかぎらない（注21）。

最初に料理をしたヒトの気質がチンパンジーに似ていたとすれば、食事を作る女性や地位の低い男性の生活上の困難は想像を絶していただろう。料理した食物の価値はきわめて高かったはずだ。生の食物を集めてきて積み上げるだけでも価値は生じる。それを料理すれば魅力は増す一方だ。自分のために料理する下位の者たちは、盗難やもっとひどい目に遭っただろう。空腹な上位者が何人かいれば、弱者や守られていない者たちは大半の食物を奪われただろう。チンパンジーでそうだったように、女性が闘いに敗れる。ボノボのメスはオスの干渉から身を守るために同盟を作って実際に闘うが、ヒトまたはその祖先の女性に同じ傾向があったことを示すものはない（注

22）。

力の強い男性の小集団が、食事を得るために煮炊きの火を探すことを思いついたとしよう。彼らは料理をしている者に襲いかかって、好きなだけ食物を奪うことができた——おそらく料理が終わるころを見計らって。この作戦がくり返しうまくいけば、彼らは食物を盗むプロの集団になったかもしれない。みずから食物を探して料理するような煩わしいことはせず、ひたすら盗み取ることに力を注ぐ。オスのライオンはこれに近く、メスが殺した獲物から定期的に好きなだけ肉を奪っていく。このシナリオが当てはまるなら、料理をする者が平和に作業できる環境を整えないかぎり、料理そのものが食物の準備手段として成り立たなくなる。

現代人ですら、さまざまな状況でためらわずにものを盗む。私たちの種はそもそも平和的ではない。校庭で弁当箱を開けた子供が不安になるのは、夜中にポケットに現金を入れて歩く人が不安になるのと同じだ。別の社会的ネットワークのメンバーから何かを奪える立場になった人は、さほどうしろめたさを感じずにそうする。狩猟採集民の集落の近くに住む農民は、よく栽培したものを盗まれると苦情を言う（注23）。ウガンダ北部の高地に住む不幸なイク族にとって、盗み、だまし、いじめは日常茶飯事だ。文化人類学者のコリン・ターンブルが著書『ブリンジ・ヌガグ』（筑摩書房）で彼らのことを書いているが、これは著作家のロバート・オードリーによれば、道徳なき社会の記録である。イク族は伝統的な狩り場を失った民族だった。その結果、飢餓、病気、相互搾取がはびこった。共同体の精神はほぼ完全に失われた、とターンブルは書いている。〝彼らは何より個人の利益を優先させ、仲間に知られずできるだけ多くのものを奪い取ろうとしていたも同然だった〟(注24)。ターンブルの記録は、社会的ネットワークが崩壊して生活が苦しくなったときに、人がいかに野蛮になれるかを如実に示している。

ときに民族誌学者も、安定した狩猟採集共同体のなかの盗みについて報告している。ターンブルは、ムブティ・ピグミーの独身者ペペイの生活を記録した(注25)。ペペイは女性の親類がいなかったのでひとりで料理をしなければならず、しょっちゅう腹を空かしていた。料理をしている他人の鍋や小屋――たいていは守ってくれる夫のいない年配女性のそれ――からわずかばかりの食物を盗んでは捕まえられた。盗みの罰は公の場で嘲笑を浴びせられることだった。動物しか食べないものを与えられたり、棘のついた枝で叩かれたりして、最後には泣いて赦された。

狩猟採集民は空腹になることが多いので、毎日のように食物が盗まれているだろうと想像されるかもしれない。ほかの小規模な平等社会と同じく、彼らの社会にも警察に類する権威組織がない。狩猟採集民の女性が、集めた生の食物を持って真っ昼間に集落に帰ってきて、自分の火で夕食の料理に取りかかる。男性は単独または小集団でいつ帰ってきてもおかしくない。女性が料理する食物の多くは生でも食べられるので、料理のまえ、途中、あとで食べてもいい。森から腹を空かして帰ってきた男性に料理をしてくれる相手がいなかった場合には、みずから料理するより、女性に食物を分けてもらうか、たんに奪いたいと思うだろう。集落にはどんなときに戻ってきてもいい――たとえば夜、人目を忍んで。

しかし、こういう作戦がとられることはまれだ。ローナ・マーシャルが記録したクン・サン族のくつろいだ雰囲気は、食事の平和を保つために狩猟採集民やほかの小さな社会が採用しているあるシステムによるものだ。これはいくつかの強力な文化的規範からなる。結婚した女性は夫のために食事を用意しなければならない。しかも、家族のほかの構成員に手伝ってもらうことはあるにせよ、それを自分で料理しなければならない。社会人類学者のジェイン・コリアとミシェル・ロサルドが世界じゅうの小規模社会を調査して、〝そのすべてで女性が家族のために日々の食物を用意しなければならない〟ことを発見した（注26）。だからこそ既婚男性はいつも夕食を期待することができ、その結果、妻でない女性から食物を奪う理由がまずなくなる。

妻が夫のために料理をする義務は、ふたりがほかにどんな仕事をしているか、互いにどれだけの食物を与え合うかにかかわらず発生する。男性が女性よりはるかに多くの食物を生み出す社会もある。北極の伝統的なイヌイットがそうだった（注27）。海生哺乳類、カリブー、魚など動物性の食物のほぼすべてを男性が持ち帰っていた。夫は一日じゅう狩りをして帰宅後、妻が料理した夕食を食べる。料理はアザラシの油のランプで作るので時間がかかり、妻は午後の多くを費やさなければならないほどだった。家族全員で狩りに出ることもあるが、妻は早めに引き返して、夫らが集落に戻るまでに食事の支度をすべてしておかなければならない。夫の帰りがいつになるかわからない場合でも、帰宅時に食べるものがなければ罰される怖れがある。だが少なくとも妻の料理の義務は、夫がすべての食物を持ち帰ることに見合ったものだった。

他方、女性がほとんどすべての食物を持ち帰る社会もあった。オーストラリア北部のティウィ島に住む狩猟採集民がそうだ。一夫多妻制で、ひとりの男性に妻が二〇人までいる家庭を営んでいた。女性たちは長い時間をかけて食物を採集し、それでも夕方家に帰ってからその日一度の食事を作った。狩るべき動物はほとんどおらず、男性はときおりオオトカゲのような小型の動物を持ち帰るだけで、その量があまりにも少ないために、女性たちの食物がなければ生活できないほどだった。ティウィのある夫が言うには、〝妻がひとりかふたりしかいなかったら飢え死にしてしまう〟(注28)。男性はみずからの食糧だけでなく、他人に分け与える食物についても妻に頼っていた。余分に食物を持っていることはティウィの男性のもっとも具体的な成功の印であり、それによって宴会を催し、政治力を強めることができた。食物採集に女性が大いに貢献していることでも結婚の力関係は揺るがなかった。女性は経済的に独立し、夫の地位確保で重要な役割を果たしているにもかかわらず、〝ほかの野蛮な社会の妻たちと同様に、夫に何度となく乱暴に殴られていた〟。

記録に残るイヌイット、ティウィ、その他の小規模な社会においては、女性と男性の労働分配の公平さは問題になっていなかった。妻は望もうと望むまいと夫のために料理をしていた。その結果、結婚した男性は、その日の狩りに疲れて腹を空かし夜遅く帰ってこようと、隣人と政治を論じて早めにのんびりと帰ってこようと、充分な食事を保証されていた。出されたものを礼儀正しく食べ、妻と友情または愛情に満ちたやりとりをするかもしれないが、食事における夫婦の公式な関係は、夫が妻の労働を期待し、妻の用意した食物の多く――しかも典型的には、いちばんいい部分――を取るということだった(注29)。

集落の平和をさらに安定させる原則がある。夫の祝福がないかぎり、妻は親類を除くほかの男性に食物を与えることができないのだ。これは火のまわりで料理した食物にも、彼女が集めてきた生の食物にも当てはまる。親類と夫以外、分け前を要求する権利は誰にもないので、妻は苦労して集めた食物を残らず料理できることを知ったうえで、安心して集落に戻ることができる。西欧社会では所有権が当たりまえのように受け入れられている。しかし狩猟採集民にあっては、個人所有が認められること自体、特筆に値する。とくに男性が持ち帰った食物を分け合う義務があること、さらに一般化すれば、共同体全体に行き渡った協力精神と相容れないからである。

したがって、狩猟採集社会で男性がいかに苦労して食物を見つけようと、その食物に彼の権利が発生するかどうかは共同体の決定事項となる。たとえ労働の成果が何も得られなくとも、彼はルールにしたがう。みずから得た肉をほかの男性たちにすべて渡さなければならないこともある。アメリカ先住民に共通するしきたりとして、生まれて初めて獲物を仕留めた少年は、それを集落に持ち帰り、ほかの者たちが料理して食べるのを傍らで見ていなければならなかった(注30)。このしきたりは、男性が集団の要求に服することを象徴していた。みずから肉を切り分けて他人に与えることも多かった。与える相手は個人で判断していい場合もあるが、かならずしもそれが許されるとはかぎらなかった。オーストラリア西部の砂漠では、集落に運ばれた獲物の大型動物は、厳格な手順にしたがって解体されなければならなかった(注31)。カンガルーを仕留めた当人は、首、頭、背骨を得る。彼の義理の両親はうしろ肢一本を受け取り、老人たちは尻尾と内臓を食べた。女性が食物を所有できるのとはまったく対照的だ。女性は小集団で採集をして、ときには食物がよくとれる木や掘る場所を教え合うが、見つけた食糧は自分のものだ。性別によるこの差は、男女の得たものの分け方を司る文化的規範が、とりわけ食物に関する競争を社会内で規制する必要性から生じていることを物語っている。たんにふつうの道徳的態度から生まれたものではないのだ(注32)。

女性の所有権は男女両方の懇願者から彼女を守ってくれる。オーストラリア西部の砂漠で、空腹なアボリジニの女性は料理をする者の火のそばに坐ってなんら咎められることはないが、みずから親類であることを示さないかぎり、食物はいっさい得られない(注33)。男性にとって状況はさらに厳しい。食物を求めて他人の妻に近づいた独身者または婚姻者は伝統を踏みにじったに等しく、すぐさま悪評が立つ。彼に食物を与えた女性についても同じだ。この規律はきわめて厳格で、食事の席に妻がいる場合には、その夫に近づくことさえ許されない。ムブティ・ピグミーの場合、炉のまわりで食事をしている家族の邪魔はしてはならない。これに対し、ひとりで食べている男性には友人たちが集まりがちで、そこでは食物を分け合うことが期待される（注34）。

この仕組みのもとで、男性に食物を与える未婚女性は、婚姻の申しこみとはいかないまでも効果的に求愛ができる（注35）。男性の人類学者は厄介ごとに巻きこまれないためにもこれを知っておかなければならない。このような社会では、ともに食物を与え合うことが唯一の婚礼儀式ということが多く、いっしょに食事をしているところを目撃された未婚の男女はその後結婚していると見なされる。ニューギニアの狩猟採集民ボネリフ族は、一年をつうじて主食をサゴヤシから得ている（注36）。女性がサゴヤシの食事を作って男性に供すると、ふたりは結婚していると見なされる。この食事は公におこなわれるので、まわりの者は食物と性にまつわるジョークを言って――たとえば「サゴヤシをたくさん食べれば幸せな男になれるぞ」――新しいカップルをからかう。食物と性の結びつきは非常に強く、食事で使うサゴヤシのフォークがペニスを象徴している。男性が髪からそれを抜き取って女性に見せると、セックスをしようと誘っていることになる。この社会においては、女性が男性の食事道具を見ることすら、限定的な食物共有の禁忌に反していると見なされる。

食物のやりとりは公におこなわれるので、しきたりの維持に夫自身の立ち会いは必要とされない。夫の役割は本人がいることというより、信頼できる仲介者となって共同体の支援を取りつけることだ。別の男性が不適切に食物を要求してきたと妻が夫に報告した場合、非難された者はその夫と共同体に申し開きをしなければならない。

これがこうした社会の女性にとって結婚が大切な理由のひとつかもしれない。ボネリフ族においては、ほかの多くの狩猟採集民と同様、性交は夫婦間にかぎられていない。妻たちは同時に複数の男性と性的関係を持つことができ、夫の反対を押しきってもそうすることさえある。さらに、夫から得られる食物もわずかだ。しかし人類学者ゴットフリード・オスターヴァルによると、結婚は彼女の子供が共同体に受け入れられることを意味する。加えて、共同体の唯一究極の権威である、女人禁制の家での男性の合議決定事項に影響を及ぼすことができる。この決定事項は〝あらゆることに対する全員の意見が具体化されたもの〟であり、共同体全体に正しい意見として受け入れられる。夫を持つということは、共同体内で紛争が生じたときに社会的影響力の究極の源に代表者を送りこめるということなのだ。

共同体の権威との結びつきは不可欠である。弱者がいじめやしつこい迷惑から逃れられるかどうかは、共同体の正式なメンバーかどうかにかかってくるからだ。人類学者のクリストファー・

ベームによると、狩猟採集民は、社会的規範にしたがわない嘘つきや泥棒といった人々に一貫した態度で対処する――共同体として制裁を加えるのだ（注37）。囁き、噂、ゴシップがやがてその者への表立った非難や嘲笑へと発展する。対象者が引きつづきみなの怒りを買った場合には、厳しく罰せられ、殺されることすらある。殺害はひとりないし数人の男によってなされるが、年長者全員が事後承認する（注38）。死罪は狩猟採集民を最終的かつ完全に社会的規範にしたがわせる制裁であり、男性が執りおこなう。このように、結婚すること（または未婚の場合には娘であること）によって女性は社会的に守られ、食物を奪われることがない。集団の正式なメンバーである夫か父親を持つことで、効果的に守られるのだ。

理論上は、女性が夫だけに食物を与える文化的規範が、女性の食物を守ること以外の社会的目的から生じた可能性もある。あまねく紛争を避けようとする態度から生じたのかもしれないし、とくに不倫を減らそうという意図があったのかもしれない。しかし、これらの代替的な説明には説得力がない。男性が妻を必要としたのは、たんに共同体内の一般的な礼儀を促進するというより、自分のために料理をしてもらわなければならなかったからだ。これまでに紹介した比較文化研究によって、女性が家族のために料理するのは普遍的なパターンであることがわかっている。さまざまな民族誌の報告によると、家庭奉仕は妻が共同生活でなしうるもっとも重要な貢献であることが多いようだ。

ティウィ族の男性が妻に食べさせてもらうことはすでに説明したが、これは典型的な例であることがわかった。狩猟採集民の男性は料理をしてくれる妻か親類の女性がいないと苦労する。一八四六年、G・ロビンソンがタスマニア人について〝この居住地で女性のパートナーがいないアボリジニはみじめで気の毒な存在だ〟と書いた(注39)。フィリス・カベリーによれば、オーストラリアのアボリジニで妻に見捨てられた夫は、すぐに性的なパートナーを見つけることはできるが、火の番をしてくれる者がいないので苦労する(注40)。この損失は大きい。自給自足社会でとくに親類がいない独身男性はかわいそうだ。トマス・グレガーが、ブラジルの狩猟採集民のメヒナク族について説明しているように、未婚男性は〝パンも、精霊の食物であり族長のもてなしの食事である粥も提供できない……友人たちにとって彼は憐れみの対象でしかない〟(注41)。コリン・ターンブルも、ムブティ・ピグミーの独身男性が幸せでない理由を正確に指摘している。〝女性はたんに富を生み出す者ではない――家計に欠かせないパートナーである。妻がいなければ男性は狩りができない。炉も持てない。彼のために家を建てたり、果物や野菜を集めて料理してくれる者がいない〟(注42)。こうした例は枚挙にいとまがなく、ジェイン・コリアとミシェル・ロサルドによれば、小規模社会のあらゆる男性にとって〝経済的にどうしても妻と炉は必要である〟(注43)。男性は自分のために料理をしてくれる相手を見つけなければならない。それで夕食が保証され、日中好きなことをして、ほかの男性たちを楽しませることができるからだ。性交渉の相手を見つけるのはさほどむずかしくないが、食事を提供してくれる相手となるとそうはいかない。

レストランやスーパーマーケットがない社会では、妻を必要とするあまり、捨て鉢の行動に出る男性もいる。女性が食物カロリーに貢献しないイヌイット社会でも、料理と乾いた温かい服を提供する女性の役割はきわめて重要だった。狩りと料理は同時におこなえない。妻帯のプレッシャーがあまりに強いために、独身男性が近隣の地域に出かけて女性を盗んでくることもあった——極端な場合には、その女性の夫を殺してまで。この問題は広範で、イヌイットの他人同士ではつねに女性を盗まれることを警戒しなければならないほどだった。見知らぬ男は問答無用で殺されることもよくあった。他人の妻を盗む動機は欲望ではない。民族誌学者のデイヴィッド・リッチーズによると〝誘拐のもっともありふれた動機は、家事をこなす妻の死活的な重要性だった〟(注44)。オスターヴァルも、ニューギニアで同じ理由から妻を盗む事例を記録している(注45)。サゴヤシの食事の準備には女性の貢献が欠かせない。男性はできるだけ大きな宴会を開きたがるので、どうしても料理をする女手が必要だった。そこでサゴヤシ料理のために、隣の集団を襲って妻たちを誘拐してきた。捕らえられた女性はただちに仕事を与えられる。性的なサービスはそれに付随するボーナスのようなものだった。

同じ方式の別バージョンが、ティウィ族の結婚の多くにも当てはまる(注46)。一夫多妻制が進んだその文化では年配の男性が若い妻のほとんどを専有してしまうので、初婚男性の九〇パーセント以上は自分よりはるかに歳上の未亡人――ときには六〇歳にもなる――と結婚していた。年配の妻は子育ての年齢をすぎ、肉体的魅力はないかもしれないが、若い男性は食事を作ってもらえるので喜ぶ。その近くのグルートアイランド島のアボリジニでは、成人の独身男性に、家事をする一〇代の少年がひとり与えられた。少年奴隷というその呼称は、妻も同様に隷属的な役割を果たすと見なされていたことを示している(注47)。

狩猟採集民の男性が妻を獲得する方法としてイヌイットとティウィの例は極端だが、たいていの小規模社会で男性にとって結婚が重要であることは論をまたない。コリアとロサルドの説明によれば、既婚男性は料理に関する心配がなくなり、炉端に他人を招けるようになるため、地位が向上する。多くの場合、夫は妻より先に食べ、いちばんいい食物を選ぶことができるので栄養状態もよくなる。マイケル・サイモンズのことばを借りれば、男性は〝女性に無私の寛大さを要求する〟(注48)。さらに小規模社会の既婚男性にとって有利なのは、独身男性や女性より好きな食物を選んで食べることが許されている点だ。こうした社会の女性は結婚を嫌うことが多い。妻になると夫のために料理をする義務が生じ、未婚女性より懸命に働かなければならなくなるからだ。

狩猟採集民の女性にとって結婚はある面で不公平ではあるが、男性のために料理をすることで力を得る面もある。〝女性の経済的な技能は生存のための武器になるだけでなく、公正な処遇と正義を強制的に実現する手段にもなる〟と、オーストラリアのアボリジニ女性についてフィリス・カベリーは書いている（注49）。料理が下手な妻は殴られ、罵られ、追われ、持ち物を壊されるかもしれないが、反面、料理を拒否したり、出ていくと脅したりすることによって不当な乱暴に対抗することもできる（注50）。こうした対立はほとんどの新婚夫妻に見られるようだ。そして彼らの多くが容易に快適な妥協点を見つける。妻は力を尽くして夫のために料理を作り、夫はそんな妻の努力に感謝する。したがって通常、狩猟採集民の女性は手荒く扱われておらず、ほとんどの社会と比較して既婚女性の地位は高く、かなり自立した生活を送っている、と多くの民族誌学者が結論している。

料理が個人の自給自足生活を終わらせたと論じたカトリーヌ・ペルレは正しかった。料理が社会活動である必要はないが、女性は男性に食物を守ってもらわなければならず、共同体にその男性を支援してもらう必要がある。男性のほうは女性に食事を用意してもらい、彼女との関係をほかの男性たちに尊重してもらう。社会的規範を定め、維持し、強制するネットワークが存在しなければ、料理は混乱状態を作り出す。

料理が初めておこなわれてから個人の自給自足生活を終わらせるまでにどのくらいかかったかは知りようがないが、理論上は、男女のペアが互いに保護し合う体制がすぐにできたと考えられる。もちろん初めて料理をした人類は現代の狩猟採集民とは異なり、その生活様式はほとんどわかっていないので、料理が社会組織に与えた影響を正確に推測することはできない。料理を始めたときに私たちの祖先がどのくらいの言語能力を持っていたかもわからない。今日では文化的に受け入れられたルールを強制するのに言語は欠かせないし、女性の食物を確実に守るには、彼女に窃盗行為を報告する能力がなければならない。しかし、少なくとも次のことは言えるだろう——男性が食物を守る、女性が食物を提供する、他者の所有を尊重する、という狩猟採集社会の三つの主要な行動要素はほかの動物にも見られ、現代的な食物保護の仕組みの原初版は、料理を始めたばかりの人類のあいだで急速に進化した可能性がある。

食物を守る男性の役割をテナガザルに見ることができる（注51）。木に棲むこの小型類人猿はおのおの縄張りを持っている。樹上の境界でふたつのペアが遭遇すると、オス同士が激しく闘い、勝ったほうと組んだメスはよりよい食物にありつけることが多い。動物においてオスが食物を守ることは珍しくないが、メスがオスに食物を提供するのはたったひとつの種——ゼウスというオーストラリアの小さな昆虫——だけだ（注52）。ゼウスのオスはメスより小さく、騎手のようにメスの背中に乗って生活する。オスはメスが分泌するロウ状の物質を食べる。この物質にオスを養う以外の目的はないようだ。メスの分泌物を食べられなくなったオスは競争的になり、メスが捕らえたばかりの獲物を横取りする。この奇妙な関係を発見した研究者たちは、おそらくロウ状の分泌物にはメスにとって不要の栄養素が含まれており、メスとしては獲物を奪われるより背中のオスを分泌物で養ったほうがいい、という仮説を立てた。この方式を進化させることによって、明らかにメスは自分の食事を邪魔されなくなった。言い換えれば、行儀よくふるまうことの褒美として、メスはオスに食物を与えている。これは人間に見られる方式に近い。

オスが〝他者の所有を尊重する〟形態はそれより一般的だ。端的な例として、紅海周辺の砂漠に棲むマントヒヒの交尾相手をめぐる争いが挙げられる（注53）。互いに知り合いでないオスのマントヒヒは、メスを獲得するために猛烈に闘うが、知り合いのペアに干渉することは完全に禁じられている。動物学者のハンス・クマーが、同じ集団にいた野生のオスのマントヒヒを二頭捕まえて実験をおこなった。両者のあいだに食物を置き、どちらが強いかを見きわめたうえで別の檻に入れた。そして強いほうが見ているまえで、弱いほうの檻に見知らぬメスを入れた。強いほうは一部始終を見ていたが、別の檻にいるので、弱いほうとメスとのやりとりをやめさせることができない。ほどなく弱いオスはメスに近づき、交尾した。数分後、メスはオスの毛づくろいをして好意に応え、二頭はペアになった。

ここでクマーは、弱いほうと新しいメスがハネムーンを楽しんでいる檻に、強いほうのオスを入れた。一時間前には強いほうの優位は揺るぎなく、弱いほうから好きに食物を奪っていたが、いまやメスのことで張り合おうという意欲をいっさい失っていた。強いオスは弱いオスによるメスの所有を尊重していた。この実験の映像を見ると、強いオスはあらゆるところに目を向けるが、弱いオスだけは見ない。足元の小石に夢中になり、指先でつついたり、転がしたりする。天気が気になってしかたがないかのように、空の雲を見つめる。彼が目を向けないのはただひとつの方向――檻のなかでもっとも目立つ、ペアになったばかりの二頭だけだ。一方、見知らぬオスとのあいだで同じ状況に置かれたときには、強いオスはまったく遠慮しない。クマーの実験によって、オスが互いに尊重し合う要因としてオス同士のつながりがあることがわかった。

動物において、オスが食物を守ること、メスが食物を提供すること、他者の所有を尊重することは、オスがメスへの性的アクセスを競い合うことと関連しているが、これらが家庭の形成に結びつくのはヒトの場合だけだ。ヒトの何かがほかの種とちがっている。女性が食物の供給を保護してもらわなければならないのは霊長類に特有の状況であり、性別による分業をうまく説明する。

食物をめぐる争いがヒトの家庭形成をうながしたという説は、経済が第一、性的関係は第二ととらえる点で伝統的な考え方に反する。人類学者の多くは、結婚を、女性がリソースを得る一方で男性が父系の子孫を得る交換行為と考える。その見方によれば、性はわれわれの配偶システムの基礎であり、経済的配慮はそれに付随するものとなる。しかし、配偶のアレンジを決めるうえで食物の確保こそ最優先事項と考えると、動物の種においては、配偶システムが食事システムに適応したのであって、その逆ではない。メスのチンパンジーは食物を確保する広大な縄張りを守るために、集団内のオス全員の支援を必要とするので、特定のオスとペアを作らない。けれどもメスのゴリラは食物の縄張りを守る必要がないので、自由に特定のオスを選んでペアを組む。こうした多くの例から、配偶システムは、その種の食物供給への社会的適応のしかたによって制限されていることがわかる。食事システムが配偶システムに適応しているのではない。人間の男性の経済的依存は社会によってさまざまな形態をとるが、ジェイン・コリアとミシェル・ロサルドによれば、男性が妻による食物供給を必要とするのは、狩猟採集民全般に共通する状況であることに留意されたい。食物は、性的パートナーを求めること以上に、日常的に男性を結婚に駆り立てる要因であるようだ。

さらに、食物にまつわる関係は性的関係より厳しく規制されているように見える。ボネリフ族の夫は妻が独身者と性交することを認めないが、独身者はかまわず関係を持っていた(注54)。夫は妻がほかの夫と性交することには比較的寛容だったが、これはおそらく無差別のセックスのほうが無差別の食物提供より、妻の経済的奉仕を失う怖れが少なかったからだ。ほかの多くの狩猟採集民と同じく、ボネリフ族も結婚前のセックスに対する態度はきわめて鷹揚だ。ある娘は兄以外の共同体の未婚男性全員とセックスをしていた。しかし女性が男性に食事を作ると、その場でふたりは結婚していると見なされる。男性の心に近づくなら胃を通して、と考えるのは何も西欧社会だけではない。

アメリカで結婚をすると男女に異なる影響が現れる（注55）。結婚後、女性は家事が増えてより長く働く傾向があるが、男性は結婚前と比べて自分の家事を増やさない。ジェイン・コリアとミシェル・ロサルドが調査した小規模社会でも、このパターンはよく似ていた。結婚は〝当事者をさまざまな義務からなる特定の階級制度に入れて拘束し、そこで女性は夫に奉仕しなければならない〟（注56）。

ヴィクトリア朝のイギリスに生きた美術評論家のジョン・ラスキンは、家事は平和的に分配されており、女性は男性よりすぐれていると論じた。女性にはより高度な整頓技術があり、よって家事を取りしきるのに向いていると讃えている。しかし哲学者のジョン・スチュアート・ミルに言わせると、女性が公平に扱われていないのは明らかだった。ラスキンの女性讃美は〝空疎な褒めことばである……なぜなら、すぐれた者が劣った者にしたがわなければならないということが秩序として確立されているだけでなく、自然かつ適切と考えられている状況は、ほかのどこにも存在しないからだ。もし彼のことばに評価すべき点があるとすれば、それは男性が堕落した権力の影響を認めたということだろう〟（注57）。

ヴィクトリア朝のイギリスの男性が己に有利なように権力を用いているというミルの告発は、すべての非工業社会にも当てはまるかもしれない。ヴァナティナイ島の女性は、ほかの社会の女性と同じくらい自分の生活をコントロールしていた。男性より劣っているとは見なされず、公の場では男性の権威に服していなかった。けれども、彼女たちがくたびれ、夫がのんびりしているときでも、料理をしなければならなかった。もしそれを拒んだらどうなったか、研究者のマリア・レポウスキは語っていないが、やはり平等主義的なほかの狩猟採集民においても、夫はたんに夕食が遅れたり、料理がまずかったりしただけでよく妻を殴る。対立が生じたとき、たいていの女性に選択の余地はない――料理をするしかないのだ。男性が己の利益のために最終的に強制する文化的規範が、それを要求する。

料理が男女の結びつきを促進したという考えは世界的な皮肉をはらむ。料理は栄養面で計り知れない利益をもたらしたが、女性にとっては男性の権威に対する弱さを飛躍的に増大させることにもなった。つまり、男性のほうがより大きな利益を得たのだ。料理は女性の自由時間を増やし、子供の養育を助けたが、女性に男性優位の文化が新たに押しつける従属的な役割を担わせもした。料理は男性の文化的優位という新しい制度を作り出し、永続化した。これは決して美しい図式ではない。

第8章 料理と旅

大いなる炎が小さき火花に続く。

ダンテ『神曲』

〝食べているものを話してくれれば、あなたがどういう人間かを話してあげよう〟と書いたジャン・アンテルム・ブリア＝サヴァランは、自分がどこまで正しいことを言ったか理解していなかったはずだ。今日ですら、料理の効果と火の使用が私たちのDNAのどれほど深くに入りこんでいるかを知るすべはない。

人生のペースを考えてみよう。大型類人猿と比べて私たちは数十年長く生き、性的成熟に達するのが遅い。寿命の長さから考えると、私たちの祖先は捕食者から逃げるのがうまかった（注1）。

さまざまな種のなかで捕食者からうまく逃げられる種は長生きする傾向がある。固い甲羅に覆われているカメは何十年と生きる。同じ大きさのほとんどの動物よりはるかに長生きだ。空を飛ぶ鳥やコウモリなどは、地上にいるしかないネズミなどの種より長く生きる。地上に棲む齧歯類はかごのなかで飼われても二年以上生きることはめったにないが、同じ大きさのコウモリの寿命は二〇年にもなる。同様に、ムササビなど滑空する動物は滑空しない親類より長生きする。シャチが到達できない極北の海に棲むセミクジラは一〇〇年以上生きる。初期の人類の寿命は明らかではないが、進化の過程で比較的安全に暮らせたのは、火を用いて捕食者を遠ざけられたことが大きかったはずだ。

離乳食の問題もある。料理した食物は柔らかいので、母親は子供の離乳を早くから進められる。進化の過程で、早めの離乳は出産後の母親のすばやい体調回復を可能とし、次の出産までの間隔を短くした。加えて、高エネルギーの料理食は子供の成長ペースも速めたはずだ（注2）。料理食による早めの離乳を期待することで、ヒトの母親の社会行動にも変化が生じただろう。早めに赤ん坊の離乳をすませた母親はそれまでより大きな家族を持つようになった。たとえば、幼児とよちよち歩きの赤ん坊が同居する。祖母やほかの親類から助けてもらうことの利点も増しただろう（注3）。チンパンジーの祖母も自分の娘の子に興味を示すことがある。抱いて運んだり、毛づくろいをしてやったりするが、通常それは直系の孫にかぎられている。料理という新しい食物の加工法は、子供が食べやすいものを容易に作り、与えてやることができるため、子育てをする家族のなかに協力体制が生まれやすかったと考えられる。

料理はまた、食物がもっとも乏しい季節に最低限のものを見つけるむずかしさをいくらか解消したはずだ。現代の狩猟採集民でさえ、そういう季節には困難な状況に陥ることが多い。料理によって生活が楽になったという考えは〝節約遺伝子〟説と対立する（注4）。この説は、狩猟採集民だった私たちの祖先を取り巻く環境が季節によって大きく変動したことから、ヒトは生理的に大食と飢餓の期間に適応していると考えるものだ。したがって、ヒトの祖先は並はずれた効率性で食物を消化し、体内にエネルギーを蓄えることができた。この効率性は、いつ飢餓になってもおかしくない状況では便利な適応だったが、現代の多くの環境ではむしろ肥満と糖尿病の原因になると〝節約遺伝子〟説は言う。これに対して〝料理〟説は別の考えを示す。すなわち、進化の過程で料理を活用したことにより、私たちは大型類人猿――あるいは料理をしなかった祖先――より食糧不足に悩まされることが少なかった。ヒトが太りやすいのは太古の昔に季節変動に適応したからではなく、きわめて高エネルギーの（カロリー濃度の高い）食物を食べるせいだというわけだ。大型類人猿も檻に入れられて、料理した栄養価の高いものを食べると肥満になる。

料理と火の使用は私たちの祖先の消化機能にかなりの影響を与えたにちがいない。種として近い類人猿と比べても、ヒトは短時間でより高いカロリーを摂取し（たとえば夕食が急速に消化されるなど）、料理の際に砂糖とアミノ酸が結びついてできる危険なメイラード化合物の集積も多い。したがって、類人猿に比べてインスリンの分泌システム、タンパク質分解酵素の性質、および一連の発ガン性物質や炎症性物質に対抗するシステムに変化が生じているはずだ。類を見ない長さで高濃度のメイラード化合物を消化してきたことから、ほかの霊長類より耐性ができているかもしれない。

火が初めて使用されたときの最大の恩恵は、暖がとれるようになったこと、とよく人類学者が主張する。しかしこの考えは、料理以前の私たちの祖先が火なしで暖をとれなかったという誤解を招く。チンパンジーは冷たい雨の降る長い嵐の夜を生き延びる。ゴリラも寒い高山で風雨にさらされて眠る。ヒト以外のあらゆる種は、火がなくとも適切な体温を維持することができる（注5）。私たちの祖先が初めて火を使ったときにも、暖をとるために火が必要だったわけではないだろう。もちろん、体温を保つエネルギーをいくらか節約できたのはたしかだが。

しかし、火で暖められることが可能となって新しい道が開けた。ヒトは並はずれた長距離走者である（注6）。ほかの霊長類は言うに及ばず、場合によってはオオカミや馬より長い距離を走ることができる。ほとんどの哺乳類が抱える問題は、走ると体温が上がりすぎてしまうことだ。チンパンジーは獲物を五分間追うと疲弊して坐りこみ、あえいで、見るからに暑そうになる。少しでも空気の循環をよくして、発汗で余分な熱を発散しようとするので、直立した体毛のあいだに玉の汗が光る。この問題を解決できる哺乳類はまれである。休息または睡眠中に体温を維持するために、厚い毛皮のような断熱システムが必要だからだ。むろんこれは運動後に脱いでしまえるものではなく、せいぜい毛を立てて空気の流れをよくするぐらいの変更しかできない。

熱を失うことへの最高の対策は、そもそも効果的な断熱システムを持つことではないのだ。生理学者のピーター・ウィーラーがかねてから論じているように、ヒトが〝裸のサル〟になった理由はここにあるのかもしれない。体毛の減少ゆえにホモ・エレクトスは暑いサバンナで体温の過度の上昇を避けることができた。しかし、ホモ・エレクトスが体毛を減らすには、夜間に体温を保つ別のシステムがなければならない(注7)。それが火だったのだ。火を使いはじめた私たちの祖先は、活動していないときでも暖かくすごすことができた。その効用は大きかった。体毛をなくすことで、ヒトはおおかたの動物が不活発な暑い時期にも長い距離を移動できるようになった。長く走って獲物を追うこと、すばやく死肉にたどり着くことも可能になった。火の使用によって体毛が消え、長距離走向きの体が進化して、ヒトは狩りをしたり、捕食者から肉を奪ったりすることがうまくなった。

成人にとって有益な体毛の消失は、赤ん坊にとっては問題となっただろう。動きまわっていない時間が多く、抱かれるか暖かいものにくるまれていないと体が冷えてしまう怖れがあるからだ。

おそらく初期のヒトの赤ん坊は、親たちの体毛が消えたあともしばらく体毛を維持していただろう。しかし、火のそばに横たわっていると毛が焼けてしまう危険もある。今日ヒトの赤ん坊は霊長類の幼体のなかでもとりわけ厚い皮下脂肪を持っている(注8)。赤ん坊の脂肪は、チンパンジーのような体毛を失っても保温を可能とする適応だったのかもしれない。

料理は私たちの祖先の感情にすら影響を与えた可能性が高い。火のまわりに集まって食事し、眠るためには、互いに接近していなければならない。それで機嫌を損ねて大喧嘩にならないようにするにはかなりの忍耐を要する。そうした忍耐力がいかに進化したかは、最初の犬を考えればわかりやすい。生物学者のレイモンドとローナ・コッピンガーによれば、オオカミが犬へ進化しはじめたのは、約一万五千年前、残飯を求めてヒトの村に引き寄せられたのがきっかけだった(注9)。この潜在的な新しい食糧源に近づいたオオカミのなかでは、比較的おとなしい個体にきわめて有利な自然淘汰が働いた、とコッピンガー夫妻は指摘する。おとなしいオオカミのほうが集落に近づきやすく、貴重な新しい食物を容易に見つけられたからだ。その意味では、犬はみずから飼い馴らされる道を歩んだと言える。

初めて料理をしたヒトもおそらく同じような経験をしたはずだ。炉端の料理に引き寄せられたヒトのなかでは、よりおとなしい個人のほうが他者の存在を快く受け入れることができ、仲間を苛立たせることが少なかっただろう。したがって追い払われることも少なく、料理したものを口にする機会が増えて、次世代により多くの遺伝子を伝えることができた。逆に血眼になって料理を得ようとする乱暴者は集団の平和を乱し、やがては連合したおとなしい者たちによって追放された。このパターンは、料理以前――ハビリスの集団がひとつの肉に群がっていたころ――からすでに始まっていたのではないだろうか。

犬の家畜化に似たプロセスは、ヒトの祖先の社会的スキルをさらに進化させたのかもしれない。動物においては、忍耐力のある個体のほうがよりうまくコミュニケーションをとり、協力し合える(注10)。チンパンジーのなかでも、他者の存在に耐えられる個体のほうがうまく力を合わせる。ボノボはチンパンジーよりさらに忍耐強いので、食物を得る際にも進んで協力し合う。同様に、実験で家畜化したキツネは野生のキツネより忍耐強く、人間からのシグナルを読むことにも長けている。もし料理をする炉端への強い執着が他者に対して忍耐強いヒトを選別したとすれば、当然の帰結として、互いに見つめ合っても冷静でいられる能力が向上し、相手の気持ちを察し、理解し、信頼し合うことがうまくなったはずである。一対一のくつろいだコミュニケーションに向かうこうした気質の変化は、ホモ・エレクトスへの重要な一歩だった。忍耐力とコミュニケーション能力が高まるにつれ、ヒトはみな相互理解や同盟形成がうまくなり、忍耐力のない者を巧みに排除するようになった。こうした社会的気質の変化は、言語の進化を含む成長途上のコミュニケーション能力にさらに貢献しただろう。

料理がもたらした変化は、家族の力学とそれを支える心理的メカニズムにも及んだ。初期のヒトにおけるペア形成（ハビリスがすでにペアを作る習慣を持っていたとすれば、その発展形）は、ロマンティックな愛着の重要性を高めた。一方で、料理のために性別による分業と労働の交換が進み、その結果、家庭内暴力が増えてきた。料理に関する失望で妻を殴るのは何も狩猟採集民の文化にかぎられたことではない。社会学者のマージョリー・デヴォルトは、アメリカの家庭を調査し、〝ほとんどの家庭において、妻に奉仕される資格があるという夫の期待は根強い。そうした期待によって真に公平な関係を築けないことが多く、ときに暴力が出現する〟ことを発見した(注11)。ジークムント・フロイトは、火の使用が自己統制をうながしたと考えた。炉のまわりでは放尿によって火を消したいという衝動を抑えなければならないというのだ(注12)。少々強引な論かもしれないが、私たちの種が火と生きることを学んで劇的な変化をとげたという観点では、フロイトは正しかった。

その変化はすべて、謎めいた最初の瞬間に始まる。いかにして料理が始まったかは、時期があまりにも古く、おそらく狭い地域で急速に生じた出来事ということもあって明確にはわからない。しかし、大型類人猿の行動や栄養摂取に関する知識が深まり、考古学的資料も蓄積されてきたことから、それをもとに類推することはできる。まず森林に棲む類人猿、またはアウストラロピテクスを想像してもらおう。三〇〇万年から二〇〇万年前、数属多種のアウストラロピテクスがすでに約三〇〇万年にわたってアフリカの森林に棲んでいた。この時期の種で発見されているのは、アファレンシス、ガルヒ、アフリカヌスだけで、やがて彼らも姿を消した。

アウストラロピテクスの種の絶滅には気候の変化が影響していたようだ。アフリカは約三〇〇万年前に乾燥しはじめ、森林は食物が減り、棲みにくい場所になっていった。ガマやスイレンなど、アウストラロピテクスが水中の根を食べていた湿地は砂漠化によって減少し、果物や種も見つけにくくなった。アウストラロピテクスたちは食事法を変えないかぎり絶滅するしかなかった。それに成功したのはふたつの系統だった。

まずひとつは、それまで食糧が乏しい時期のバックアップとして食べられていた、ふだんはあまり好まれない地中の食物への依存を強めた。その子孫は巨大な顎と臼歯を発達させ、パラントロプス、または頑丈型アウストラロピテクスと呼ばれる新しい属として認識されている。パラントロプスは、アウストラロピテクス・アファレンシスかアフリカヌスの後継として約三〇〇万年前に現れた。それから一〇〇万年前まで、私たちヒトの祖先と同じように乾燥した森林地帯の一部で繁栄した。外見はやはり直立歩行をするチンパンジーのようだったが、食べるものは、先行するアウストラロピテクスより植物の根や栄養貯蔵組織に頼っていた（注13）。

生き残ったもうひとつの系統がヒトへとつながる。こちらは肉食を開始した。今日のチンパンジーやほかのあらゆる霊長類と同じく、アウストラロピテクスも、新鮮な獲物が見つかればつねに肉食に興味を示したにちがいない。二五〇万年前にアフリカにいたチーターやジャッカルの仲間など、捕食獣に立ち向かう気持ちさえあれば、獲物の肉を奪うこともためらわなかったはずだ。現代のチンパンジーも、若いレイヨウや豚の死肉をヒヒから奪う。しかしアウストラロピテクスにとって、ライオンやサーベルタイガーから肉を盗むのは通常危険すぎただろう（注14）。ライオン同士、ハイエナ同士も食物を奪い合って闘うことがある。アウストラロピテクスはそれら大型肉食獣と比べて華奢で、動きも鈍かった。

こうした困難を考えると、アウストラロピテクスがどうやってレイヨウなど獲物の肉を手に入れたのかは、はっきりしない。獲物を殺す新しい方法を見つけ、大型の肉食獣に追い払われるまえにほんの数分で肉を切り取ることができるようになったのかもしれない。それとも、さほど怪我をしたり殺されたりする危険もなく捕食者に立ち向かう方法を発見したか。植物の根を掘る棒を改良して、単純な槍を作り、捕食者と闘った勇ましいアウストラロピテクスの集団がいたのかもしれない。そういう技術は、木の穴に隠れた幼鳥などを短い棒でつつくセネガルのチンパンジー（注15）から格段に進歩しているわけでもない。あるいは今日、タンザニアのゴンベ国立公園のチンパンジーがときどき豚や人間を狙って石を投げるように（注16）、アウストラロピテクスたちも敵に石を投げたのかもしれない。もし投げたのなら、ときにその石が落ちて割れ、ものを切るのに使える石片になることにも気づいたのではないだろうか（注17）。

技術はなんであれ、遅くとも二六〇万年前にはいくつかの集団が、それまで大型の肉食獣しか食べていなかった獲物の肉を手に入れられるようになっていた。続く数十万年のうちに、危険地域でハビリスが動物の骨につけたさまざまな傷が確認されるようになる。カメやゾウなど死んだ動物から石の道具で肉をこそげ取ったときについた傷だ。これできわめて栄養価の高い、新しい食物の源ができた。ハビリスが肉をステーキ状に切っていること（注18）、チンパンジーもたびたび石をハンマーのように使って木の実を砕くことなどから、肉を食べるまえに叩いて柔らかくする認知能力をハビリスが持ち合わせていたことは疑いない。挽肉はさらに好みに合っただろう。

彼らはまた植物性の食物も多くとっていた。毎年の乾期のように食糧不足の時期には、肉の脂肪率がとりわけ低くなった――最低一から二パーセントぐらい――だろうから、植物性の食物は不可欠だった。ハビリスの臼歯は大きさと形がアウストラロピテクスの臼歯とほぼ同じなので、食物が乏しくなると根や球茎を含む植物性の食物を引きつづき生で食べていたと考えられる。見つけられれば、柔らかい種子や果物も食べただろう。おそらくハビリスはチンパンジーのように木の実を割って、食べられる種の部分を取り出していた。叩きつぶすことより高度な技術を用いて植物を調理できたとは考えにくい。植物性の食物の栄養価を高めるために狩猟採集民がとる方法のほとんどには、火が含まれる。澱粉をゲル化するには熱が必要だからだ。火が使用されるまで、ハビリスは熱なしの処理ではあまりカロリー値が上がらない生の植物を食べつづけるしかなかった。

突破口は単純なことだったのではないだろうか。火は一から生み出す必要がないからだ。一度得られれば、維持するのはそうむずかしくない。狩猟採集民のあいだでは二歳の子でも母親の火に棒を突っこんで自分の火を作る(注19)。チンパンジーやボノボですら火を維持することができる(注20)。カンジと名づけられたボノボは、記号を用いて心理学者のスー・サヴェージ=ランボーとコミュニケーションをとることで有名だ。一度、森に出かけたとき、カンジは〝マシュマロ〟と〝火〟の記号に触れた。マッチとマシュマロを渡されると小枝を折って薪にし、マッチで火をつけ、マシュマロを焼いた。ハビリスのころには脳容量は同等の大型類人猿と比べてほぼ二倍になっていた。ハビリスに火を維持する精神能力があった可能性はきわめて高い。

ホモ・エレクトスに進化したハビリスに関する大きな疑問は、いかに火を維持したかではなく、どうやって何度もくり返し火を得ることができたかである。『人間の進化と性淘汰』のなかでチャールズ・ダーウィンは考古学者ジョン・ルボックの考えを次のように紹介している。〝石をたまたま打ちつけて出た火花が火の使用の先駆けだったのかもしれない〟(注21)。人類学者のジェイムズ・フレイザーもこの考えを支持しているし、シベリアのヤクート族も焚き火のまわりの物語として、〝石を打ちつけることから火の使用が始まったと語り伝えている(注22)。たしかにハビリスも道具を作る際に石を打ちつけて出る火花を目にしているはずだ。棍棒だけでなく石槌でも肉を叩いて柔らかくしていたのなら、ここでも火花を見ただろう。近くに火が移りやすい乾いたもの――草や、現代の人々も着火に使うサルノコシカケ（注23）など――があることも多かっただろう。

石で発生する火花はたいてい火をおこすには温度が低すぎ、燃焼時間が短すぎると人類学者は指摘する（注24）。が、鉄と硫黄を含む一般的な鉱石の黄鉄鉱と火打ち石をぶつけると、申し分のない火花がいくつも出る。北極からティエラ・デル・フエゴに至るまでの多くの狩猟採集民にとって、黄鉄鉱と火打ち石は火おこしの道具一式に標準的に含まれているほどだ（注25）。あるハビリスの集団が黄鉄鉱を大量に含む地域に住んでいたとすれば、期せずしてあちこちで火をおこすことになった可能性もある。

意図的に火を作り出すむずかしいプロセスに比べ、できた火を管理する手順はさほどこみ入っていない。こういうシナリオも考えられる――ハビリスの登場（遅くとも二三〇万年前）とホモ・エレクトスの登場（遅くとも一八〇万年前）のあいだの何万世代ものうちに、ハビリスが打ちつけた石からときどき火花が飛んですぐ近くの草木が燃えることがあった。そのとき怖れ知らずの若いハビリスが枝の熱くないほうをつかんで、くすぶったり燃えたりしている枝葉を仲間に向けてふざけ合った。若いチンパンジーも棍棒として使う木の枝で仲間とふざけ合うことがよくある。大人のハビリスはこれを見て、燃えている木を相手に振りまわす効果を知る。火で他人を怖がらせる遊びは、やがてライオン、サーベルタイガー、ハイエナなどを追い払う真剣な作業になる。これもチンパンジーが棒を使ってヒョウを追い払うのに似ている。最初は火が消えてしまった。だがそのうちハビリスは、火花が散って火が生じたときには、手をかけて燃やしつづける価値があることを学んだ。危険な動物から身を守るために火を利用しはじめたのだ。

ほかの可能性もある。気候が徐々に乾燥してきて火が自然に発生することが増えた。ヒトは燃えている藪の近くで、焼けて食べられるようになった植物の種を探したのかもしれない。雷に打たれたあとゆっくりと燃えている木々から火を手に入れたとも考えられる。たとえばユーカリの木は八カ月間くすぶりつづけることがある(注26)。アフリカのどこかに、つねに火が燃えている場所があったのかもしれない。トルコ南西部のアンタルヤの近くには、三千年近くまえにホメロスが『イリアス』に記録してからいまに至るまで燃えつづけている天然ガスの火山がある(注27)。

火を使えるという自信を一人ひとりが獲得するには、自然の火に何度となく接することが必要だっただろう。この自信は容易に生まれるものではない。さもなくば、あらゆるハビリスの集団が火を使用していたはずだ。しかし火花のような自然な発生源があれば、火を作り出すことを学ぶ必要はない。自然からいくらでも得られるし、最終的にはほかの集団からもらうこともできただろう。かくして、嵐で近隣一帯の火がすべて消えてしまうこともほとんどなくなった。オーストラリアのアボリジニの集団は、大雨や洪水で火がなくなると近くの集団から新たな火種をもらい、返礼として水晶片や代赭石（訳注―赤色の鉱物で、顔料や薬に用いる）を渡す（注28）。このやりとりは、ふだんの生活地域の境界を越えておこなわれることもある。危険だが、生存に不可欠の火を取り戻すためにはやむをえない。

火を燃やしつづけることは大きな功績だが、松明の火は燃やしたまま移動するのが容易だ。狩猟採集民はいつも松明で火を持ち歩く。運び手が歩いているかぎり、火に酸素が供給されて木はくすぶりつづける。休息時にはこれに何本か小枝を加えて吹くことで、数分以内に小さな焚き火を作ることができる（注29）。

火が人類の生活の中心を占めるのに重要だったステップは、夜間にこれを維持することだった。かりにあるハビリスの集団が日中捕食者を追い払うために松明を持ち歩き、夜は樹上で眠るために松明を木の根元に置いたとしよう。そこに燃えるものを多少加えて翌日まで火を維持しようと考えるのはさほど大きな飛躍ではない。最初はたまたま翌日まで火が残っただけかもしれない。そうなれば、夜間も火を燃やしつづけ、身を守りつつ光と暖かさを得ようとするまでにはほんの一歩だ。

ある地域で夜も火を維持していたハビリスの集団が、食物をそのなかに落としてしまうこともあっただろう。熱が加えられたものを食べて味がよくなっていることに気づく。これを習慣にして、この集団は最初のホモ・エレクトスへと急速に進化した。料理された味のよい新たな食物は、進化の過程で彼らの胃腸を小さく、脳や体を大きくし、体毛を減らした。これで移動や狩りがより長くできるようになり、寿命が延び、気質が穏やかになり、男女間の絆が新たに強まった。料理された植物の柔らかさが淘汰によって歯の縮小をうながし、夜間、火で守られることから地上で眠るようになり、木登りの能力が失われた。女性は男性のために料理をしはじめ、男性は自由時間が増えてより長く肉や蜂蜜を探せるようになった。アフリカのほかの地域のハビリスは、その後も数十万年にわたって食物を生で食べつづけていたが、この幸運な集団はホモ・エレクトスになった——そうして、人類の歴史が始まった。

おわりに

料理と知識

料理は食物へのこだわりを生み出し、それが今日、一大産業を支えている。巨大工場で作られる人気食品は微量栄養素に欠け、脂肪や塩分や砂糖を含みすぎ、まったく味わいがないとよく貶められる。しかし、これこそ私たちが進化の末に望むようになった食物だ。結果は過剰摂取である。二一世紀の変わり目には、六一パーセントのアメリカ人が〝健康問題を生じさせるほどの肥満〟だった(注1)。果糖の多いコーンシロップ、安価なパームオイル、微粒子の小麦粉といった製品が簡単に手に入るようになって、アメリカ人の毎日のエネルギー摂取量は一九七七年から一九九五年のあいだに二〇〇カロリー増加した。それにより、半世紀前にジョン・ケネス・ガルブレイスが初めて指摘したとおり、アメリカでは食物の不足ではなく過剰摂取によって人が亡くなりつづけている(注2)。食物の氾濫と肥満の増大は、いまや多くの工業国で見られる現象だ。健康悪化を防ぐには、低カロリー食物をより多くとらなければならない。しかし、一般のスーパーマーケットでその手の食品はなかなか見つからない。たいてい私たちはそういうものが嫌いだからだ。食べてどれだけのカロリーを摂取することになるのかわかれば、適切な食物を選びやすくなる。高度に加工した食品はカロリーが高くなるという事実にもっと注意を払うべきだ。

そのためには、栄養に関する生物物理学を理解しなければならない。たとえば、肉。タンパク質の消化にかかわる生化学反応はよく知られている。研究者は、食物分子が消化器官を進んでいくどの時点でどの分泌物が働くかを正確に把握している。どの段階でどの酵素がどの化学結合を破壊するのか、細胞や膜組織が、消化したものを胃壁や腸壁を通してどのように運ぶのか、粘膜細胞がpH値やミネラル含有率の変化にどう対応するのか――こういう質問にはみな答えられる。蓄積された生化学の知識は詳細をきわめている(注3)。

けれども、このめざましい専門知識は〝タンパク質〟の消化に関するものであり、〝肉〟の消化に関するものではない。栄養学は化学に集中するあまり物理的現実を見落としている。研究者は、食物があたかも一連の生化学反応を待つ栄養素の溶液として胃に入ってくると考えているかのようだ。私たちの消化酵素はタンパク質の単体に働きかけるのではなく、どろどろの三次元の塊に働きかけなければならないのだ。そのことを忘れている。食べられた肉は、それぞれ何層にも重なる結合組織で覆われた筋肉の断片の雑多な集まりである。この複雑な構造が重要なのは、食物の塊が消化可能な栄養素に変換されるまでの難易度に影響を与え、ひいては食物から摂取できるカロリー量を左右するからだ。第3章で見たように、岡の実験でラットが三〇パーセント増の脂肪を蓄えた食物は、ことさらカロリーが高いわけではなかった。たんに柔らかかっただけだ。第1章で取り上げた〈イヴォ・ダイエット〉では、志願者が体重を維持できるようにカロリー計算がなされたにもかかわらず、彼らは急速に体重を失っていった。

食物のエネルギー価を定めるのは技術的にむずかしい。構造や成分の配合が複雑だし、食物によって消化器官の働き方がちがうので、単純な計算ではすまない。そこで栄養学者は食物から得られるカロリー値を正確に計算する代わりに、大まかな推量をする。少なくとも非常に簡単に消化できる食物について、あらかじめ合意された、完璧ではないがほぼ正しい値を出すルールにしたがうのだ。このルールを彼らは〝換算式〟と呼ぶ。

一世紀以上にわたって食物のエネルギー価の見積もりにもっとも多く用いられ、西欧の食品表示ラベルシステムを支えているのがアトウォーター係数である。発明者のウィルバー・オリン・

アトウォーターは一八四四年に生まれ、一九世紀末にはコネティカット州のウェズリアン・カレッジで化学の教授を務めていた。貧しい人々がかぎられた資源のなかで充分な栄養をとれるようにという立派な目的を定め、さまざまな食物から得られるカロリーの量を測定しようとした。体がエネルギー源として用いるおもな栄養素が三つあることはわかっていた——タンパク質、脂肪、炭水化物だ。アトウォーターはボンベ熱量計という簡単な実験器具を使って、典型的なタンパク質、脂肪、炭水化物が完全燃焼したときに発生する熱量を記録した。その結果、いずれの場合でもタイプのちがいで数値にさほど差はないことがわかった。たとえば、あらゆるタンパク質は一グラムあたり四キロカロリーをわずかに超える熱量を生む傾向があった。

さらに知らなければならないことがふたつあった。まず、ある食物に三大栄養素——タンパク質、脂肪、炭水化物——がどのくらい含まれているかだ。脂肪はタンパク質や炭水化物とちがってエーテルに溶けるので計測が容易だった。アトウォーターは食物を細かく刻み、エーテルと混ぜ合わせて、溶けこんだ物質の重さを量った。これで食物に含まれる脂肪の量がわかった（正確に言えば、脂質の量である。脂質には常温で固体の脂肪と液体の油が含まれる）。今日でも同じ方法が使われる。

タンパク質は試験によってタンパク質一般を特定することができないので、ややむずかしかった。しかしアトウォーターは、平均的なタンパク質の重量の約一六パーセントは窒素であることを知っていた。そこで窒素の量を測定する方法を見つけ、それによってタンパク質の含有量を定めた。

炭水化物がいちばんの難関だった。当時もいまも炭水化物一般の含有量を特定する試験はない。しかし、食物に含まれる有機物は主としてタンパク質、脂肪、炭水化物の三大栄養素であり、有機物全体の量を計算する方法はわかっていた。そこでアトウォーターは食物を完全燃焼させた。燃え残った灰が無機物である。これで食物に含まれる有機物の量がわかり、脂肪とタンパク質の量もわかったので、あとは引き算をするだけだった。もとの食物全体から脂肪、タンパク質、無機物の灰の重さを引いたものが炭水化物の量になる。

これで食物に含まれる三大栄養素の量を推定することができた。次に知らなければならないのは、ある人が食べた食物のうちどれだけが消化され、どれだけが無用のものとして排出されるかだった。食べるものの量を正確に計測している人々の便を調べる必要があり、アトウォーターは忠実にこれを実行した。こうして三大栄養素のそれぞれについて、食べたもののどれだけが消化されるかを見積もれるようになった。ここでもタンパク質、脂肪、炭水化物のそれぞれのカテゴリーのなかで偏差はあまりなく、無視できるレベルだと考えた。

これで望んでいたものが得られた。三大栄養素のそれぞれがどれだけのエネルギーを発するか、食物のなかにそれらがどのくらい含まれているか、そのどれだけが体のなかで使われるかがわかったのだ。それぞれの栄養素内での偏差を無視して、アトウォーターは換算式を提案した。これがいまも食品工業と各国政府の基準でいちばん活用されている方式である。消化されない食物の割合――一〇パーセントを超えることはめったにない――を考慮に入れて、平均的なタンパク質と炭水化物が生む熱量をともに一グラムあたり四キロカロリー、脂肪を一グラムあたり九キロカロリーと定めたものは、アトウォーター係数と呼ばれている。

アメリカ農務省の『標準参照用の全米栄養成分データベース』と、ロバート・マカンス、エルジー・ウィドウソン著『食物成分』は、実質的にはこのシンプルで便利なシステムを基礎として栄養成分表を作っている。しかし、栄養学者はかねてからアトウォーター換算式に大きな限界があると指摘し、さまざまな方法で修正を加えてきた。そのひとつは一般的な係数をさらに細分化することだった。一九五五年、半世紀に及ぶ栄養生化学の研究成果を踏まえて、修正アトウォーター法が導入された。たとえば、タンパク質の種類がちがえばエネルギー価も変わる――卵のタンパク質は一グラムあたり四・三六キロカロリーだが、玄米のタンパク質なら三・四一キロカロリーというふうに。こういうちがいを網羅したくわしい表が作られた。

栄養素の構成に関する考え方にも修正が加わった。アトウォーターは、食物内の窒素はすべてタンパク質の一部であり、すべてのタンパク質は重量にして一六パーセントの窒素を含むと仮定した。しかし窒素はタンパク質以外の分子――たとえば非タンパク質のアミノ酸や核酸――にも含まれ、その分子には消化できるものもできないものもある。また、窒素含有量が一六パーセントを上まわったり下まわったりするタンパク質も存在する。そこで数十年のうちに、平均一六パーセントというアトウォーターのタンパク質内の窒素含有量は、より具体的な数値に取って代わられた。マカロニのタンパク質には一七・五四パーセント、牛乳のタンパク質には一五・六七パーセントといった具合だ。

栄養学者は積極的にアトウォーター法の改善に取り組んだが、全体としてこれらの修正は大きなものではないということを指摘したい。たとえば、卵のタンパク質の一グラムあたりの熱量(四・三六キロカロリー)は玄米のタンパク質(三・四一キロカロリー)より多いが、どちらの数値もアトウォーターの見積もった四キロカロリーからさほど離れていない。要素の細分化によってさらに正確は期されるが、修正の全体的な効果が非常に小さいため、一般的な係数——ただし、それもアトウォーターのころから変更されている——を好む栄養学者もいるほどだ(とくにイギリス)。

一般的な係数は変わりつづけてきた。時とともにさらに係数が加わった。アトウォーター自身も、アルコールを別のカテゴリーとして(一グラムあたり約七キロカロリー)みずからの表を変更している。はるかのちの一九七〇年には、炭水化物に単糖という項目が加わった。食物繊維(非澱粉多糖)に対する一般的な係数も提案されている。ほかの炭水化物よりはるかに消化されにくいことから、エネルギー価が一グラムあたり四キロカロリーに達しないのは明らかで、二キロカロリーとされている。尿とガス生成によるエネルギー損失も考慮されるようになった。このような修正でもとのアトウォーターの方式は少しずつ改変されているが（注4）、本質的な考え方は変わっていない。

アトウォーター法はこうして柔軟に修正を受け入れながら、いまも食物のエネルギー価を調べる基本的な枠組みとなっている。これのおかげで、ふだん料理を食べている人々は摂取カロリーを計算し、食べるものが多すぎる、少なすぎるといった判断を大まかに下すことができる。しかしアトウォーター法には、生の食物や粒子の大きい全粒小麦粉など消化率が低い食物のエネルギー価の計算において、きわめて重要な問題がふたつある。

第一に、消化は労力のかかるプロセスであることを認識していない。私たちがものを食べると代謝率が最大二五パーセント程度上がる（注5）。この数値は魚で一三六パーセント、ヘビで六八七パーセントときわめて高いから、ヒトがほかの種より消化にエネルギーを使っていないことがわかる。これはおそらく料理したものを食べているからだ。しかしそれでも、消化の労力はヒトにとってたいへんなもので、食物の種類によって減らすことも増やすこともできる。

ボンベ熱量計で食物を燃やしたアトウォーターはこの複雑さを無視していた。食物に含まれ、体内に取りこまれたエネルギーを、ヒトはすべて使うことができると仮定していた。食物がボンべ熱量計で燃えるなら、私たちの体内でも同じ量のエネルギーを発すると考えていたようだ。しかし人間の体はボンベ熱量計ではない。体内で食物に点火することはできない。食物を消化し、その複雑なプロセスにカロリーを消費する。栄養素によって必要なカロリーは異なる。タンパク質は炭水化物より消化の労力がかかり、脂肪は栄養素のなかでいちばん労力を要しない。一九八七年の研究で、高脂肪の食事をする被験者は、炭水化物でその五倍近くのカロリーを摂取している被験者と同じ体重増加を示した(注6)。食物のなかのタンパク質の割合が増えるにつれ、消化に要するエネルギーも増える。動物実験によると、柔らかい食物より固い食物(注7)、細かい粒子より粗い粒子(注8)、何度かに分けた軽食より一度の大きな食事、温かいものより冷たいもののほうが、消化の労力がかかる。個人差もある。痩せた人は肥満の人より消化にエネルギーを使う傾向がある。肥満が低コストの消化の結果なのか原因なのかはわからない。いずれにせよ、このちがいは体重を気にしている人にとっては重要である。摂取カロリーがまったく同じでも、消化の労力が少ない肥満の人は痩せた人より体重を増やしてしまうからだ。人生はかくも不公平になりうる。

アトウォーター法の第二の大きな欠陥によって、問題はさらに複雑になる。これは第一の問題と密接にかかわっていて同じくらい重要だ。アトウォーター法は、食物の消化される割合は変わらないと仮定している——液体になろうが固体になろうが、いっしょに食べるものに食物繊維が多かろうが少なかろうが、生で食べようが料理して食べようが。アトウォーター係数の算出には、消化されずに便となって出る食物の割合が含まれていたことを思い出してもらいたい。彼はこの割合を一〇パーセント以下と低く見積もり、不変であると考えた。これがまちがいであることはかなり昔から指摘されている。一九五五年に修正アトウォーター法を導入したA・L・メリルとB・K・ワットは、具体的に、穀物の消化率はどのくらい細かく碾《ひ》いたかに左右されると記している(注9)。粒子を徹底的に細かくした小麦粉は完全に消化されるが、それほど細かくないものは三〇パーセントも消化されずに排出されることがある。そこで彼らはすべての食物について消化率のデータを適用しなければならないと主張した。しかし、そのようなデータは手に入らないことが多い。食物の一つひとつについて、物理的形態による消化率を求めるには膨大な数の実験をこなさなければならない。さらにややこしいことに、同じ栄養素でも食べる食物の内容によって消化率が異なる。たとえばタンパク質の消化率は、食物繊維の少ない食品に含まれているときより、食物繊維の多い食品に含まれているときのほうが下がりやすい。生の食物に関しては、さまざまな料理時間(ゼロも含む)が消化率に与える影響について散発的なデータがあるのみだ。回腸での消化率の唯一正しい計測法は、体外に排出されるものではなく、小腸末端に残った食物のサンプルを採ることとなのだが、これを用いた研究はほんのわずかしかない。

それぞれの食物の純粋なエネルギー価を決めるうえで、以上のような要素が重要な役割を果たすため、多くの栄養学者がアトウォーター法の大幅な見直しを提唱している（注10）。しかし、消化の労力と消化率のちがいによる効果を説明するための情報がなかなか手に入らず、食品表示ラベルのシステムに反映させることはむずかしい。専門家のあいだでもいまだに広くアトウォーターの一般的な係数が使われているゆえんである。いま栄養学は本質的な選択を迫られている――数値化はむずかしいが正確な栄養データを蓄積するために多大な努力を積み重ねるか、それとも、数値化は容易だが生理学的にあいまいで、食物の大まかな価値しか推定できない方法を採用するか。さまざまな環境ごとに調整された、個々の食物（およびそれらの組み合わせ）の正確な栄養価を知るのがむずかしいことから、一般大衆は、消化プロセスの現実を反映していない概算の数値を与えられている。『全米栄養成分データベース』や『食物成分』をまとめた学者たちも、生の食物は料理したものに比べて最終的に生み出すエネルギーが少ないこと、生の食物は消化されずに体内を通過してしまう割合が高いことを知っていたはずだ。けれども昔ながらの大まかな推定方法から逃れられず、誤った結果を出してしまった。標準的な栄養成分表のデータは、粒子の大きさは数値に影響を与えず、料理も食物のエネルギー価を高めないことを前提にしているが、これらが正しくないことは数々の証拠から明らかだ。

食物の物理的状態が重要なのは、食べるものの本当のカロリー値がわからないせいで、食物とその加工技術が肥満増加につながるような方向に変わりつつあるからだ。スーパーマーケットに行けばわかるが、小麦粉はますます微粒になり、あらゆる食品が柔らかくなり、カロリー濃度が増している。固いパンは〈トゥインキー〉（訳注―クリームの入ったスポンジケーキ）に、リンゴはリンゴジュースに取って代わられた。消費者は現在の食品表示ラベルシステムによって、加工方法に関係なく、同じ重さの栄養素から同じカロリーが得られると信じこまされている。ヘビが挽肉からより多くのエネルギーを得、ラットが柔らかくしたペレットを食べて太るのであれば、ヒトが同じような食物を選んで別の結果を得るとは考えにくい。食物の固さが健康に与える影響を調べた研究はこれまでたったひとつしかない。それによると、より柔らかい食物を食べる日本女性は、腰まわりがより太かった（注11）。腰まわりの太さは死亡率の高さに関連している。これは予備調査だった。結果に一貫性があることを証明するのには時間がかかるが、意味するところは明らかだ。すなわち、私たちは消化されやすいものを食べることによって太る。知っておかなければならないのは、カロリーだけではない。

アトウォーター法による栄養価の見積もりに食物の物理的構造の効果を加えて、修正すべきときがきている。私たち自身も学ばなければならない。食物評論家のマイケル・ポランが主張するように、私たちは〝栄養素〟ではなく〝本物の食物〟を選ぶべきだ（注12）。ポランにとって〝本物の食物〟とは、自然で、加工が少なく、何であるか認識できて、ふだんからなじみのあるものだ。一方〝栄養素〟とは、エッセンシャルオイル、アミノ酸、ビタミンなど、目に見えない化学物質で、その重要性については専門家のことばを信じるしかない。食べるものに対する加工が少なければ少ないほど、肥満の危険性は減ると考えられる。

かつて私たちの種は、ことに食べるものに関しては永遠に適応が可能だと信じられていた(注13)。さまざまな人々が草食一〇〇パーセントから肉食一〇〇パーセントに至るあらゆる食事法で生活している。この柔軟性ゆえに、ヒトが進化に成功したのはたんに創意工夫の才があったから、と考える向きもある。極論すれば、ヒトという種は自由に自分たちの進化的環境を創り出せるということだ。

しかし、料理への依存はその考えが正しくないことを示している。ヒトの祖先のいた環境には、普遍的な問題が満ちていた――いかにしてエネルギーを得るか、いかにして食物をめぐる競争を規制するか、火のまわりの社会をどう組織するか。かつて食事をめぐる大きな問題は、料理した食物を充分に得る方法であったし、いまもそれは世界じゅうの数百万の人々にとって変わらない。けれども、運よく豊かな食物とともに生きることになった私たちにとって、問題は移り変わっている。大昔からの料理への依存を、より健康的なものにしなければならないのだ。

謝辞

料理の重要性を理解しようとするうえで多くの情報提供者、友人、同僚にお世話になった。とりわけ研究に協力してくれた、レイチェル・カーマディ、ナンシールー・コンクリン＝ブリテン、ジェイミー・ジョーンズ、グレッグ・レイデン、デイヴィッド・ピルビームに謝意を捧げたい。初期の原稿に編集上、学問上のアドバイスをくれた人々にも心から感謝する。デイル・ピーターソン、故ハリー・フォスター、マーティン・ミュラー、エリザベス・ロス、ビル・フラクトは、本当に細かいところまで指摘してくれた。レイチェル・カーマディ、フェリペ・フェルナンデス＝アルメスト、エリザベス・マーシャル・トマス、ヴィクトリア・リン、アン・マグワイア、デイヴィッド・ピルビーム、ビル・ツィマーマンも快く草稿全体を読んでくれた。各章へのコメントについて、ロバート・ハインド、ケヴィン・ハント、ジェフリー・リヴシー、ビル・マグルー、シャノン・ノヴァク、ラース・ロドセス、ケイト・ロス、スティーヴン・シーコー、メリッサ・エメリー・トンプソン、ブライアン・ウッドに感謝する。また、ほかのかたちで支援、提案、助言してくれた、レスリー・アイエロ、オファー・バー＝ヨゼフ、ドゥーシャ・ベイトソン、パット・ベイトソン、ジョイス・ベネンソン、ジェニファー・ブランド＝ミラー、アラン・ブリッグズ、ミシェル・ブラウン、テリー・バーナム、ユードルド・カーボネル、ジョン・コールマン、マシュー・コリンズ、ランディ・コルラ、デビー・コックス、メグ・クロフット、ロマン・デヴィヴォ、アーヴン・デヴォア、ナンシー・デヴォア、ネイト・ドミニー、ケイティ・ダンカン、ピーター・エリソン、ロブ・フォリー、スコット・フルハム、ダン・ギルバート、ルーク・グロワッキ、ナアマ・ゴレン＝インバー、ジョン・ゴウレット、ピーター・グレイ、バーバラ・ヘイバー、カレン・ハーディ、ブライアン・ヘア、ジャック・ハリス、マーク・ハウザー、クリステン・ホークス、セイラ・フルービック、キャロル・フーヴン、セイラ・ハーディ、スティーヴン・ヒュー＝ジョーンズ、ケヴィン・ハント、ドム・ジョンソン、ダグ・ジョーンズ、ソニア・カーレンバーグ、テッド・カウエッキ、マイク・ケーラー、キャット・クープス、マルタ・ラー、マーク・レイトン、ダン・リーバーマン、スーザン・リプソン、ジュリア・ロイド、ピーター・ルーカス、メグ・リンチ、ザリン・マチャンダ、ボブ・マーティン、チェイス・マスターズ、故アーネスト・マイアー、ロブ・マッカーシー、ローズ・マクダーモット、エリック・ミラー、クリスティーナ・マリガン、オズバーン・ピアソン、アレクサンダー・プリン、スティーヴン・パイン、エリック・レイマン、フィリップ・ライトミア、ニール・ローチ、ダイアン・ローゼンバーグ、ローナ・ローゼン、ノーム・ローゼン、ケイト・ロス、スティーヴン・シーコー、ダイアナ・シェリー、ライリー・シンダー、キャサリン・スミス、バーブ・スマッツ、アンチ・スポース、マイケル・スタイパー、ニナ・ストローミンガー、マイケル・サイモンズ、マイク・ウィルソン、トリー・ウォバー、ブライアン・ウッド、ケイト・ランガム＝ブリッグズにも謝意を表する。故ジェレミー・ノウルズ、ダグ・メルトン、デイヴィッド・ピルビームは同僚としてこの上なく支援してくれた。落ち着いた執筆環境を提供してくれた、ウェストン公立図書館（マサチューセッツ州）の職員の皆さん、アリソンとケネス・ロス夫妻（スコットランド、バダクロー）、ロバート・フォリーとマルタ・ラー（イギリス、ケンブリッジ、リーヴァーヒューム人類進化研究センター）、ケンブリッジ大学医学図書館（イギリス）にも感謝する。ウガンダ、キバレ国立公園の管理者の皆さんにもお世話になった。二〇〇一年四月、そこに三週間滞在した折り、イチジクの木陰で本書の提案書を書いたのだ。

私の料理への関心の多くは、チンパンジーとヒトの行動に類似点と相違点がある理由を探るところから生まれている。ウガンダのキバレ国立公園、タンザニアのゴンベ国立公園で、チンパンジーの行動生態を研究する機会が得られたのは幸運だった。財政援助によってキバレでの研究を可能にしてくれた、アメリカ国立科学財団、リーキー財団、ナショナルジオグラフィック協会、マッカーサー財団、ゲッティ財団に感謝を捧げる。協力してくれた人々のなかでとくに、アダム・アルカディ、コリン・チャップマン、キム・ダフィ、アレクサンダー・ジョージエフ、イアン・ギルビー、ジェイン・グッドール、デイヴィッド・ハンバーグ、ケヴィン・ハント、ギル・イザビエ＝バスタ、ソニア・カーレンバーグ、ジョン・ケイズニン、マーティン・ミュラー、エミリー・オタリ、エイミー・ポケンプナー、ハーマン・ポンツァー、アン・ピュージー、メリッサ・エメリー・トンプソン、マイケル・ウィルソンに感謝する。

いまは亡きハリー・フォスターは本書を支援することでいわば賭けに出た。彼がこの本の完成を見られなかったことが残念でならない。〈ベイシック・ブックス〉のアマンダ・ムーン、エリザベス・スタイン、ビル・フラクトの支援、ジョン・ブロックマンとカティンカ・マトソンの忍耐は本書の刊行に欠かせなかった。

このプロジェクト自体は報いあって余りあるものだったが、私の家族の生活への負担は甚だしかった。謝罪の気持ちと愛をこめて、ロス、デイヴィッド、イアン、そしてとりわけエリザベスに、本書を捧げる。

注

はじめに

注1 人類の進化に関しては、クライン（一九九九）、ウォルポフ（一九九九）、リューイン、フォリー（二〇〇四）を参照。一般向けには、ツィマー（二〇〇五）、ウェイド（二〇〇七）、ソーヤーら（二〇〇七）。

注2 トウト、シック（二〇〇六）。

注3 本書で著者が〝ハビリス〟と呼ぶ化石は、これまで〝アウストラロピテクス・ハビリス〟または〝ホモ・ハビリス〟と呼ばれるのが通例だった――ヘスラー、マクヘンリー（二〇〇四）、ウッド、カラード（一九九九）。本書でハビリスとするのは、アウストラロピテクスにもホモにもきちんと分類されないと考えるからだ。ハビリスおよびホモ・エレクトスの出現と消失の時期は正確にわかっていない。最近見つかったハビリスの化石は一四四万年前のものだが（ケニアのコービ・フォラ、標本番号KNM-ER42703、スプールら（二〇〇七））、ホモ・エレクトスは一九〇万年前にいたかもしれず（KNM-ER2598）、一七八万年前にはまちがいなくいた（KNM-ER3733、アントン（二〇〇三））。つまり、ホモ・エレクトスは五〇万年近くハビリスと共存していた可能性がある――同じ時期、同じ地域にいたとはかぎらないが。ホモ・エレクトスの特徴については、アイエロ、ウェルズ（二〇〇二）、アントン（二〇〇三）。

注4 呼び名をめぐる議論について、アントン（二〇〇三、一二七ページ）。

注5 カートミル（一九九三）が〝肉食〟説の変遷をレビューしている。人類の進化と適応に肉食が重要な役割を果たしたと論じる最近の文献として、スタンフォード（一九九九）、カプランら（二〇〇〇）、スタンフォード、バン（二〇〇一）、ブランブル、リーバーマン（二〇〇四）など。オコネルら（二〇〇二）はこれに批判を加えた。

注6 ダーウィン（一八七一（二〇〇六））、八五五ページ。火のおこし方の説明と、夕食の料理で終わるキャンプ生活の記録は、ダーウィン（一八八八）。

注7 ダーウィン（一八七一（二〇〇六））、八六七ページ。

注8 レヴィ＝ストロース（一九六九）、リーチ（一九七〇）、九二ページ。

注9 ブリア＝サヴァラン（一九七一）、二七九ページ。

注10 クーン（一九六二）、ブレイス（一九九五）、ペルレ（一九九九）、ハウツブロム（一九九二）。引用は、サイモンズ（一九九八）、二一三、二二三ページ、フェルナンデス＝アルメスト（二〇〇一）、四ページから。

注11 ランガムら（一九九九）、ランガム（二〇〇六）。カラード、ウッド（一九九九）、ウッド、ストレイト（二〇〇四）は、料理がホモ・エレクトスの進化の刺激になったことを短く論じている。

第1章

注1 ポーロ（一九二六）、九四ページ。

注2 〈イヴォ・ダイエット〉の実験は、フラートン＝スミス（二〇〇七）に記述されている。

注3 現代の多くの生食主義者は、とる食事が一〇〇パーセント生であると主張するが、自称生食主義者のほとんどはあまり厳格ではなく、食事の半分が加熱調理したものである例も見受けられる。彼らの多くは菜食主義者《ベガン》であり、発芽した種、スプラウト、シリアル、ナッツ、野菜、果物を食べている。オイルと、アボカドなど油脂を多く含む果実はとりわけ重要だ（ホッブズ（二〇〇五））。

注4 ケプニックら（一九九九）、ドナルドソン（二〇〇一）、フォンタナら（二〇〇五）。サンプル数が最大で、扱っている食事法がもっとも広範なのはケプニックの研究だが、結果はみな似ている。ド

ナルドソン（二〇〇一）はベジタリアンを調査した。乾燥大麦ジュースと日替わり一九種類の果物と野菜のメニューによって、被験者は料理したものを食べていたときより健康になったと感じたが、摂取エネルギーは推奨レベルを二〇パーセント下まわり、一日に女性は一四六〇カロリー、男性は一八三〇カロリーしかとれなかった。フォンタナら（二〇〇五）は、年齢と身長が一致する対照群と生食主義者を比較研究した。生食の女性は、料理を食べる女性より体重が一二・六キロ（二七・七ポンド）少なかった。男性の場合、この差は一七・五キロ（三八・五キロ）だった。

注5 ローゼルら（二〇〇五）。

注6 ジャーナリストのジョディ・マーデジッチの日記は、www.slate.com/id/2090570/entry/2090637/

注7 ケプニックら（二〇〇五）。

注8 バー（一九九九）。バーはまた、体重が安定している女性においては、ベジタリアンのほうが肉食者より月経の乱れが少ないと報告している。

注9 エリソン（二〇〇一）は、活動が生殖機能に及ぼす影響を記述している。

注10 トマス（一九五九）。

注11 コンクリン＝ブリテンら（二〇〇二）。

注12 シルバーバウアー（一九八一）。

注13 ジェニキ（二〇〇一）。

注14 フライら（二〇〇三）。

注15 ホッブズ（二〇〇五）、ドナルドソン（二〇〇一）。

注16 ホッブズ（二〇〇五）。

注17 アーリンら（一九九六）。

注18 ハウエル（一九九四）。

注19 サイモンズ（一九九八）、九八ページが、料理と肉食の不自然さに関するギリシャの文献を紹介している。

注20 シェリーのこの議論は一八一三年『自然な食事法擁護』として自費出版された。妻のメアリ・シェリーは、料理の悪影響に関する夫の考えに大きな感銘を受け、一八一八年『フランケンシュタイン』を書いたときに〝現代のプロメテウス〟という副題をつけた。理想郷にいる想像上の祖先のように、フランケンシュタインの創り出した人間（怪物）は、そもそも食物を生で食べるベジタリアンだった。木になっているか地面に落ちたベリー類を探して食べていたが、あるとき物乞いたちが残していった焚き火を見つけ、料理によってごみの味がよくなることを知った。ここでメアリ・シェリーは、料理の要諦は味をよくすることにあるという古くからの考えを採用している。しかし、人類がもはや料理なしでいられないことは認識していたようだ。なぜならこの怪物は、自分は本物の人間とほとんど変わらない、ちがいはいくらか粗野なものを食べても生きていけることだ、と宣言している。メアリ自身は料理したものを食べていた。

注21 デヴィヴォ、スポース（二〇〇三）。

注22 フォンタナら（二〇〇五）。その他の健康上の影響について、ケプニックら（二〇〇五）。

注23 シュメール人について、サイモンズ（一九九八）、二五六ページ。百科全書の文章は、サイモンズ（一九九八）、一〇〇ページに引用されたシュバリエ受賞者ルイ・ド・ジョクールより。セリ族について、フォンタナ（二〇〇〇）、二二ページ。フォンタナ（二〇〇〇）、xxviiページは、セリ族についてマギーが書いていることはほとんど信用できないと言っている。マギーはセリ族が原始的であることを証明したいあまり、根拠なくみずからの予断を強調した。フェルガー、モーザー（一九八五）、八六ページは、セリ族が料理をする様子を書き記している。〝これまでセリ族が生肉、ときには腐った肉まで食べるという説明が何度となくなされてきたが、それらは多少誇張されているか又聞きかもしれない〟。ルウェンゾリ

山地のピグミーについて、『ニュー・ビジョン』（ウガンダの新聞）、二〇〇七年三月二日、ウガンダ地方開発福祉改善機構の事務局長の発言。ピグミーはあらゆる場所でくわしく調査されてきた。彼らはカメルーンからウガンダに至るまで、実際に料理をしている。同時に、火のおこし方を知らない民族が存在するという主張も数多くなされてきたが、これらもやはり慎重な調査の結果、まちがっていることがわかった。ただ、個人レベルで火をおこすのが下手な者はいるし、火打ち石、錐、消し炭などの道具をたまたま持っていない場合もある。料理全般について、タイラー（一八七〇）、二三九ページ。発火方法全般について、フレイザー（一九三〇）ゴット（二〇〇二）。

注24　ハウエル（一九九四）。

注25　ステファンソンの日記は、パルソン（二〇〇一）、九五、九七、一〇〇、二〇四、二一〇、二八二ページにくわしい。ステファンソン（一九一三）、一七四ページ、ステファンソン（一九四四）も参照。

注26　ジェネス（一九二二）、一〇〇ページ。

注27　田中（一九八〇）、三〇ページからの引用。狩猟採集民が夕食を食べる証拠として、イヌイット――〝日に一度、料理したものを食べるのは夕食だった〟、バーチ（一九九八）、四四ページ。ティウィ――〝一日の終わりに、少なくともひとりかふたり（の妻）は何かを持って帰り、それをみんなで食べる〟、ハート、ピリング（一九六〇）、三五ページ。アランダ――〝通常その日いちばんの食事は、人々が狩りとマナの採集から戻ってくる夕方とられる。女性が燃料を集める〟、シュルツァ（一八九一）、二三三ページ。シリオノ――〝主要な食事はつねに、核家族それぞれが自分の食物を料理して、夕方から夜の早い時間にとられる〟、ホルムバーグ（一九六九）、八七ページ。アンダマン諸島人――〝午後になると、女性がなんであれ集めたものを持ち帰り、男性が狩りの獲物とともに戻ってくる。獲物がなかった場合でも、その後集落は夕食の準備で忙しくなる。夕食は一日でいちばんの食事だ……肉が共同体のメンバーに配られたのち、各家族の女性が自分の家族のために料理をする〟、ラドクリフ・ブラウン（一九二二）、三八ページ。トリンギット――〝かつて彼らは一日に二度しか食事をとらなかった。起きてすぐの朝食と……夕食である〟、〝夕食のほうが実質的な食事だった……猟師や旅行者は、安全な集落に着くか、その日の仕事が終わるまで何も食べなかった〟、エモンズ（一九九一）、一四〇ページ。狩猟採集民の記録を見るかぎり、例外なくその日の主要な食事である。

注28　つねに料理して食べる植物の割合は、根、種、殻果の場合に顕著に高い。柔らかい果実（九七種のうち五パーセント）に比べ、根は五一種のうち七六パーセント、種は四五種のうち七六パーセント、殻果は一六種のうち七五パーセント。データはイサークス（一九八七）、別表より。日中、生で食べる軽食に関して、オーストラリア人について、オデイ（一九九一）、ペルー人について、ジョンソン（二〇〇三）。

注29　ロバートソン（一九七三）。

注30　ヴァレロ、ビオッカ（一九七〇）、第一三章。

注31　ホルムバーグ（一九六九）、七二ページ。

注32　マーガトロイド（二〇〇二）。

注33　太平洋の例、ヘイエルダール（一九九六）。アンデスの例、リード（一九七四）。〈エセックス〉の例、フィルブリック（二〇〇〇）。横井氏の例、小野田（一九七四）。

注34　レターマン（二〇〇三）、七三ページ、船長ウッズ・ロジャースの記録より。

第2章

注1　調理した食物が家畜に与える影響について、マブジーシュら（二

〇〇〇）、キャンプリング（一九九一）、パタネイクら（二〇〇〇）、メデルら（二〇〇二）、メデルら（二〇〇四）、ナガラクシュミら（二〇〇三）。乳牛の場合、最低限の粗飼料が必要なので相関は限定的（オーウェン（一九九一））。

注2　ステッド、レアド（二〇〇二）。養魚業界で調理餌が開発されたのは一九三七年、鶏のペレットが発明されたのは一九四四年だが、調理の価値が正しく認められたのはごく最近である。イギリスの養殖業でもっとも重要な鮭の養殖——世界全体の養殖水産物の二〇から三五パーセントを占める——は調理餌に大きく頼っている。主原料はカタクチイワシなど海洋の小魚で、二一世紀初頭には年間約六〇〇万から七〇〇万トンが調理、圧縮、乾燥、粉末化されていた。一九八〇年代、イギリスの鮭養殖業者が買っていた餌は安かった。エクストルージョン加工をしない伝統的なペレット製造法だったからだ。原材料の温度は六、七〇度までしか上がらず、ペレットはプレス機から押し出されてパスタのように短く切られていた。イギリスの鮭の価格は高かったので（重量一ポンドあたり七ポンド前後）、養殖業者はいまと比べて魚の成長が遅く、死亡率が高くても充分な利益をあげることができた。やがて鮭の価格が下がりはじめ、彼らも経済的に厳しくなって、適切な餌を選ぶことがより重要になった。餌の製造業者はエクストルージョン加工を含む高度な調理法を導入した。魚と穀物の原材料は、水と一二〇度という高温の蒸気で圧縮され、加圧されながら型のなかを進む。高温になったことで澱粉のゲル化がさらに進み、病原菌が効果的に殺される。ペレットはエクストルージョン加工の過程で水を飛ばされてふくらみ、さらに消化がよくなると考えられる。食事法だけが成功に貢献したとはかぎらないが、餌代が養殖費の半分近くを占めることを考えると、この効率化は利益に大きく影響する。餌の加工法が変わったことで業界全体の成績が上がった。一九九〇年代、養殖鮭の平均体重は二・五キロ（五・五ポンド）から四キロ（八・八ポンド）近くまで上昇し、生存率は六〇パーセントから九〇パーセントとなり、養殖費が低減した。

注3　パーマー（二〇〇二）は、犬に生の食物を与えるべきだと主張する。BARFを推奨するサイトとして、www.barfworld.com/html/barf_diet/barfdiet.shtml

注4　カーペンター、ブレム（二〇〇二）、フィッシャー、ブルック（二〇〇四）、プローら（二〇〇二）。

注5　私たちの口が小さい理由のひとつに、ほかの霊長類より唇があまり開かないことがある。骨を比べれば、ちがいは小さくなる。ケイら（一九九八）が、四八人のヒトと四四頭のチンパンジーの頭蓋の口腔容量を調べたところ、ヒトの容量（一〇七立方ミリメートル）はチンパンジーの容量（一一三立方ミリメートル）よりわずかに小さかった。デグスタら（一九九九）による三三種の霊長類のデータにもとづいて、口腔容量を任意単位で計算すると、ヒトはチンパンジーよりわずかに大きいが、体重比で考えると小さかった。スミス、ユンガース（一九九七）が体重についてまとめている。野生のチンパンジー三種の成体の平均体重は、メスが四二キロ、オスが四六キロだった。ピグミーからサモア人までを含む七民族のヒトの平均体重は、女性が五三キロ、男性が六一・五キロ。このデータによれば、ヒトはチンパンジーより二六パーセントから三四パーセント重い。しかし、計測した口腔容量はヨーロッパ人のものだったから、より現実的な体重（デンマーク人）は、女性六二キロ、男性七二キロであり、チンパンジーより四八パーセントから五七パーセント重いことになる。私たちの口がとりわけ小さく見えるのは、チンパンジーの口のように前方に突出していないからだ。口腔が頭蓋の奥に広がっているため、見た目より容量は大きい。ルーカスら（二〇〇六）が、料理がヒトの口に及ぼした影響について書いている。

注6　ステッドマンら（二〇〇四）。顎の筋肉内のミオシンの構成に関す

る詳細研究は、マカク属のサルにかぎられたものだが、類人猿においては同様と考えられる。ＭＹＨ16遺伝子が変異した時期をより正確に特定するには、さらに多くの研究が必要だ。五三〇万年前に変異が起きたとする最近の研究もあり、それが正しいとすると、整合性のある説明がむずかしくなる。

注7 ニール・ローチが、プレドモスティの二万五千年前のヒトの歯を用いたケイ（一九七五）をもとに提供してくれたデータ。顎と歯を縮小させた柔らかい食物について、ルーカス（二〇〇四）のレビュー、リーバーマンら（二〇〇四）。柔らかい食物に関連した別のアイデアについて、ミルトン（一九九三）。ヒトの小さな歯が柔らかい果物に適応した可能性もなくはないが、柔らかい果物は、彼らが陸生にこだわりサバンナを居住環境とした過去二〇〇万年において、それ以前の時代より手に入りにくかった。なのに歯は小さかったのだ。

注8 ルーカス（二〇〇四）。

注9 四〇種の霊長類と七三種の哺乳類を扱った、マーティンら（一九八五）のデータ。

注10 体重四一キロ（九〇ポンド）の野生のチンパンジーは、一日に乾燥重量で約一・四キロ（三・一ポンド）の食物をとる（筆者によるキバレ国立公園での観察）。カラハリ砂漠に住む同じ体重のサン族が食べる量はわずか〇・七キロ（一・六ポンド）で、チンパンジーの約半分。都会の生食主義者が食べる量もほぼ同じである。霊長類およびヒトの体重と、一日にとる食物の乾燥重量との関係について、バートン（一九九二）。現代の都会の生食主義者について、ランガム、コンクリン＝ブリテン（二〇〇三）。食物繊維の内容について、コンクリン＝ブリテンら（二〇〇二）。

注11 マーティンら（一九八五）は、ヒトの小腸の表面積が四二種の霊長類の六二パーセントより小さく、七四種の哺乳類との比較から予想される大きさの七六パーセントであることを示した。ミルトン（一九九九）は、ヒトの小腸が胃腸全体の大きさから見て長めであることを確認した。これは事実だが、体重比で見るとヒトの小腸は長いとは言えず、特別な適応の結果ではないと考えられる。

注12 レナード、ロバートソン（一九九七）。

注13 マーティンら（一九八五）によれば、ヒトの大腸の表面積は、体重比で三八種の霊長類の九二パーセントより小さく、七四種の哺乳類から予想される大きさの五八パーセントだった。

注14 ヒトが植物性食物に頼っていることについて、バン、スタンフォード（二〇〇一）、スタンフォード、バン（二〇〇一）のほかの章に記されたコンセンサスを参照。

注15 ヒトを三五種の霊長類と比較した、チヴァース、フラディック（一九八〇）、ミルトン、デメント（一九八八）のデータをもとに計算。霊長類で想定される重さの六〇パーセントという数値は、アイエロ、ウィーラー（一九九五）。

注16 ルーカスら（二〇〇八）は、ヒトの顎が小さいのは、噛むときの力を体が正確に感じ取る必要があるからだと指摘する。

注17 アイエロ、ウィーラー（一九九五）、二〇五ページ。

注18 ランガム、コンクリン＝ブリテン（二〇〇三）。ミルトン（一九九九）、スタンフォード、バン（二〇〇一）が〝肉食〟説をレビューしている。

注19 アイエロ、ウィーラー（一九九五）。

注20 アンガー（二〇〇四）。

注21 チヴァース、フラディック（一九八〇、一九八四）、マーティンら（一九八五）、マクラーノンら（一九八六）、ミルトン（一九八七、一九九九）。アウストラロピテクスの胃腸が大きかったことは、胸郭の広がりから推定できる（アイエロ、ウィーラー（一九九五））。

注22 肉食動物と霊長類の経過時間のちがいについて、ミルトン（一九九九）。同じ食物（調理した鶏のレバー）を用いたヒトと犬の経過時間のちがいについて、マイアーら（一九八五、一九八八）。ヒト

の場合、食事の半分が約一〇五分で胃を通過したが、犬の場合には同じ半分が通過するのに約一八〇分かかった。田中ら（一九九七）、ラジャー（二〇〇〇）も参照。猫について、アームブラストら（二〇〇三）。

注23　初期の人類の主要な行動適応は道具で食物を加工することだったという考えは、少なくともオークリー（一九六二）にさかのぼる。ミルトン、デメント（一九八八）は、ヒトの進化上、道具の使用が歯と胃腸の縮小の原因だったかもしれないと指摘した。ティーフォードら（二〇〇二）も同様に、切歯の縮小も道具による食物加工が増えたことに関連していたかもしれないと示唆した。

注24　シャーマン、ビリング（二〇〇六）が、肉のバクテリア感染の問題を論じている。

注25　ステファンソン（一九四四）、二三四ページからの引用。ステファンソンは長年にわたるイヌイットの民族誌研究で、彼らの食事面での適応に強い関心を抱き、みずからの体で何度か興味深い実験をおこなった。彼がニューヨークで一年間、医師の監視のもと、肉のみを食べて生活したときの様子を、スペス（一九八九）が記している。食事のほとんどは二五パーセントのタンパク質と七五パーセントの脂肪からなったが、ステファンソンは、しばらくタンパク質の摂取が四五パーセントから五〇パーセントになるよう調整した。すると、吐き気、下痢、食欲不振、全敗的な不快感といった症状が現れ、タンパク質二五パーセントの食事に戻すと二日でまた気分がよくなった。タンパク質の最大摂取レベルについて、スペス（一九八九）。

注26　別の見方として、噛む必要のない骨髄がかなり頻繁に食べられ、胃腸のタンパク質（および脂肪）消化機能をとりわけ発達させるとともに、口、顎、歯を縮小させた可能性もある。たしかに骨髄が食事で重要な位置を占めていたことは想定しうるが、ヒトの解剖学的特徴が変化したこの時期、獲物の動物の骨に数多くついている切り傷から考えると、もっぱら骨髄だけを食べていたとは考えられない。

注27　ヴラッサラら（二〇〇二）が、この化合物に関連した健康問題をレビューしている。

注28　西田（二〇〇〇）が、タンザニア、マハレ山地のチンパンジーの食物の味を系統的に分類している。

注29　ラジャーら（二〇〇〇）、シャーマン、ビリング（二〇〇六）。

第3章

注1　アメリカ農務省『標準参照用の全米栄養成分データベース』、食品規格庁（二〇〇二）によるマカンス、ウィドウソン『食物成分』。料理の明らかな効果を調べるために、著者は生と料理したもの両方の栄養成分データが報告されている食物の、乾燥重量あたりカロリー濃度を比較してみた。なかにはカロリー濃度がいくらか増しているものもあった――ニンジンを煮ることによって一・七パーセント増、サーロインを焼くことによって一・五パーセント増など。一方、カロリー濃度が少し減っているものもあった――ビートを煮て一・八パーセント減、テンダーロインを焼いて二・〇パーセント減などだ。全体的に見て、これらの効果は打ち消し合っていた。生の食物に対して料理した食物のカロリー濃度をグラフに表してみると、両者のカロリー濃度の平均値は、炭水化物やタンパク質の含有量のいかんにかかわらず、ほとんど同じと報告されていることがわかった。

注2　アイエロ、ウィーラー（一九九五）、二一〇ページ。

注3　〈シェイディ・ブルック・ファームズ〉の商品。

注4　ジェンキンス（一九八八）、一一五六ページ。

注5　マギー（二〇〇四）は、料理の科学に関するすぐれた著作である。ワンドスナイダー（一九九七）が、狩猟採集民の技術を用いた料

理の化学作用を論じている。

注6 アトキンス、ボウラー（二〇〇一）、表9・4。

注7 家庭で料理されたインゲン豆について、ノアら（一九九八）。大麦のフレークについて、リヴシーら（一九九五）。コーンフレーク、白パン、カラスムギについて、イングリスト、カミングス（一九八五）。バナナについて、ラングキルドら（二〇〇二）、イングリスト、カミングス（一九八六）、ミュアーら（一九九五）。ジャガイモについて、イングリスト、カミングス（一九八七）。小麦について、ミュアーら（一九九五）。レビューは、カーマディ、ランガム（近刊）参照。

注8 イーストウッド（二〇〇三）、ギャマン、シェリントン（一九九六）に教科書的説明、オルク、ラー（一九七八）に詳細なレビュー、スヴィハスら（二〇〇五）、テスターら（二〇〇六）に最前線の研究に関する議論がある。澱粉を焼く（水なしで加熱する）ことの効果について、カールソン、エリアソン（二〇〇三）。リーら（二〇〇五）らは、動物における澱粉の不完全な消化の例を挙げ、ゲル化によって加水分解とブドウ糖の吸収が進むことをラットの実験で示した。

注9 グラニュールは小粒子であるにもかかわらず、食物のなかにあることを感知しうる。直径わずか二マイクロメーター（一〇〇〇分の二ミリ、または一〇〇〇分の〇・〇八インチ）の分子が含まれる食物でも、上口蓋に当たったときや、舌と唇のあいだに入ったときに、よりザラザラした感触があるからだ。つまり〝口の感触〟で澱粉のグラニュールの有無がわかるかもしれない。エンゲレンら（二〇〇五a）は、カスタードのデザートに大きさのわかった二酸化珪素とポリスチレン球を加えて、ヒトが知覚できる分子サイズを調べた。この研究のまえまで、食物のなめらかさ、つるつるした感じ、ザラザラした感じは、含まれる油などの潤滑性物質によってのみ影響されると考えられていた。食物に澱粉グラニュールほど微小の分子が含まれていてもザラザラした感触が生じるということは、ヒトが食感で生の澱粉を判別して（避けて）いることを示唆する。

注10 ブドウ糖の鎖にはふたつのタイプ（分子）がある。アミロペクチンは〝良い〟タイプ——ときに二〇〇万ものブドウ糖が、互いにまとまりなく枝分かれしながら結びついた高分子だ。ゲル化のあと、アミノペクチンには消化酵素が作用しやすい。よって、ほとんどアミノペクチンからなる澱粉は、グリセミック指数の高い、きわめて消化しやすい食物となり、食後すぐに満足感を与える。

澱粉の構成要素で厄介なのは、アミロースだ。この分子はゲル化されたあとも消化されにくい。アミロースは澱粉グラニュールの平均二〇から三〇パーセントの重さを占めるが、含有率はゼロから七〇パーセントと幅広い。わずか五〇から五〇〇のブドウ糖が結合した小さな分子で、ブドウ糖の鎖は枝分かれせず比較的短い。これが互いを包みこむようにまとまり、ときに脂質と結びついて、透過しにくく、アミラーゼなどの酵素からしっかりと守られた疎水性の構造を作る。したがって、アミロースの豊富な澱粉は、体重を減らしたい人や肥満が心配な人にとって都合のいい食物となる。とくにこれが高い割合で含まれると、澱粉は消化されにくくなる。ブラウンら（二〇〇三）は、料理によってアミロースが消化されやすくなることを示したが、アミロースの含有率が六〇パーセントを超えると、料理をしても澱粉の消化抵抗は完全にはなくならなかった。

注11 コリングスら（一九八一）。

注12 ブランド＝ミラー（二〇〇六）。

注13 カーマディ、ランガム（近刊）によるレビュー。

注14 クリスチャン、クリスチャン（一九〇四）、一五九ページ。

注15 ローチ（二〇〇四）が、生卵の価値に関するボディビルダー間の論争を紹介している。

注16　イサークス（一九八七）、一六六ページ。

注17　エミュの卵について、バセドー（一九二五）、一二五ページ。ヤーガン族について、グシンデ（一九三七）、三一九ページ。

注18　エイヴンプルら（一九九八、一九九九）。

注19　ルーサーファード、モーガン（一九九八）、九〇九ページに〝アミノ酸は大型哺乳類の大腸粘膜からはほとんど吸収されないようだ〟とある。

注20　研究者たちは、回腸造瘻術を受けた患者に印つきの卵の食事をとってもらったあと、三〇分おきに小腸終端部からの流出物を回収するだけでなく、被験者の呼気のサンプルも採った。すると（流出物でモニターした）消化の進行が、呼気に含まれる安定同位元素の量と密接に関連していた。これにより、呼気を調べるだけで、印のついたタンパク質の消化の度合いがわかることになった。呼気で健康な被験者の卵の消化を調査するようになったのはここからだ。

注21　生卵のタンパク質が、加熱した卵のタンパク質ほど消化されないという発見は、ヒトの胃腸におけるタンパク質消化に熱が及ぼす影響を初めて明らかにしたものだった。しかし、生卵がそれほどすぐれた食物でないという証拠はすでにほかの研究でも挙がっていた。たとえば、アレルギーの研究者が、朝食に生卵か加熱した卵を食べた女性の母乳を集めた実験がある。卵を食べると、母乳に含まれるオボアルブミン（訳注—卵アレルギーの抗原）の濃度が増すが、増加速度は、加熱した卵が生卵のほぼ二倍だった。つまり、加熱した卵のほうが消化されやすかった。アレルギー研究について、パーマーら（二〇〇五）。料理が卵の消化率に及ぼす効果について、少なくともふたつのグループがデータをまとめている。ホーク（一九一九）の研究チームは、生卵の白身が、加熱した卵の白身ほど完全に消化されない証拠があると主張した。コーン（一九三六）は、生卵の白身を多く含む食事を与えたラットが、加熱した卵の白身を与えたラットより育ちが悪いことを示し、理由は、抗トリプシン（訳注—消化酵素のひとつ）要素と、生卵のタンパク質が加熱した卵のタンパク質より速く胃から小腸に移動することであるとした。この効果はエイヴンプルら（一九九八）も確認している。生卵のエネルギー供給不足は胃から速く移動するせいだとするコーンの考えは、現代のデータによって覆されている。第一に、ここ数十年、消化の大部分は胃ではなく小腸でおこなわれるというのが定説だ。第二に、エイヴンプルら（一九九八）が、回腸までの移動時間は同じ（どちらの場合にもハーフタイム平均五・三時間）であることを確かめている。つまり生卵は、消化作用がもっとも盛んな小腸で、加熱した卵より長い時間をすごしているわけで、加熱した卵より消化吸収されなければおかしいことになる。

注22　マギー（二〇〇四）、ワンドスナイダー（一九九七）。

注23　デイヴィーズら（一九八七）が、加熱の有無によって、変性したウシ血清アルブミンにトリプシンがどう作用するかを調べた。実験で軽く加熱した場合、このタンパク質は四倍消化されやすくなった。要するにふだんの生活で正しく料理すれば、はるかに消化しやすくなるということだ。

注24　空《から》の胃のｐＨは通常、２未満である。消化生理学者によると、変性という点ではこの強酸性はかならずしも重要ではない。ジョンソン（二〇〇一）、キング（二〇〇〇）はともに、胃酸の役割は殺菌と、ペプシノゲンをペプシンに変えることだととらえ、変性には触れていない。一方、サイザー、ホイットニー（二〇〇六）、八一ページは、〝胃酸はタンパク質の鎖をほどき、胃のタンパク質消化酵素を活性化させる。この酵素がタンパク質の鎖をさらに小さく分解する〟と報告している。

注25　ギャマン、シェリントン（一九九六）。

注26　トリンギットについて、エモンズ（一九九一）、一四〇、一四三ペー

注27 ジ。ペミカンについて、ドライヴァー（一九六一）、七一ページ。オーストラリア人について、バーント、バーント（一九八八）、九九ページ。サンナヴェーラッパら（二〇〇四）は、インドのサバヒーを二四時間塩漬けにすると、大きな筋肉のタンパク質がかなり変性することを確かめた。日干しがその効果をさらに高めた。

注28 ボーモント（一九九六）、ixページ。

注29 ボーモント（一九九六）、一二五ページ。

注30 ボーモント（一九九六）、七七ページ。

注31 ボーモント（一九九六）、一〇四ページ。

注32 ボーモント（一九九六）、四七ページ。

注33 ボーモント（一九九六）、三五ページ。

注34 ボーモント（一九九六）、四八ページ。

注35 BBCニュース、二〇〇六年四月一〇日。http://news.bbc.co.uk/go/pr/fr/-/1/hi/england/london/4894952.stm、および、www.wagyu.net/home.html

注36 ローリー（一九九一）、一九九ページ。

注37 〝柔らかさ〟はとらえにくい性質である。〝固さ〟は亀裂を作るのに必要な力、〝強さ〟はそれを作りつづけるのに必要な力を指す。〝弾力性〟は、変形した食物がどのくらい速くもとの形に戻るか。〝噛みにくさ〟は呑みこむまでに何回噛まなければならないか。通常〝柔らかさ〟の知覚――食物が口のなかで〝溶ける〟感じ――にはこれらすべてがかかわっている。ほかの要素もある。ジューシーさ（水分が出てくる割合）や、脂っこさ（口内にできた脂膜がなくなるのにどのくらいかかるか）などだ。肉も切り方によってこうした状態がみな変わり、料理もそれぞれの食感に多様な影響を与える。ルーカス（二〇〇四）が食物の物理学について、ルイス・デ・ウイドブロら（二〇〇五）が肉のさまざまな食感について論じている。

注38 サイモンズ（一九九八）、九四ページ。

注39 ビートン（一九〇九）、一〇八ページ。

注40 田中（一九八〇）、三八、三九ページ。

注41 グシンデ（一九三七）、三二五ページ。

注42 エモンズ（一九九一）、一四一ページ。

注43 ウテ族について、ペティット（一九九〇）、四四ページ。オーストラリア人について、ドーソン（一八八一）、一七ページ。イヌイット（腸）について、ジェネス（一九二二）、一〇四、一〇六ページ。イヌイット（腎臓、肝臓）について、ジェネス（一九二二）、一〇〇ページ。チンパンジーについては著者個人の観察。フィルブリック（二〇〇〇）が、海洋遭難事故で人間の生の肝臓を食べた例を報告している。ただ、食人は通常、料理をともなった。

注44 フェルナンデス＝アルメスト（二〇〇一）、八八ページ。

注45 ギャマン、シェリントン（一九九六）。

注46 ローリー（一九九一）、第3章。

注47 ウッドヘッド＝ギャロウェイ（一九八〇）。

注48 肉の固さの指標としてもっとも広く使われているのは、ワーナー＝ブラツラーの切断強度（WBSF）である。肉をスチール刃で貫くための力を測定するこの方法は、消費者が知覚する〝固さ〟を測るのには適しているが、固さは数ある嗜好のひとつにすぎない。したがって食感の調査としては、消費者に肉のサンプルを試食してもらうことが、時間や費用、結果のばらつきなどを考慮してもやはりいちばん信頼できる。たとえば、消費者の知覚は国によって異なる。WBSFについて、ハリス、ショートホーズ（一九八八）、トーンバーグ（一九九六）。国によるちがいについて、ローリー（一九九一）。料理によって肉が軟らかくなることについて、エビ――ラオ、ルンド（一九八六）。タコ――ウルタドら（二〇〇一）。ウサギ――コンブら（二〇〇三）。ヤギ――ジェディら（二〇〇〇）。牛――デ・ウイドブロら（二〇〇五）。

注49 ロンバウアー、ベッカー（一九七五）、八六ページ。

注50 ハント（一九六一）、一七ページによる、ブリア＝サヴァラン『芸

術としての美食』からの引用。

注51　岡ら（二〇〇三）。ペレットを砕くのに必要な平均的な力は、固いもので八五・五ニュートン、柔らかいもので四一・八ニュートン。

注52　ニシキヘビについて、シーコー（二〇〇三）。ヒキガエルについて、シーコー、フォークナー（二〇〇二）。消化の労力についての概観は、シーコー（二〇〇九）。

注53　ボバックら（二〇〇七）。

注54　メスのチンパンジーについて、トンプソンら（二〇〇七）、ウィリアムズら（二〇〇二）。エネルギーとヒトの生殖について、エリソン（二〇〇一）。

第4章

注1　ジョリー、ホワイト（一九九五）。

注2　アイエロ、ウィーラー（一九九五）、ローレット（一九九九）、ラジャー（二〇〇〇）、フォリー（二〇〇二）。

注3　料理が歯の縮小に影響を与えたというブレイスの具体的な考えが広く支持されることはなかった。が、ブレイスは最近のほとんどの人類学者より、料理の潜在的な重要性を強調しており、火の使用が二五万年前ごろに始まったとする彼の考古学的解釈は、ここ数十年で支配的になってきたと思われる（たとえば、ジェイムズ（一九八九）とその論文の解説者など）。

注4　ブリッカー（一九九五）。

注5　パストら（二〇〇〇）。

注6　バートンら（一九九九）。プリン（二〇〇五）、ヴィクトリア・リン（私信）が、旧石器時代前期以降の火の証拠についてすぐれたレビューをおこなっている。

注7　プリン（二〇〇五）。

注8　プリン（二〇〇五）。

注9　クラーク、ハリス（一九八五）。

注10　アルバートら（二〇〇三）。

注11　火を使用した証拠が多数見つかった遺跡として、ほかに四〇万八五〇年前のビルツィングスレーベンがある（メイニア（一九九五）、メイニア、メイニア（二〇〇五））。居住区の外に炉がいくつかあり、さらに丸く石を敷いた中央が炉になっているものもひとつある、とメイニアは指摘する。炉はまわりから区別できる地上の局所的な焼け跡として残っている。

注12　ゴーレット（二〇〇六）、プリースら（二〇〇六）。ビーチズ・ピットでは、焼けた骨もいくつか見つかっている。炉のまわりの様子を再現してみると、加工品が散らばっていることから、人々が火のそばで石を叩いたり砕いたりしていたと考えられる。とくに三〇ほどある石片――そのうちふたつは完全に焦げている――を組み合わせると、石を叩いていた個人と火の直接の結びつきがわかる。火が社会的相互関係の中心になっていたかどうかは定かでないが、異なる形の両面石器が複数見つかっているので、そう想定するのは筋が通っている（ゴーレットら（二〇〇五））。二〇〇七年、ジョン・ゴーレットは私をこの静かな森に連れていってくれた。いまも坂がかつての居住地から古代の沼へと下っている。大昔、誰かが火のそばで適当に選んだ火打ち石を叩いたであろうその場所に、私もしゃがんでみた。

注13　ティーム（二〇〇〇、二〇〇五）。最初に報告されたのは槍四本だった（ティーム（一九九七））が、ティーム（二〇〇〇）は、正確な数は示さず〝半ダース以上〟と記している。一本の槍は馬の骨盤の隣で見つかった（ティーム（一九九七））。槍は、マツ（種）を削って作ったⅣ番を除いてすべてトウヒ（種）で作られていた。いずれも密に年輪の入った単独の木を削ったもので、木は伐採され、皮を剥がれ、枝を切り落とされていた。槍の先端は、木の根に近いもっとも固い部分を利用して作られていた。Ⅵ番の槍は長さ二・

五メートル。

注14 ゴレン＝インバーら（二〇〇四）。

注15 アルパーソン＝アフィル（二〇〇八）、一七三三ページ。

注16 ジェイムズ（一九八九）。

注17 ローレット（一九九九）、ボイド、シルク（二〇〇二）。

注18 マロルら（二〇〇七）。

注19 ジョン・ゴーレット、アルフレッド・レイサム（私信、二〇〇六年一一月）。スワートクランズ（一〇〇万年以上前）は白雲石でできた洞窟で、浸食されにくい。

注20 同時期、同地域に火を使った証拠が豊富にあるにもかかわらず、火の痕跡が残っていない最近の遺跡として、モロッコ、タンジールのハイ・ケイヴ、イランのビシタン、フランス、シャラントのグロット・スアールなどがある（オークリー（一九六三））。同様に、ヨーロッパ北西部の平原の砂に覆われた地域では、ほとんどすべての中石器時代の遺跡（農業が始まる直前の一万年内）で焼けた骨や貝、加工品が見つかっているが、きちんとした炉や目に見える焚き火の跡はきわめて少ないか、まったくない、とサージャントら（二〇〇六）が報告している。

注21 ヴィクトリア・リン（私信、二〇〇七）。

注22 スタール（一九八九）、一九ページは、〝暖をとるために火を用いることは、意図的な料理のための使用より何万年あるいは何十万年先行していたかもしれない〟と指摘する。

注23 ウォッバーら（二〇〇八）。

注24 ブルワー（一九七八）。

注25 ペニー・パターソン（私信、二〇〇七年五月）。

注26 ヒエミー、パーマー（一九九九）。

注27 カドヒサら（二〇〇五ｂ）。

注28 カドヒサら（二〇〇四）、カドヒサら（二〇〇五ａ）。

注29 デ・アラウホ、ロールズ（二〇〇四）は、一定の粘度の蔗糖（スクロース）、野菜オイル、またはカルボキシメチル・セルロースの水溶液を一二人の被験者に与えて、それぞれ神経の反応をｆＭＲＩで計測した。概説は、ロールズ（二〇〇五）。

注30 ガラパゴスフィンチ（Geospiza fortis）について、ボーグ、グラント（一九八一）、グラント、グラント（二〇〇二）。強い淘汰によって大きなくちばしが発達したあと、また食物が豊富になり、くちばしはまたゆっくりともとの小さいサイズに戻っていった。ウェイナー（一九九四）が、グラントの研究を紹介している。

注31 ボバック（二〇〇六）。

注32 グールド（二〇〇二）。

注33 ブレイス（一九九五）。現在、歯の縮小パターンはブレイスが主張したものより複雑だったことがわかっている（ベルムデス・デ・カストロ、ニコラス（一九九五））。

注34 この食事法のちがいは、ゴリラの胃腸に食物がより長くとどまることによるものかもしれない。それだけ食物繊維を発酵させる時間が増え、ゴリラはより低品質の食物に頼って生きていける。ミルトン（一九九九）を参照。ランガム（二〇〇六）が、チンパンジーとゴリラの生活環境と行動を比較している。

注35 ゴリラの最初の出産は九歳ごろ、チンパンジーの場合には一四歳ごろ。ゴリラの出産と出産のあいだの期間は平均三・九年、チンパンジーの場合には五・〇から六・二年（ノット（二〇〇一））。葉の食事は進化上、速い成長と生殖を可能にするのかもしれない。

注36 ランガム（二〇〇六）。

注37 最初期のホモ・サピエンスについて、ホワイトら（二〇〇三）。

注38 リーバーマンら（二〇〇二）。

注39 ライトミア（一九九八、二〇〇四）。脳容量は、ホモ・エレクトスの約九〇〇立方センチメートル（五四・九立方インチ）から、ホモ・ハイデルベルゲンシスの約一二〇〇立方センチメートル（七三・二立方インチ）に増加した。

注40　アントン（二〇〇三）、マクヘンリー、コフィング（二〇〇〇）。噛むのに使う歯は、上下左右の第二小臼歯から最初の二本の臼歯までである。その合計表面積は、アウストラロピテクス（ホモ）・ハビリスの四七八平方ミリメートル（〇・七四平方インチ）に対し、初期のホモ・エレクトスは三七七平方ミリメートル（〇・五八平方インチ）。

注41　アウストラロピテクス（ホモ）・ハビリス――六一二立方センチメートル（三七立方インチ）。ホモ・エレクトス――八七一立方センチメートル（五三立方インチ）。マクヘンリー、コフィング（二〇〇〇）。

注42　メールマン、ドラン（二〇〇二）。

注43　ワードリン、ルイス（二〇〇五）。

注44　ウォーカー、シップマン（一九九六）。ホモ・エレクトス全般について、アントン（二〇〇三）。ハビリスとの比較について、ヘスラー、マクヘンリー（二〇〇四）、ウッド、カラード（一九九九）。著者は、アウストラロピテクスもハビリスも樹上で眠れるくらい木登りがうまかったと考えるハント（一九九一）に同意する。この意見が多数派のようだが、ワード（二〇〇二）は、アウストラロピテクス・アファレンシスの木登りの能力については判断できないと注意をうながす。とはいえ、アウストラロピテクスが地上で寝ていたと想像するのはむずかしい。

注45　カプランら（二〇〇〇）。

注46　ヘスラー、マクヘンリー（二〇〇四）は、ハビリスの脚は木登りに適応した上半身と同じくらい長かったと主張する。脚の長さを推定できるハビリスの胴体以下の標本は二体しかないため、これには議論の余地がある。もし彼らが正しいとすれば、ハビリスの寝場所については、樹上だとする著者の前提より複雑な状況があることになる。

第5章

注1　パスカル『パンセ』（一六七〇）。

注2　アレクサンダー（一九九〇）。

注3　ランガムら（二〇〇六）。

注4　ディーナーら（二〇〇七）。

注5　ダンバー（一九九八）。

注6　シュルツ、ダンバー（二〇〇七）。

注7　クノトカら（二〇〇八）。

注8　コナー（二〇〇七）。

注9　カール・ツィマー、『ニューヨーク・タイムズ』（二〇〇八年三月四日）。ホールカンプら（二〇〇七）も参照。

注10　ダーウィン（一八七一〔二〇〇六〕）、八五九ページ。

注11　ダンバー（一九九八）、バーン、ベイツ（二〇〇七）。

注12　アイエロ、ウィーラー（一九九五）。

注13　ハイトヴィッチら（二〇〇八）。

注14　フィッシュ、ロックウッド（二〇〇三）は、霊長類の脳の大きさが食事の質と関連していることを示して、アイエロとウィーラーの説を支持した。フラディックら（一九九九）は、大きな脳の代償として体のほかの部分も小さくなっていると指摘した。

注15　カウフマン（二〇〇六）。

注16　イスラー、ファン・スハイク（二〇〇六）は、ヒトの進化上、移動運動にエネルギーをかけないことが、同じように脳の拡大を可能にしたのではないかと指摘している。

注17　レナードら（二〇〇七）。

注18　二〇〇八年のハーヴァード大学での講演で、レスリー・アイエロは、最近の証拠を見ると、料理によってホモ・エレクトスの脳の拡大を説明できそうだと発言した。

注19　チンパンジーの脳の計測データは、アドルフ・シュルツ（デイヴィッ

ド・ピルビーム、私信、二〇〇五）。アウストラロピテクスの脳のデータについては、マクヘンリー、コフィング（二〇〇〇）。

注20 レイデン、ランガム（二〇〇五）、ヘルナンデス＝アギラーら（二〇〇七）、イーケルら（二〇〇〇）。

注21 コンクリン＝ブリテンら（二〇〇二）。

注22 アイエロ、ウィーラー（一九九五）は、アウストラロピテクスの食事の質の向上は、殻果や種などのより固い食物からもたらされたという別の考えを示した。しかし、これは受け入れがたい。そのような食物は例外なく季節性で、かならず不足時期が生じ、ほかのタイプの食物を探さざるをえなくなるからだ。その窮余の食物こそが胃腸の最小サイズを決めたはずである。

注23 マクヘンリー、コフィング（二〇〇〇）。

注24 干し肉も、ハビリスによる加工法のひとつだったかもしれない。干すことでタンパク質が変性し、食物としての質が上がる。

注25 ライトミア（二〇〇四）。

注26 リー（一九七九）、一九三ページ。

注27 マクブリーティ、ブルックス（二〇〇〇）。

注28 ブレイス（一九九五）。地中のオーブンを使った料理について、スミスら（二〇〇一）。

注29 スペンサー（一九二七）、一九ページ。

注30 マッツァら（二〇〇六）。

注31 料理法は、マン（一九三二）に紹介されている。

注32 グシンデ（一九三七）、三一八から三二〇ページ。

第6章

注1 三谷ら（二〇〇二）、ドラン、マクニーリッジ（一九九八）。

注2 ウォッシュバーン、ランカスター（一九六八）、二三ページ。

注3 一九八一年、著者はモニク・ボルガーホフ＝ムルダーと、ハッザ族の集落に数日滞在したが、本書での説明はほとんど、ホークスら（一九九七、二〇〇一a、二〇〇一b）、マーロウ（二〇〇三）、ブライアン・ウッド（私信、二〇〇八）といった民族誌学者の記録にもとづいている。ハッザ族は、ほとんどすべての狩猟採集民と同じように、隣接地域の農民や牧畜民と長期にわたる関係を築いている（ヘッドランド、リード（一九八九））。

注4 マーシャル（一九九八）、六七ページ。

注5 カベリー（一九三九）、三五ページ。

注6 概略は、メガリー（一九九五）、バード（一九九九）、ウェイグスパック（二〇〇五）。

注7 スチュワード、ファロン（一九五九）。

注8 ハート、ピリング（一九六〇）。

注9 〝ほとんどすべての社会で女性が集中するのは、手に入りやすく、サイズが割合小さく、取り逃す危険が比較的少なく、多くの場合、加工に手間暇がかかるものである。男性が好むリソースは一般に、より手に入りにくく、大きく、取り逃す危険があり、加工にさほど手間暇がかからない〟。バード（一九九九）、六六ページ。女性が集める食物は、かならず入手可能な主食として死活的に重要だ。ゆえに狩猟採集民が集落を別の場所に移すいちばんの理由は、女性の食物の乱獲である（ケリー（一九九五））。

注10 イサークス（一九八七）が、料理法を記している。

注11 カベリー（一九三九）、三六ページ。

注12 サンプル調査した一八五の社会で、狩りより男性偏重だったのは、木の伐採、金属加工、鉱石溶解、海生哺乳類狩りだった（マードック、プロヴォスト（一九七三）、ウッド、イーグリー（二〇〇二））。

注13 ケヴィン・ハント（私信、二〇〇五）、四〇種の霊長類についてまとめたデータ。

注14 おそらく霊長類の食事で観察されるもっとも大きな性差は、チンパンジーのオスがメスより肉を多く食べることだろう。とはいえ、

どちらも肉そのものをあまり食べない。ともに五〇から七〇パーセントの生活時間で果物を食べているので、チンパンジーの肉食の性差はヒトに比べてかなり小さい。記録されたなかで最大の肉の摂取は、オスが一日に平均約四〇グラム食べるというもので、これは摂取カロリー全体の二パーセントほどにすぎない（カプランら（二〇〇〇）、表3）。

注15 ステファンソンが研究したイヌイットのように、狩猟採集民の男性は朝、自分の妻に、戻ったときの夕食をしっかり用意しておいてくれと言い残すことが多い。ヒト以外の動物に、これに相当する行動はまったく見られない。ヤニガサコ（一九七九）が、社会人類学の立場から見た、家族（ファミリー）と世帯（ハウスホールド）のちがいをレビューしている。〝家族〟はとくに血統的なひとまとまりの関係を指し、〝世帯〟はともに生活し、食物の生産と消費をおこなうか、生殖と子育てに従事する家族のメンバーを言う。概説は、パンター＝ブリック（二〇〇二）。

注16 リー、デヴォア（一九六八）。

注17 九つの集団の平均値として、女性が全カロリーの三四パーセント、男性が六六パーセントを生み出していた（カプランら（二〇〇〇））。

注18 デュルケーム（一九三三）、五六ページ――〝こうしてわれわれは分業を新しい光のもとで見ることになる。この例では、分業による経済的なサービスは、それが生み出す道徳的な効果に比べて取るに足りない。分業の真の機能は、ふたり以上の人のあいだに連帯感を生み出すことである〟。

注19 ランカスター、ランカスター（一九八三）、三六、五一ページ。

注20 人類学と考古学で、性別による分業が発達したのは〝最近〟すなわち旧石器時代後期（約四〇万年前）と考えることがますます増えている（スティール、シェナン（一九九六）、クーン、スティナー（二〇〇六））。この流れは、考古学的にそれ以前の時代で性別による活動のちがいを見きわめるのがむずかしいことによる。

注21 ウォッシュバーン、ランカスター（一九六八）、三〇一ページ。ウォッシュバーンは、性別による分業の文脈のなかで具体的に料理に触れてはいないが、記述から料理がのちの時代に発達したと考えていることが読み取れる。

注22 ランガム（一九七七）。

注23 クラットン＝ブロック、ハーヴェイ（一九七七）は、霊長類が大きくなればなるほど食事時間が長くなることを示す。R・ランガム、Z・マチャンダ、R・マッカーシー（未出版）は、誤差を修正し、食事を統一的に咀嚼時間として定義したうえで拡大したデータにもとづいて、ヒトが食事に生のものだけを食べる場合、少なくとも一日の四二パーセントを咀嚼に費やさなければならないと予測した。ヒトの数値はゴンベのチンパンジーの数値（五〇パーセント以上）より低い。体重がチンパンジーより重いのにそうなった理由は、予測に全霊長類のデータを用いたからだ。大型類人猿は霊長類の平均を上まわる傾向がある。より体の小さいサルでは数値が下がる。したがって、ヒトの四二パーセントという値は控えめな見積もりである。

注24 時間配分の比較文化的なデータは、ジョンソン（一九七五）に刺激されて〈ヒューマン・リレーションズ・エリア・ファイルズ〉に発表された一連の研究論文から採用した。イエクワナ――ヘイムズ（一九九三）。チェチュア――ヴァイル（一九九三）。ネワール――マンローら（一九九七）、メクラノティ――ワーナー（一九九三）。ロゴリ――マンロー、マンロー（一九九一）。キプシギ――マルダーら（一九九七）。サモア人――マンロー、マンロー（一九九〇a）。ブラック・カリブ――マンロー、マンロー（一九九〇a）、マチゲンガ＝カマナ――バクシュ（一九九〇）。マチゲンガ＝シマア――ジョンソン、ジョンソン（一九八八）。ヤクパ――パオリッソ、サケット（一九八八）。マドゥラ――スミス（一九九五）。ホファース、サンドバーグ（二〇〇一）が、アメリカの子供に関

するデータを示している。二四時間（またはこれらのデータから計算した非就寝時間）あたりの食事の分数は、九から一二歳が七七分（九・八パーセント）、六から八歳が六三分（七・五パーセント）、三から五歳が六九分（八・四パーセント）、〇から二歳が九九分（一四・四パーセント）。

注25 植物性食物について、ウォルドロンら（二〇〇三）。肉について、バラム（二〇〇〇）。食物として人が栽培する植物もまた、同種の野生のものより柔らかいと考えられる。

注26 エンゲレンら（二〇〇五b）が、二六六人の咀嚼回数を計測して、嚥下前の咀嚼回数と食物の固さとのあいだに〇・九五の相関を認めた。

注27 食物の必要量が多く質が低い場合に、ニホンザルの食事時間が一・七倍になった例を、揚妻、中川（一九九八）が紹介した。

注28 ポンツァー、ランガム（二〇〇四）は、カニャワラ（ウガンダ、キバレ国立公園）のチンパンジーの母親のエネルギー消費を一日あたり一八一四カロリー、オスの成体のそれを一五五八カロリーと見積もっている。

注29 野生のオスのチンパンジーが一日あたり一五五八カロリーを消費し（ポンツァー、ランガム（二〇〇四））、六時間噛んでいるとすると、一時間あたり二六〇カロリーを摂取していることになる。

注30 一日のうち狩りに費やす時間は、平均〇・一三回という一日あたりの狩りの回数（ワッツ、三谷（二〇〇二）、図9）と狩りの平均時間（一七・七分）から、二・三分と計算した。集団で狩りをするあいだ個体全員が終始参加しているという、実情とは異なる前提に立っているため、数値は本来より多めに出ている。とはいえ、チンパンジーが一日にわずかの時間しか狩りをしていないことを示す役には立つだろう。

注31 ウェイグスパック（二〇〇五）。ハッザ族の男性について、ホークスら（二〇〇一b）。

注32 ワッツ、三谷（二〇〇二）。

注33 データは、ゴンベのオスのチンパンジー。六二八時間（一九七二から七三年）の観察中、三四八回の摂食間隔の平均は二〇・三分で、中間値は四三・五分だった（ランガム、未発表データ）

注34 チンパンジーの狩りは五〇パーセント程度しか成功しないし、かりに成功したとしても、あるオスが食べる肉を手に入れられる保証はまったくない。狩りの成功について、ギルビー、ランガム（二〇〇七）。ハッザ族に関し、〝五年にわたってすべての季節を含む二五〇日以上の集落生活の記録をとったところ、一週間以上大きな獲物がなく、肉を食べられないことが何度かある〟（オコネルら（二〇〇二））。

第7章

注1 女性が〝ほぼ単独で〟料理をしている社会は全体の六三・六パーセント、〝圧倒的な割合で〟料理をしている社会は三四・二パーセントだった。料理に次ぐ女性偏重の活動は、食用の野菜を準備すること（九四・三パーセントの社会でほとんど女性が担当）、水汲み（九一・四パーセント）、洗濯（八七パーセント）（マードック、プロヴォスト（一九七三））。

注2 トダ族の男性が料理をするという見解は、トダ族の実地調査をおこなったリヴァーズ（一九〇六）をマードックが誤読したことから生じた。マーシャル（一八七三）、八二ページは、女性が例外なく日々の食事を作ることに触れているし、ブリークス（一八七三）も、男性が薪を集め、女性が料理と水汲みを担当すると述べている。プリンス・ピーター（一九五五）は独自に実地調査をおこない、マードックの誤りを正した。

注3 トラック諸島人について、グラッドウィン、サラソン（一九五三）。マルケサス諸島人について、ハンディ（一九二三）。

注4 男女両方にとって〝毎日の活動の多くは……食物の調達と調理に捧げられる〟（グラッドウィン、サラソン（一九五三）、一三七ページ）。パンノキを食べる社会における、男性による共同料理と女性による家庭料理の区別は、多くの社会に存在するシステムのもっとも極端な例だ。祝祭や儀式の食事といった共同体のイベント、あるいはたんに大きな動物を食用にするだけのときでも、男性が料理をする傾向はある。そういう場合には、パンノキの場合と同じく、男性は集団で料理にあたり、できたものを分け合う（グッディ（一九八二）、スピアス（二〇〇二））。

注5 レポウスキ（一九九三）、二九〇ページ。

注6 レポウスキ（一九九三）、xiiページ。

注7 レポウスキ（一九九三）、二八九ページ。

注8 ヘイガン（一九九八）。

注9 たとえば、心理学者のウェンディ・ウッドとアリス・イーグリーによると、〝男女のどちらかがより効率的におこなえる活動がある。与えられた条件下で男女の一方が他方より容易に、日常の一定の活動をおこなえるということだ。この効率性のメリットが生じるのは、社会で男女が連携して補完的な関係を築き、分業をおこなうからである〟（ウッド、イーグリー（二〇〇二）、七〇二ページ）。さまざまな進化のシナリオでもよく似たような説明がなされる。マーロウ（二〇〇七）は、植物性食物がより多い環境では男性がより多く採集することを発見した。傾向として、女性は子育てと両立できる食物採集をおこない、男性がほかの作業を受け持つ（マーロウ（二〇〇七））。ベッカー（一九八五）は、アメリカで性別による分業が家事の効率化に役立っている事例をレビューしている。

注10 ギルマン（一九六六（一八九八））、五ページ。

注11 クリスチャン、クリスチャン（一九〇四）、七八ページ。

注12 サイモンズ（一九九八、二一三ページ）の翻訳による、ペルレ（一九七七）。

注13 ハウツブロム（一九九二）、二〇ページ。

注14 フェルナンデス＝アルメスト（二〇〇一）、五ページ。

注15 サイモンズ（一九九八）、一二一ページ。サイモンズは、分かち合う行為としての料理の重要性を〝ソースは善意をほどこす〟と詩的に表現している。

注16 考古学者マーティン・ジョーンズの二〇〇七年の著書『饗宴――なぜ人は食物を分け合うか』は、料理と協力を結びつける説明がいまだはっきりしないことを表している。彼は、霊長類の母親がときどき子孫に食物を与える基本的な性向のなかに、人が食物を分け合う先例が見られると考えた。アフリカにいた私たちの祖先が狩りを増やしたのにともない、重要な植物性食物が不足してきたので、食物を分け合うという積極的な寛大さを発達させてきたと指摘した。狩りの必要性から、協力と大きな脳と料理が生まれたというわけだ。〝現代のヒトの脳のユニークな能力は、もっとも異常な行動パターン、すなわち炉のまわりに集まって会話をしながら食物を分け合うという行動を生み出した〟（ジョーンズ（二〇〇七）、二九九ページ）。この見解は正しいかもしれない。けれども、料理と協力が正確にどう結びついているのかについては、ほかにも多くの可能性が残されている。

注17 ティンデイル（一九七四）は、オーストラリアのアボリジニが火を盗むために四〇キロ（二五マイル）移動したと記録している。

注18 マーシャル（一九九八）、七三ページ。

注19 肉をめぐる競争について、グッドール（一九八六）。独占されうる食物の重要性について、ウィッティング、ベッシュ（二〇〇三）。パンノキについて、ホーマン、フルース（二〇〇〇）。平原に棲むライオンのオスがしばしばメスの食物を盗む（これに対し、より多数派の森林地帯に棲むオスはたいていみずから狩りをする）ことについて、ファンストンら（一九九八）。クモについて、アーン

クヴィストら（二〇〇六）。

注20　ギルビー（二〇〇六）。

注21　スタンフォード（一九九九）、二二二ページには、オスのチンパンジーは〝メスが性交渉を持つまで肉片を渡さない〟とある。同様の指摘は一九七〇年代から数多く見られるが、現在では詳細な分析によって、メスが肉を得られるかどうかはその個体の性的な状態に影響されず、肉を得られたメスの性交渉が頻繁になるわけでもないことがわかっている（ギルビー（二〇〇六））。さらに、性的に盛んなメスがオスに同行した場合、狩りの回数が減る（ギルビーら（二〇〇六））。ギルビーら（二〇〇六）は、〝セックスのための肉〟という古い概念は〝セックスか肉か〟という新しい考えに置き換えられなければならないと指摘する。

注22　ヒトに連なる種の男性のほとんどは女性より体が大きいだけでなく、より攻撃的な行動と結びついた特徴を示している。とくに顔の幅の性差は重要だったと思われる。より幅の広い男性の顔は攻撃的な行動の特徴だ。ボノボは、体格の小さなメスがオスから食物を守ることのできる唯一の大型類人猿だが、オスのボノボは、より攻撃的なチンパンジーに比べて狭く若く見える顔をしている。初期のヒトの解剖学的特徴は、ボノボのような女性的な男性の存在を示すものではない（ランガム、ピルビーム（二〇〇一））。

注23　ターンブル（一九六五）、グリンカー（一九九四）。

注24　ターンブル（一九七四）、二八ページ。

注25　ターンブル（一九六五）、一九八ページ。

注26　コリア、ロサルド（一九八一）、二八三ページ。

注27　ジェネス（一九二二）のとくに九九ページ。

注28　ハート、ピリング（一九六〇）。完全な引用は、〝妻がひとりかふたりしかいなかったら飢え死にしてしまうが、いまのように一〇人から一二人いれば、朝みんなをあちこちに送り出すことができる。すると一日の終わりに、少なくともひとりかふたりは何かを持って帰り、それをみんなで食べるわけだ〟。こうして女性たちは、ひとりの男性との関係をつうじて食物を分け合うことができる。世帯が生み出す食物の量は、男性の権威にとってきわめて重要だ――〝ティウィでもっとも具体的な成功のシンボルは、食糧をたくさん保有していることである〟。夫に殴られるという引用は、五五ページ。

注29　ケリー（一九九三）は、食物の禁忌（社会のある集団に肉を食べさせない）は男性より女性に多く適用されるので、男性に有利に働くと論じる。オーストラリア南東部の狩猟採集民の男性が女性より質の高い食事をとっている例を、よく知られた健康状態の結果とともに、ペイト（二〇〇六）が紹介している。

注30　ドライヴァー（一九六一）、七九ページ。

注31　ハミルトン（一九八七）、四一ページ。

注32　男性の食糧を分けるルールについて、ケリー（一九九三）がレビューしている。

注33　ハミルトン（一九八七）、四二ページ。

注34　ターンブル（一九六五）、一二四ページ。アンダマン諸島人と比較してもらいたい――〝家族の全構成員がいっしょに食事をとるのに対して、既婚男性はほかの既婚男性および独身男性としか食事ができず、かなり高齢になるまで家族以外の女性との同席はいっさい認められない。独身男性と独身女性は互いに離れて食事をしなければならない〟（マン（一九三二）、一二四ページ）。

注35　ムブティについて、ターンブル（一九六五）、一一八ページ。コリア、ロサルド（一九八一）が、儀式をせずただ同居することで結婚が始まる狩猟採集民をレビューしている。

注36　オスターヴァル（一九六一）、八二ページに、ボネリフ族やベリク族を含む、ニューギニアのトル地域に住む数民族の報告がある。彼らの生活パターンはみな似かよっているので、本書ではすべてボネリフ族と呼ぶ。オスターヴァル（一九六一）、九五ページは、

女性が彼にサゴヤシをくれるときには、かならず夫を介していたと書いている。さもないと、別の意味に取られる怖れがあったのだ。
注37 ベーム（一九九九）。
注38 たとえば、ローナ・マーシャル（一九九八）、八四ページに、クン・サン族のある男がたった一回食物を盗んだ話が記されている。彼は、蜂蜜が発見されて印をつけられた――つまり他人の所有物である――木から蜂蜜を盗み、激怒した所有者に殺された。この殺人は結局罰せられず、暗黙のうちに集団内で了解された。
注39 ロビンソン（一八四六）、一四五ページ。
注40 カベリー（一九三九）、三六ページ。
注41 グレガー（一九八五）、二六ページ。
注42 ターンブル（一九六五）、二〇六ページ。
注43 コリア、ロサルド（一九八一）、二八四ページ。ボネリフ族の独身男性は食べるものがあまりに少ないために、通常、集落を出て放浪していた（オスターヴァル（一九六一）、七七ページ）。ボネリフ族でいちばん恵まれているのは、妻が若くて強い新婚男性だった。母親や姉、妹がいない独身男性は飢えに苦しむ。もっと食べたい男性は、隣の集団から女性を奪ってきてでも結婚していた。たとえ殺される危険や、あとで仕返しされる怖れがあってもだ。
注44 リッチーズ（一九八七）、二五ページ。
注45 オスターヴァル（一九六一）、一一七ページ。
注46 ハート、ピリング（一九六〇）。
注47 ローズ（一九六〇）、二〇ページ。
注48 サイモンズ（一九九八）、一七一ページ。サイモンズは、食物を分け合うことが料理の本質だと考えているが、分け方が公平でないと強調する。
注49 カベリー（一九三九）、三六ページ。
注50 料理が下手だったり遅かったりしたときの結果について、ムブティ――ターンブル（一九六五）、二〇一ページ。シリオノ――ホルムバーグ（一九六九）、一二七ページ。イヌイット――ジェネス（一九二二）。ボネリフ――オスターヴァル（一九六一）、九四ページ。機嫌を損ねたムブティ・ピグミーの妻が料理を拒否することについて、ターンブル（一九六五）、二七六ページ。
注51 フエンテス（二〇〇〇）。
注52 アーンクヴィストら（二〇〇六）。
注53 クマー（一九九五）。
注54 オスターヴァル（一九六一）、九九、一三四ページ。
注55 ブラウン（二〇〇二）。
注56 コリア、ロサルド（一九八一）、二七九ページ。
注57 ミル（一九六六（一八六九））、五一八ページ。ミルとラスキン（一九〇二（一八六五））のヴィクトリア時代の論争を、ミレット（一九七〇）が紹介している。

第8章

注1 より安全に暮らす種が長生きすることについて、オースタッド、フィッシャー（一九九一）。レズニックら（二〇〇四）は、両者の結びつきがかならずしも当然ではないことを指摘する。
注2 ホモ・エレクトスの成長ペースは推測するのがむずかしく、化石のデータも混乱している（アイエロ、ウェルズ（二〇〇二）、モッジ＝チェッキ（二〇〇一））。ディーンら（二〇〇一）は、初期のホモの歯のエナメル質の厚さが、アフリカの類人猿と同じペースで増していることに注目し、エレクトスの歯は類人猿と同じペースで、しかしハビリスより速く成長していたと結論づけた。つまり、エレクトスの体の成長は類人猿のように速かったのかもしれない。インドネシアで発見されたホモ・エレクトスの幼児の化石も、成長が速かったというこの説を支持するものだ。頭蓋の縫合線から、わずか一歳で死んだと推定されるが、脳の成長はほぼ完成してい

た。これはチンパンジーの成長ペースに近く、ホモ・サピエンスよりはるかに速い（コキュニオら（二〇〇四））。対照的に、スミス（一九九一）は、第三臼歯が生えるタイミング（若年期の終わりと考えられる）から判断して、ハビリスの成長パターンはアウストラロピテクスに、エレクトスのそれはホモ・サピエンスに近かったと指摘する。クレッグ、アイエロ（一九九九）は頭蓋と歯の分析を組み合わせて、ホモ・エレクトス（WT15000〝トゥルカナ・ボーイ〟）の成長ペースはサピエンスの範囲内に収まると考えた。論争はまだ続いている（アントン、二〇〇三）。エレクトスが火を使用し、料理をしたという前提で著者が推測する生活史のデータと、祖母が娘の子育てを手伝ったという前提でホークスら（一九九八）が推測するデータがほぼ一致していることに注目してもらいたい。火の使用と祖母の働きは並行していた可能性があり、ヒトの成長や出生率や寿命にどちらがより大きな影響を与えたかははっきりしない。ヒトの低年齢の離乳について、ロウ（二〇〇〇）。離乳食の普及で幼児の成長ペースは速くなったはずだが、脳の拡大と、エネルギーを免疫などの防御システムにまわすことにつながる長寿化は、成長ペースを遅くするほうに働く。より長く生きる霊長類のより大きな脳について、カプラン、ロブソン（二〇〇二）。長命に関連した免疫システムへの投資について、ロルフ（二〇〇二）、ナンら（二〇〇八）は、まだ不明部分の多い両者を関連づける証拠を示している。

注3　ハーディ（一九九九）、ホークスら（一九九八）が、狩猟採集民の家族内で協力が重要であることを指摘している。

注4　ウェルズ（二〇〇六）が〝節約遺伝子〟説の考え方をレビューし、ヒトは不安定な食物供給に生理学的に適応したと示唆している。大型類人猿は食物供給の大きな季節変動に影響されないと考えているようだが、これは明らかにまちがいだ（ピュージーら（二〇〇五））。ポンド（一九九八）が言うように、ヒトは熱帯に棲む同等の大きさの動物と比べて、食糧不足の時期に体脂肪をわずかしか失わない。

注5　ダーウィンは火の使用を寒さに対する適応と考えていたようだ。新しい条件に適応するヒトの能力について、〝より寒い地域に移住すると、服を重ね着し、小屋を建て、火をおこす。さらに火によって、通常は消化できない食物を料理する〟と書いている（ダーウィン（一八七一）、第6章）。初めて火を用いた人間はそもそも火を必要としなかったが、エネルギー面で恩恵を受けたかもしれない（プリン（二〇〇五））。

注6　ブランブル、リーバーマン（二〇〇四）。

注7　ウィーラー（一九九二）は、ヒトの体毛喪失は熱を発散させるためだったと説明しているが、火の使用を夜の体温調節の問題と結びつけて論じてはいない。ペイゲル、ボドマー（二〇〇三）も、非活動時の体温維持の問題を火が解決してくれただろうと指摘しているが、体毛の喪失は、日中の体温上昇を抑えてくれることより、寄生虫を減らすことに役立ったと主張している。

注8　クザワ（一九九八）によれば、例外的に厚いヒトの赤ん坊の脂肪層は体温調節機能を担い、体毛の喪失を補っていると一般に言われるが、感染病に対抗したり、食糧不足の時期を乗りきったりするためのエネルギーを提供するなど、ほかの役割もあった。ヒトの幼児は生後まもなく平均一五パーセントの脂肪を得る（ほとんどの哺乳類では一から二パーセント）。ポンド（一九九八）は、成人はほかの動物と比べて太っているという仮説がよく唱えられるものの、脂肪は成人の保温に役立っていないという証拠が数多く存在すると指摘する。ヒトの脂肪の集中度はあらゆる気候条件下でほぼ同じだし、体の保温に効果的な部分にはついていない。

注9　コッピンガー、コッピンガー（二〇〇〇）。

注10　忍耐力のあるチンパンジーについて、メリスら（二〇〇六a、二〇〇六b）。より忍耐強いボノボについて、ヘアら（二〇〇七）。

忍耐力のあるキツネについて、ヘアら（二〇〇五）。

注11 デヴォルト（一九九七）、一八〇ページ。

注12 ハウツブロム（一九九二）、一九ページに言及されている。

注13 スポンハイマーら（二〇〇六）。

注14 ワードリン、ルイス（二〇〇五）が、ヒトの初期時代、ヒト出現以前にいた捕食動物についてレビューしている。

注15 プルエツ、バートラニ（二〇〇七）。

注16 グッドール（一九八六）。

注17 石器時代最初期の二六〇万年前から石が使われていたことを、トウト、シック（二〇〇六）がレビューしている。

注18 ハビリスの食事戦略の概要について、ペルレ（一九九九）、ドミンゲス＝ロドリーゴ（二〇〇二）、アンガー（二〇〇六）。プラマー（二〇〇四）は、道具と食事との関連で、ハビリスとホモ・エレクトスを論じている。

注19 ハウツブロム（一九九二）、一九七ページに、ティウィ族とクン・サン族の二、三歳の子供が母親の火から自分の火を作る話が出てくる。

注20 ブルワー（一九七八）、一七四から一七六ページに、セネガルの野生の森に戻されたチンパンジーの行動が記されている。チンパンジーたちは原始的な方式で焚き火を維持し、料理と暖をとるのに役立てた。ラファエル（二〇〇六）は、サヴェージ＝ランボーが研究したボノボのカンジ（サヴェージ＝ランボー、リューイン（一九九四））の火おこしに触れている。ブリンク（一九五七）は、ヨハネスバーグ動物園のチンパンジーたちが煙草に連続して火をつけ、吸いつづけた様子を記録している。

注21 ダーウィン（一八七一）、五二ページ。ハビリスが使ったであろうオルドワン石器の文化には、肉を柔らかくするのに充分役立つ拳大の石槌が多数含まれる（モラ、デ・ラ・トーレ（二〇〇五））。

注22 フレイザー（一九三〇）、二二六ページ。

注23 サルノコシカケについて、サバイバルの教本は、Fomes 種に火をつけることを勧めている。火花がキノコの傘に移ったあとゆっくりと火の輪が広がり、長時間燃えつづけるからだ（たとえば、www.wildwoodsurvival.com/survival/fire/twostones）。Fomes fomentarius（ツリガネタケ）という好適の種は東アフリカに広く分布する。火の保ちがたいへんよいため、北アメリカのオセージ・インディアンはこれを木の洞から取って火をつけ、土で覆い、ムラサキガイの殻のなかに入れて紐で結び、数日利用していた（ヒュー（一九二六）、三ページ）。

注24 オークリー（一九五五）、コリンズら（一九九一）。ローレット（一九九九）は、コービ・フォラ遺跡には火をおこすのに適したチャート（訳注―二酸化珪素を主成分とする堆積岩）の加工物が異常なほど多いと報告した。

注25 ヒュー（一九二六）、フレイザー（一九三〇）。

注26 クラーク、ハリス（一九八五）。

注27 炎はアンタルヤの近郊、オリンポス山の陰で見ることができる。岩にできた何メートルにもわたる隙間からメタンなどのガスが出て、むき出しの丘の斜面に〝永遠の〟炎の一群を生み出している。ホメロスはここを、怪物キメラが今際の息で大地を燃やした場所として描いた。この二、三千年のうちに炎の高さは減ったようだが、いっこうに消える気配はない。

注28 ティンデイル（一九七四）。

注29 ターンブル（一九六二）、五八ページが、中央アフリカのムブティ・ピグミーの様子を描いている――〝休憩のために道で立ち止まってまず彼らがするのは、燃えさしの包みを開き、まわりに乾いた小枝を足して一、二度軽く吹き、炎を燃え立たせることだ〟。バセドー（一九二五）、一一〇ページも、オーストラリアのアランダ族の似たような行動を記している――〝おそらく原住民のもっとも重要な持ち物は、火のついた棒である。どこにいようと、移動中

だろうと集落内だろうと、それをかならず持っている。きわめて重要なものではあるが、それ自体はただ片端がくすぶっている乾いた短い枝か樹皮だ。右、左と手を振りながら持ち歩く。暗闇を歩くときには、道を照らすだけの炎が立つように、その動きが激しくなる。原住民の一群が習慣として縦列で歩いていくさまは壮観だ。立ち止まるとすぐに、その日の食事を作り、夜眠るあいだ暖をとるために、火がおこされる。集落が移動するときには新しい枝に火が移され、次の滞在場所に運ばれる〟。狩猟採集民のこのような行動は数多く記録されている。

おわりに

注1　クリッツァー（二〇〇三）。
注2　ガルブレイス（一九五八）。
注3　ジョンソン（一九九四、二〇〇一）、スミス、モートン（二〇〇一）。
注4　サウスゲート、ダーニン（一九七〇）は、アトウォーターの一般係数を拡張した。サウスゲート（一九八一）はさらに修正を加えている。
注5　消化の労力と、それに影響を与える要素について、シーコー（二〇〇九）。
注6　シムズ、ダンフォース（一九八七）。
注7　シーコー（二〇〇九）。
注8　ヒートンら（一九八八）。
注9　メリル、ワット（一九五五）。
注10　リヴシー（二〇〇一）が、食品表示ラベルのエネルギー価を定めるシステムの変更を求めるレビュー、報告、行政文書を二二件挙げている。それらは全体として、消化中に生じた熱量増加を考慮に入れるべきだという見解に与している。
注11　村上ら（二〇〇七）。シーら（二〇〇七）は、腰まわりの太さは死亡率の高さに関連していることを示した。
注12　ポラン（二〇〇八）。
注13　考古学者ロバート・ケリーが表明した次のような意見が有名だ——〝原初の人間社会、ヒトの適応の基礎といったものは存在しない。外界との接触の効果を差し引き（そんなことが可能だとして）、最初期の狩猟採集民の生活様式の再構築に役立つ普遍的な行動を探るために、現代の狩猟採集民を研究しても無駄である。そもそもそのような生活様式は存在しないからだ〟（ケリー（一九九五）、三三七ページ）。考古学者リック・ポッツも同じ考えを示している——〝ヒトの祖先が生きていた環境を、特定の反復的な要素や統計的な規則正しさ、統一的な問題の組み合わせとして理解し、ヒト特有の認知システムがそれらを解決するように設計されていたと考えるのは、明らかにまちがっている〟（ポッツ（一九九八）、一二九から一三〇ページ）。火や炉に対するヒトの適応を考えれば、こうした見解は修正する必要があるだろう。

訳者あとがき

先日、テレビ番組で有名タレントが数日間トマトだけを食べて生活するという企画があった。生のトマトを食べつづけて体が冷えたあと、熱を加えたトマト料理が出てきたときに、そのタレントが料理はすばらしいと感激する。ちょうど本書を訳しているときだったので、個人的には料理のありがたみが（おそらく制作者の意図より強く）印象に残った場面だった。

本書を読めば、そんなふうに食材の味をよくし、体を温めることにとどまらず、料理の効用がはるか昔のヒトの誕生と進化にも大きくかかわっていることがわかる。著者のハーヴァード大学生物人類学教授、リチャード・ランガムは、料理こそがいまの人類を形作ったと主張する。進化の要因として肉食や狩猟を重視してきたこれまでの学説に対し、料理による食物の変化とエネルギー供給に力点を移した斬新な提言だ。

ランガムはまず、生《なま》のものだけを食べる食事の問題を取り上げ、料理の最大の特長は、同じ食物から生の場合よりはるかに多くのエネルギーを得られる点だと指摘する。エネルギーをいかに獲得し、利用するかは、あらゆる生命維持の根幹をなす。料理はまさにそのエネルギーを供給して、私たちの祖先の歯や顎、消化器官を小さくし、脳を大きくした（これらは従来、おもに肉食や狩猟の結果と見なされていた）。

こうしてホモ・エレクトスが出現した、と彼は言う。料理の起源を約二〇〇万年前のホモ・サピエンス時代に求める説が多いなかで、約一八〇万年前のホモ・エレクトスの登場に料理が大きく貢献したと考える大胆な発想が小気味よい。ランガムはさらに、料理は男女の役割分担をうながし、現代に至る結婚形態や社会構造の基礎を作ったと論じる。そして現代の食物のカロリー計算の限界を示し、飽食で健康を損ないつつある人々に注意をうながす。料理はヒトを進化させたばかりか、結婚や家庭といった社会の基本構造まで決定し、いまではその長所が短所にもなっているということだ。

このようにまとめると、やや難解な学術書を連想されるかもしれないが、本書がじつに読みやすく、知的刺激にわくわくするノンフィクションに仕上がっていることは請け合っておきたい。霊長類を専門分野とし、一九八〇年代からウガンダの国立公園で実施されているチンパンジー研究プロジェクトの責任者でもある著者のこと、立論に実証的、科学的な裏づけがあるのは当然としても、本書の語り口のあざやかさや、軽快な読み心地は特筆に値する。スタジアムの観客席を先祖でぐるりと埋めていくと、最後にあなたの隣にサルそっくりのアウストラロピテクスが坐る、といった説明など、じつにわかりやすくて面白いではないか。語ることばとイメージを持った科学者の本がいかに楽しいかを示す好例だろう。

なお、訳者にとって人類学は専門外なので、さまざまな文献にあたったが、なかでも『人類進化の七〇〇万年』（三井誠著／講談社現代新書）と『人類の進化史』（埴原和郎著／講談社学術文庫）には教えられることが多かった。術語なども参考にしている。この場を借りてお礼申し上げる。

二〇一〇年二月

依田卓巳

Wiessner, P. 2002. "Hunting, Healing, and Hxaro Exchange: A Long-Term Perspective on !Kung (Ju/' hoansi) Large-Game Hunting." *Evolution and Human Behavior* 23:407-436.

Williams, J. M., A. E. Pusey, J. V. Carlis, B. P. Farm, and J. Goodall. 2002. "Female Competition and Male Territorial Behavior Influence Female Chimpanzees' Ranging Patterns." *Animal Behaviour* 63:347-360.

Wittig, R. M., and C. Boesch. 2003. "Food Competition and Linear Dominance Hierarchy Among Female Chimpanzees of the Tai National Park." *International Journal of Primatology* 24:847-867.

Wobber, V., B. Hare, and R. Wrangham. 2008. "Great Apes Prefer Cooked Food." *Journal of Human Evolution* 55:343-348.

Wolpoff, M. H. 1999. *Paleoanthropology*, 2nd ed. Boston: McGraw-Hill.

Wood, B., and D. Strait. 2004. "Patterns of Resource Use in Early *Homo and Paranthropus*." *Journal of Human Evolution* 46:119-162.

Wood, B. A., and M. Collard. 1999. "The Human Genus." *Science* 284:65-71.

Wood, W., and A. Eagly. 2002. "A Cross-Cultural Analysis of the Behavior of Women and Men: Implications for the Origins of Sex Differences." *Psychological Bulletin* 128:699-727.

Woodhead-Galloway, J. 1980. *Collagen: The Anatomy of a Protein*. London: Edwin Arnold.

Wrangham, R. 1977. "Feeding Behaviour of Chimpanzees in Gombe National Park, Tanzania." In *Primate Ecology*, T. H. Clutton-Brock, ed., 503-538. London: Academic Press.

______. 2006. "The Cooking Enigma." In *Early Hominin Diets: The Known, the Unknown, and the Unknowable*, P. Ungar, ed., 308-323. New York: Oxford University Press.

Wrangham, R. W., and N. L. Conklin-Brittain. 2003. "The Biological Significance of Cooking in Human Evolution." *Comparative Biochemistry and Physiology, Part A* 136:35-46.

Wrangham, R. W., J. H. Jones, G. Laden, D. Pilbeam, and N. L. Conklin-Brittain. 1999. "The Raw and the Stolen: Cooking and the Ecology of Human Origins." *Current Anthropology* 40:567-594.

Wrangham, R. W., and D. Pilbeam. 2001. "African Apes as Time Machines." In *All Apes Great and Small. Volume 1: Chimpanzees, Bonobos, and Gorillas*, B. M. F. Galdikas, N. Briggs, L. K. Sheeran, G. L. Shapiro, and J. Goodall, eds., 5-18. New York: Kluwer Academic/Plenum.

Wrangham, R. W., M. L. Wilson, and M. N. Muller. 2006. "Comparative Rates of Aggression in Chimpanzees and Humans." *Primates* 47:14-26.

Yanigasako, S. J. 1979. "Family and Household: The Analysis of Domestic Groups." *Annual Review of Anthropology* 8:161-205.

Yeakel, J. D., N. C. Bennett, P. L. Koch, and N. J. Dominy. 2007. "The Isotopic Ecology of African Mole Rats Informs Hypotheses on the Evolution of Human Diet." *Proceedings of the Royal Society of London B* 274:1723-1730.

Zimmer, C. 2005. *Smithsonian Intimate Guide to Human Origins*. New York: HarperCollins.

Valero, H., and E. Biocca. 1970. *Yanoáma: The Narrative of a White Girl Kidnapped by Amazonian Indians.* New York: E. P. Dutton.（邦訳：『ナパニュマ――アマゾン原住民と暮らした女』竹下孝哉、金丸美南子訳、早川書房、1984 年）

Vlassara, H., W. Cai, J. Crandall, T. Goldberg, R. Oberstein, V. Dardaine, M. Peppa, and E. J. Rayfield. 2002. "Inflammatory Mediators Are Induced by Dietary Glycotoxins, a Major Risk Factor for Diabetic Angiopathy." *Proceedings of the National Academy of Sciences, USA* 99:15596-15601.

Wade, N. 2007. *Before the Dawn: Recovering the Lost History of Our Ancestors.* London: Penguin.（邦訳：『5 万年前――このとき人類の壮大な旅が始まった』沼尻由起子訳、イースト・プレス、2007 年）

Waguespack, N. 2005. "The Organization of Male and Female Labor in Foraging Societies: Implications for Early Paleoindian Archaeology." *American Anthropologist* 107:666-676.

Waldron, K. W., M. L. Parker, and A. C. Smith. 2003. "Plant Cells Walls and Food Quality." *Comprehensive Reviews in Food Science and Food Safety* 2:101-119.

Walker, A., and P. Shipman. 1996. *The Wisdom of the Bones: In Search of Human Origins.* New York: Alfred A. Knopf.

Wandsnider, L. 1997. "The Roasted and the Boiled: Food Composition and Heat Treatment with Special Emphasis on Pit-Hearth Cooking." *Journal of Anthropological Archaeology* 16:1-48.

Ward, C. V. 2002. "Interpreting the Posture and Locomotion of *Australopithecus afarensis*: Where Do We Stand?" *Yearbook of Physical Anthropology* 45:185-215.

Washburn, S. L., and C. S. Lancaster. 1968. "The Evolution of Hunting." In *Man the Hunter*, R. B. Lee and I. DeVore, eds., 293-303. Cambridge, MA: Harvard University Press.

Watts, D. P., and J. C. Mitani. 2002. "Hunting Behavior of Chimpanzees at Ngogo, Kibale National Park, Uganda." *International Journal of Primatology* 23:1-28.

Weil, J. 1993. *Time Allocation Among Bolivian Quechua Coca Cultivators.* New Haven, CT: Human Relations Area Files Inc.

Weiner, J. 1994. *The Beak of the Finch: A Story of Evolution in Our Time.* New York: Knopf.（邦訳：『フィンチの嘴――ガラパゴスで起きている種の変貌』樋口広芳、黒沢令子訳、早川書房、2001 年）

Wells, J. C. K. 2006. "The Evolution of Human Fatness and Susceptibility to Obesity: An Ethological Approach." *Biological Reviews* 81:183-205.

Werdelin, L., and M. E. Lewis. 2005. "Plio-Pleistocene Carnivora of Eastern Africa: Species Richness and Turnover Patterns." *Zoological Journal of the Linnean Society* 144:121-144.

Werner, D. 1993. *Mekranoti Time Allocation.* New Haven, CT: Human Relations Area Files Inc.

Westra, C. 2004. *How to Do the Raw Food Diet with Joy for Awesome Health and Success.* Published privately at www.IncreasedLife.com.

Wheeler, P. 1992. "The Influence of the Loss of Functional Body Hair on Hominid Energy and Water Budgets." *Journal of Human Evolution* 23:379-388.

White, T. D., B. Asfaw, D. DeGusta, H. Gilbert, G. D. Richards, G. Suwa, and F. C. Howell. 2003. "Pleistocene Homo sapiens from Middle Awash, Ethiopia." *Nature* 423:742-747.

Conscious Dogs: A Validity Study and Effects of EM523 and L-NNA." *American Journal of Physiology-Gastrointestinal and Liver Physiology* 272:G909-G915.

Teaford, M. F., P. S. Ungar, and F. E. Grine. 2002. "Paleontological Evidence for the Diets of African Plio-Pleistocene Hominins with Special Reference to Early *Homo*." In *Human Diet: Its Origin and Evolution*, P. S. Ungar and M. F. Teaford, eds., 143-166. Westport, CT: Bergin & Garvey.

Tester, R. F., X. Qi, J. Karkalas. 2006. "Hydrolysis of Native Starches with Amylases." *Animal Feed Science and Technology* 130:39-54.

Thieme, H. 1997. "Lower Palaeolithic Hunting Spears from Germany." *Nature* 385:807-810.

______. 2000. "Lower Palaeolithic Hunting Weapons from Schoningen, Germany?The Oldest Spears in the World." *Acta Anthropologica Sinica* 19 (supplement): 140-147.

______. 2005. "The Lower Paleolithic Art of Hunting." In *The Hominid Individual in Context: Archaeological Investigations of Lower and Middle Paleolithic Landscapes, Locales and Artefacts*, C. S. Gamble and M. Parr, eds., 115-132. London: Routledge.

Thomas, E. M. 1959. *The Harmless People*. New York: Vintage Press.（邦訳：『ハームレス・ピープル——原始に生きるブッシュマン』荒井喬、辻井忠男訳、海鳴社、1982 年）

Thompson, M. E., S. M. Kahlenberg, I. C. Gilby, and R. W. Wrangham. 2007. "Core Area Quality Is Associated with Variance in Reproductive Success Among Female Chimpanzees at Kanyawara, Kibale National Park." *Animal Behaviour* 73:501-512.

Tindale, N. B. 1974. *Aboriginal Tribes of Australia: Their Terrain, Environmental Controls, Distribution, Limits, and Proper Names. With an Appendix on Tasmanian Tribes by Rhys Jones*. Berkeley: University of California Press.

Tornberg, E. 1996. "Biological Aspects of Meat Toughness." *Meat Science* 43:S175-S191.

Toth, N., and K. Schick. 2006. *The Oldowan: Case Studies into the Earliest Stone Age*. Gosport, IN: Stone Age Institute Press.

Turnbull, C. 1962. *The Forest People*. New York: Simon & Schuster.（邦訳：『森の民』藤川玄人訳、筑摩書房、1976 年）

______. 1965. *Wayward Servants: The Two Worlds of the African Pygmies*.Westport, CT: Greenwood Press.

______. 1974 (1972). *The Mountain People*. London: Picador.（邦訳：『ブリンジ・ヌガグ——食うものをくれ』幾野宏訳、筑摩書房、1974 年）

Tylor, E. B. 1870 (1964). *Researches into the Early History of Mankind*. Chicago: University of Chicago Press.

Ungar, P. 2004. "Dental Topography and Diets of *Australopithecus afarensis* and Early *Homo*." *Journal of Human Evolution* 46:605-622.

Ungar, P. S., F. E. Grine, and M. F. Teaford. 2006. "Diet in Early *Homo*: A Review of the Evidence and a New Model of Dietary Versatility." *Annual Review of Anthropology* 35:209-228.

U.S. Department of Agriculture, Agricultural Research Service. 2007. *USDA National Nutrient Database for Standard Reference, Release 21*. Nutrient Data Laboratory home page, www.ars.usda.gov/nutrientdata.

Southgate, D. A. T., and J. V. G. A. Durnin. 1970. "Calorie Conversion Factors?An Experimental Reassessment of the Factors Used in the Calculation of the Energy Value of Human Diets." *British Journal of Nutrition* 24:517-535.

Spencer, B. 1927. *The Arunta: a Study of a Stone Age People*. London: Macmillan.

Speth, J. D. 1989. "Early Hominid Hunting and Scavenging: The Role of Meat as an Energy Source." *Journal of Human Evolution* 18:329-343.

Sponheimer, M., B. H. Passey, D. J. de Ruiter, D. Guatelli-Steinberg, T. E. Cerling, and J. A. Lee-Thorp. 2006. "Isotopic Evidence for Dietary Variability in the Early Hominin *Paranthropus robustus*." *Science* 314:980-982.

Spoor, F., M. G. Leakey, P. N. Gathogo, F. H. Brown, S. C. Antón, I. McDougall, C. Kiarie, F. K. Manthi, and L. N. Leakey. 2007. "Implications of New Early *Homo* Fossils from Ileret, East of Lake Turkana, Kenya." *Nature* 448:688-691.

Stahl, A. B. 1989. "Comment on James (1989)." *Current Anthropology* 30:18-19.

Stanford, C. B. 1999. *The Hunting Apes: Meat Eating and the Origins of Human Behavior*. Princeton, NJ: Princeton University Press.（邦訳：『狩りをするサル――肉食行動からヒト化を考える』瀬戸口美恵子、瀬戸口烈司訳、青土社、2001 年）

Stanford, C. B., and H. T. Bunn. 2001. *Meat-Eating and Human Evolution*. Oxford, UK: Oxford University Press.

Stead, S. M., and L. Laird. 2002. *Handbook of Salmon Farming*. London: Springer.

Stedman, H. H., B. W. Kozyak, A. Nelson, D. M. Thesier, L. T. Su, D. W. Low, C. R. Bridges, J. B. Shrager, N. Minugh-Purvis, and M. A. Mitchell. 2004. "Myosin Gene Mutation Correlates with Anatomical Changes in the Human Lineage." *Nature* 428:415-418.

Steele, J., and S. Shennan. 1996. "Darwinism and Collective Representations." In *The Archaeology of Human Ancestry: Power, Sex and Tradition*, J. Steele and S. Shennan, eds., 1-42. London: Routledge.

Stefansson, V. 1913. *My Life with the Eskimo*. New York: Macmillan.

______. 1944. *Arctic Manual*. New York: Macmillan.

Steward, J. H., and L. C. Faron. 1959. *Native Peoples of South America*. New York: McGraw-Hill.

Subias, S. M. 2002. "Cooking in Zooarchaeology: Is This Issue Still Raw?" In *Consuming Passions and Patterns of Consumption*, P. Miracle and N. Milner, eds., 7-16. Oxford, UK: Oxbow.

Svihus, B., A. K. Uhlen, and O. M. Harstad. 2005. "Effect of Starch Granule Structure, Associated Components and Processing on Nutritive Value of Cereal Starch: A Review." *Animal Feed Science and Technology* 122:303-320.

Symons, M. 1998. *A History of Cooks and Cooking*. Urbana and Chicago: University of Illinois Press.

Tanaka, J. 1980. *The San Hunter-Gatherers of the Kalahari: a Study in Ecological Anthropology*. Tokyo: University of Tokyo Press.

Tanaka, T., A. Mizumoto, N. Haga, and Z. Itoh. 1997. "A New Method to Measure Gastric Emptying in

Secor, S. M. 2003. "Gastric Function and Its Contribution to the Postprandial Metabolic Response of the Burmese Python *Python molurus*." *Journal of Experimental Biology* 206:1621-1630.

______. 2009. "Specific Dynamic Action: A Review of the Postprandial Metabolic Response." *Journal of Comparative Physiology B*, in press.

Secor, S. M., and A. C. Faulkner. 2002. "Effects of Meal Size, Meal Type, Body Temperature, and Body Size on the Specific Dynamic Action of the Marine Toad, *Bufo marinus*." *Physiological and Biochemical Zoology* 75:557-571.

See, R., S. M. Abdullah, D. K. McGuire, A. Khera, M. J. Patel, J. B. Lindsey, S. M. Grundy, and J. A. De Lemos. 2007. "The Association of Differing Measures of Overweight and Obesity with Prevalent Atherosclerosis?The Dallas Heart Study." *Journal of the American College of Cardiology* 50:752-759.

Sergant, J., P. Crombé, and Y. Perdaen. 2006. "The 'Invisible' Hearths: A Contribution to the Discernment of Mesolithic Non-Structured Surface Hearths." *Journal of Archaeological Science* 33:999-1007.

Shelley, M. W. 1982 (1818). *Frankenstein or, The Modern Prometheus*. Chicago: University of Chicago Press. (邦訳：『フランケンシュタイン』森下弓子訳、東京創元社（1984 年）

Sherman, P. W., and J. Billing. 2006. "Darwinian Gastronomy: Why We Use Spices." *BioScience* 49:453-463.

Shultz, S., and R. I. M. Dunbar. 2007. "The Evolution of the Social Brain: Anthropoid Primates Contrast with Other Vertebrates." *Proceedings of the Royal Society of London, Series B* 274:2429-2436.

Silberbauer, G. B. 1981. *Hunter and Habitat in the Central Kalahari Desert*. Cambridge, UK: Cambridge University Press.

Sims, E. A., and E. J. Danforth. 1987. "Expenditure and Storage of Energy in Man." *Journal of Clinical Investigation* 79:1019-1025.

Sizer, F. S., and E. Whitney. 2006. *Nutrition: Concepts and Controversies*. Belmont, CA: Thomson/Wadsworth.

Smith, B. H. 1991. "Dental Development and the Evolution of Life History in Hominidae." *American Journal of Physical Anthropology* 86:157-174.

Smith, C. S., W. Martin, and K. A. Johansen. 2001. "Sego Lilies and Prehistoric Foragers: Return Rates, Pit Ovens, and Carbohydrates." *Journal of Archaeological Science* 28:169-183.

Smith, G. 1995. *Time Allocation Among the Madurese of Gedang-Gedang*. New Haven, CT: Human Relations Area Files Inc.

Smith, M. E., and D. G. Morton. 2001. *The Digestive System: Basic Science and Clinical Conditions*. London: Harcourt.

Smith, R. J., and W. L. Jungers. 1997. "Body Mass in Comparative Primatology." *Journal of Human Evolution* 32:523-559.

Southgate, D. A. T. 1981. *The Relationship Between Food Composition and Available Energy. Provisional Agenda Item 4.1.3, Joint FAO/WHO/UNU Expert Consultation on Energy and Protein Requirements, Rome, 5 to 17 October 1981*. Norwich, UK: A.R.C. Food Research Institute.

Rightmire, G. P. 1998. "Human Evolution in the Mid Pleistocene: The Role of *Homo heidelbergensis*." *Evolutionary Anthropology* 6:218-227.

______. 2004. "Brain Size and Encephalization in Early to Mid-Pleistocene *Homo*." *American Journal of Physical Anthropology* 124:109-123.

Rivers, W. H. R. 1906. *The Todas*. London: Macmillan.

Roach, R. 2004. "Splendid Specimens: The History of Nutrition in Bodybuilding." *Wise Traditions 5*.

Robertson, D. 1973. *Survive the Savage Sea*. New York: Praeger.

Robinson, G. A. 1846. *Brief Report of an Expedition to the Aboriginal Tribes of the Interior . . . March to August 1846*. Melbourne, Australia: Manuscript in National Museum.

Rolff, J. 2002. "Bateman's Principle and Immunity." *Proceedings of the Royal Society of London, Series B* 269:867-872.

Rolls, E. T. 2005. "Taste, Olfactory, and Food Texture Processing in the Brain, and the Control of Food Intake." *Physiology and Behavior* 85:45-56.

Rombauer, I. S., and M. R. Becker. 1975. *Joy of Cooking*. New York: Bobbs-Merrill.

Rose, F. G. G. 1960. *Classification of Kin, Age Structure and Marriage Among the Groote Eylandt Aborigines: A Study in Method and a Theory of Australian Kinship*. Berlin: Akademie-Verlag.

Rosell, M., P. Appleby, and T. Key. 2005. "Height, Age at Menarche, Body Weight and Body Mass Index in Life-Long Vegetarians." *Public Health Nutrition* 8:870-875.

Rowlett, R. M. 1999. "'Comment' on Wrangham et al. (1999)." *Current Anthropology* 40:584-585.

Ruiz de Huidobro, F., E. Miguel, B. Blazquez, E. Onega. 2005. "A Comparison Between Two Methods (Warner?Bratzler and Texture Profile Analysis) for Testing Either Raw Meat or Cooked Meat." *Meat Science* 69:527-536.

Ruskin, J. 1902 (1865). *Sesame and Lilies*. New York: Homewood.（邦訳：『胡麻と百合』吉田城訳、筑摩書房、1990 年）

Rutherfurd, S. M., and P. J. Moughan. 1998. "The Digestible Amino Acid Composition of Several Milk Proteins: Application of a New Bioassay." *Journal of Dairy Science* 81:909-917.

Sannaveerappa, T., K. Ammu, and J. Joseph. 2004. "Protein-Related Changes During Salting of Milkfish (*Chanos chanos*)." *Journal of the Science of Food and Agriculture* 84:863-869.

Savage-Rumbaugh, S., and R. Lewin. 1994. *Kanzi: The Ape at the Brink of the Human Mind*. New York: Wiley.（邦訳：『人と話すサル』、石館康平訳、講談社 , 1997 年）

Sawyer, G. J., V. Deak, E. Sarmiento, and R. Milner. 2007. *The Last Human: A Guide to Twenty-Two Species of Extinct Humans*. New Haven, CT: Yale University Press.

Schulze, L. G. 1891. "The Aborigines of the Upper and Middle Finke River: Their Habits and Customs, with Introductory Notes on the Physical and Natural-History Features of the Country." *Transactions and Proceedings and Reports of the Royal Society of South Australia* 14:210-246.

Plummer, T. 2004. "Flaked Stones and Old Bones: Biological and Cultural Evolution at the Dawn of Technology." *Yearbook of Physical Anthropology* 47:118-164.

Pollan, M. 2008. *In Defense of Food: An Eater's Manifesto*. New York: Penguin.

Polo, M. 1926. *The Travels of Marco Polo (The Venetian)*. New York: Boni & Liverwright.（邦訳：『東方見聞録（完訳）』愛宕松男訳、平凡社、2000 年）

Pond, C. M. 1998. *The Fats of Life*. Cambridge, UK: Cambridge University Press.

Pontzer, H., and R. W. Wrangham. 2004. "Climbing and the Daily Energy Cost of Locomotion in Wild Chimpanzees: Implications for Hominoid Locomotor Evolution." *Journal of Human Evolution* 46:315-333.

Potts, R. 1998. "Environmental Hypotheses of Hominin Evolution." *Yearbook of Physical Anthropology* 41:93-138.

Preece, R. C., J. A. J. Gowlett, S. A. Parfitt, D. R. Bridgland, and S. G. Lewis. 2006. "Humans in the Hoxnian: Habitat, Context and Fire Use at Beeches Pit, West Stow, Suffolk, UK." *Journal of Quaternary Science* 21:485-496.

Prince Peter, of Greece and Denmark. 1955. "The Todas: Some Additions and Corrections to W. H. R. Rivers's Book, Observed in the Field." *Man (N.S.)* 55:89-93.

Pruetz, J. D., and P. Bertolani. 2007. "Savanna Chimpanzees, *Pan troglodytes verus*, Hunt with Tools." *Current Biology* 17:1-6.

Pullen, A. G. 2005. "Fire and Cognition in the Paleolithic." Ph.D. diss., University of Cambridge.

Pusey, A. E., G. W. Oehlert, J. Williams, and J. Goodall. 2005. "Influence of Ecological and Social Factors on Body Mass of Wild Chimpanzees." *International Journal of Primatology* 26:3-31.

Radcliffe-Brown, A. 1922. *The Andaman Islanders: A Study in Social Anthropology*. Cambridge, UK: Cambridge University Press.

Raffaele, P. 2006. "Speaking Bonobo." *Smithsonian Magazine* 37:74.

Ragir, S. 2000. "Diet and Food Preparation: Rethinking Early Hominid Behavior." *Evolutionary Anthropology* 9:153-155.

Ragir, S., M. Rosenberg, and P. Tierno. 2000. "Gut Morphology and the Avoidance of Carrion Among Chimpanzees, Baboons, and Early Hominids." *Journal of Anthropological Research* 56:477-512.

Rao, M. A., and D. B. Lund. 1986. "Kinetics of Softening Foods: A Review." *Journal of Food Processing and Preservation* 10:311-329.

Read, P. P. 1974. *Alive: the Story of the Andes Survivors*. Philadelphia and New York: Lippincott.（邦訳:『生存者』永井淳訳、新潮社、1982 年）

Reznick, D. N., M. J. Bryant, D. Roff, C. K. Ghalambor, and D. E. Ghalambor. 2004. "Effect of Extrinsic Mortality on the Evolution of Senescence in Guppies." *Nature* 431:1095-1099.

Riches, D. 1987. "Violence, Peace and War in 'Early' Human Society: The Case of the Eskimo." In *The Sociology of War and Peace*, C. Creighton and M. Shaw, eds., 17-36. London: Macmillan.

Olkku, J., and C. Rha. 1978. "Gelatinisation of Starch and Wheat Flour Starch?A Review." *Food Chemistry* 3:293-317.

Onoda, H. 1974 (1999). *No Surrender: My Thirty Year War*. Annapolis, MD: U.S. Naval Institute Press.

Oosterwal, G. 1961. *People of the Tor: A Cultural-Anthropological Study on the Tribes of the Tor Territory (Northern Netherlands New-Guinea)*. Assen, Netherlands: Van Gorcum.

Owen, J. B. 1991. *Cattle Feeding*. Ipswich, UK: Farming Press.

Pagel, M., and W. Bodmer. 2003. "A Naked Ape Would Have Fewer Parasites." *Proceedings of the Royal Society of London B (Suppl.)* 270:S117-S119.

Palmer, D. J., M. S. Gold, and M. Makrides. 2005. "Effect of Cooked and Raw Egg Consumption on Ovalbumin Content of Human Milk: A Randomized, Double-Blind, Cross-Over Trial." *Clinical and Experimental Allergy* 35:173-178.

Palmer, K. 2002. "Raw Food Best for Pets? Some Say Yes; Many Vets Say No." *Minneapolis Star Tribune*, August 5, 2002.

Pálsson, G. 2001. *Writing on Ice: the Ethnographic Notebooks of Vilhjalmur Stefansson*. Hanover, NH, and London: University Press of New England.

Panter-Brick, C. 2002. "Sexual Division of Labor: Energetic and Evolutionary Scenarios." *American Journal of Human Biology* 14:627-640.

Paolisso, M. J., and R. D. Sackett. 1988. *Time Allocation Among the Yukpa of Yurmutu*. New Haven, CT: Human Relations Area Files Inc.

Pastó, I., E. Allué, and J. Vasllverdú. 1988. "Mousterian Hearths at Abric Romaní, Catalonia (Spain)." In *Neanderthals on the Edge*, C. Stringer, R. Barton, and J. Finlayson, eds., 59-67. Oxford, UK: Oxbow Books.

Pate, D. 2006. "Hunter-Gatherer Social Complexity at Roonka Flat, South Australia." In *Social Archaeology of Indigenous Societies*, B. David, I. J. McNiven, and B. Barker, eds., 226-241. Canberra, Australia: Aboriginal Studies Press.

Pattanaik, A. K., V. R. B. Sastry, and R. C. Katiyar. 2000. "Effect of Thermal Processing of Cereal Grain on the Performance of Crossbred Calves Fed Starters Containing Protein Sources of Varying Ruminal Degradability." *Asian-Australian Journal of Animal Sciences* 13:1239-1244.

Perlés, C. 1979. "Les origines de la cuisine: L'acte alimentaire dans l'histoire de l'homme." *Communications* 31:4-14.

______. 1999. "Feeding Strategies in Prehistoric Times." In *Food: A Culinary History from Antiquity to the Present*, J.-L. Flandrin, and M. Montanari, eds., 21-31. New York: Columbia University Press.

Pettit, J. 1990. *Utes: the Mountain People*. Boulder, CO: Johnson Books.

Philbrick, N. 2000. *In the Heart of the Sea: The Tragedy of the Whaleship Essex*. New York: Viking.（邦訳：『復讐する海——捕鯨船エセックス号の悲劇』相原真理子訳、集英社、2003 年）

Pleau, M. J., J. E. Huesing, G. P. Head, and D. J. Feir. 2002. "Development of an Artificial Diet for the Western Corn Rootworm." *Entomologia Experimentalis et Applicata* 105:1-11.

Mulder, M. B., A. T. Kerr, and M. Moore. 1997. *Time Allocation Among the Kipsigis of Kenya*. New Haven, CT: Human Relations Area Files Inc.

Munroe, R. H., R. L. Munroe, J. A. Shwayder, and G. Arias. 1997. *Newar Time Allocation*. New Haven, CT: Human Relations Area Files Inc.

Munroe, R. L., and R. H. Munroe. 1990a. *Black Carib Time Allocation*. New Haven, CT: Human Relations Area Files Inc.

______. 1990b. *Samoan Time Allocation*. New Haven, CT: Human Relations Area Files Inc.

______. 1991. *Logoli Time Allocation*. New Haven, CT: Human Relations Area Files Inc.

Murakami, K., S. Sasaki, Y. Takahashi, K. Uenishi, M. Yamasaki, H. Hayabuchi, T. Goda, J. Oka, K. Baba, K. Ohki, T. Kohri, K. Muramatsu, and M. Furuki. 2007. "Hardness (Difficulty of Chewing) of the Habitual Diet in Relation to Body Mass Index and Waist Circumference in Free-Living Japanese Women Aged 18-22 y." *American Journal of Clinical Nutrition* 86:206-213.

Murdock, G. P., and C. Provost. 1973. "Factors in the Division of Labor by Sex: A Cross-Cultural Analysis. *Ethnology* 12:203-225.

Murgatroyd, S. 2002. *The Dig Tree*. London: Bloomsbury.

Nagalakshmi, D., V. R. B. Sastry, and D. K. Agrawal. 2003. "Relative Performance of Fattening Lambs on Raw and Processed Cottonseed Meal Incorporated Diets." *Asian-Australian Journal of Animal Science* 16:29-35.

Nishida, T., H. Ohigashi, and K. Koshimizu. 2000. "Tastes of Chimpanzee Plant Foods." *Current Anthropology* 41:431-465.

Noah, L., F. Guillon, B. Bouchet, A. Buleon, C. Molis, M. Gratas, and M. Champ. 1998. "Digestion of Carbohydrate from White Beans (*Phaseolus vulgaris* L.) in Healthy Humans." *Journal of Nutrition* 128:977-985.

Nunn, C. L., P. Lindenfors, E. R. Pursall, and J. Rolff. 2008. "On Sexual Dimorphism in Immune Function." *Philosophical Transactions of the Royal Society of London, Series B*, 364:61-69.

O'Connell, J. F., K. Hawkes, K. D. Lupo, and N. G. Blurton-Jones. 2002. "Male Strategies and Plio-Pleistocene Archaeology." *Journal of Human Evolution* 43:831-872.

O'Dea, K. 1991. "Traditional Diet and Food Preferences of Australian Aboriginal Hunter-Gatherers." *Philosophical Transactions of the Royal Society of London, Series B* 334:223-241.

Oakley, K. P. 1955. "Fire as a Paleolithic Tool and Weapon." *Proceedings of the Prehistoric Society* 21:36-48.

______. 1963. "On Man's Use of Fire, with Comments on Tool-Making and Hunting." In *Social Life of Early Man*, S. L. Washburn, ed., 176-193. London: Methuen.

______. 1962. "The Earliest Tool-Makers." In *Evolution und Hominisation*, G. Kurth, ed., 157-169. Stuttgart, Germany: Geburtstage von Gerehard Heberer.

Oka, K., A. Sakuarae, T. Fujise, H. Yoshimatsu, T. Sakata, and M. Nakata. 2003. "Food Texture Differences Affect Energy Metabolism in Rats." *Journal of Dental Research* 82:491-494.

Medel, P., M. A. Latorre, C. de Blas, R. Lazaro, and G. G. Mateos. 2004. "Heat Processing of Cereals in Mash or Pellet Diets for Young Pigs." *Animal Feed Science and Technology* 113:127-140.

Megarry, T. 1995. *Society in Prehistory: The Origins of Human Culture*. New York: New York University Press.

Mehlman, P. T., and D. M. Doran. 2002. "Factors Influencing Western Gorilla Nest Construction at Mondika Research Center." *International Journal of Primatology* 23:1257-1285.

Melis, A. P., B. Hare, and M. Tomasello. 2006a. "Engineering Cooperation in Chimpanzees: Tolerance Constraints on Cooperation." *Animal Behavior* 72:275-286.

______. 2006b. "Chimpanzees Recruit the Best Collaborators." *Science* 311:1297-1300.

Merrill, A. L., and B. K. Watt. 1955. *Energy Value of Foods-Basis and Derivation. USDA Handbook No. 74.* Washington, DC: U.S. Department of Agriculture.

Meyer, J. H., J. Dressman, A. S. Fink, G. L. Amidon. 1985. "Effect of Size and Density on Canine Gastric Emptying of Nondigestible Solids." *Gastroenterology* 89:805-813.

Meyer, J. H., J. Elashoff, V. Porter-Fink, J. Dressman, and G. L. Amidon. 1988. "Human Postprandial Gastric Emptying of 1-3-millimeter Spheres." *Gastroenterology* 94:1315-1325.

Mill, J. S. 1966 (1869). "The Subjection of Women." In *Three Essays by J. S. Mill*. London: Oxford University Press.

Millett, K. 1970. *Sexual Politics*. New York: Doubleday.（邦訳：『性の政治学』藤枝澪子他訳、ドメス出版、1985 年）

Milton, K. 1987. "Primate Diets and Gut Morphology: Implications for Hominid Evolution." In *Food and Evolution: Towards a Theory of Human Food Habits*, M. Harris and E. B. Ross, eds., 93-115. Philadelphia: Temple University Press.

______. 1993. "Diet and Primate Evolution." *Scientific American* 269:86-93.

______. 1999. "A Hypothesis to Explain the Role of Meat-Eating in Human Evolution." *Evolutionary Anthropology* 8:11-21.

Milton, K., and M. W. Demment. 1988. "Chimpanzees Fed High and Low Fiber Diets and Comparison with Human Data." *Journal of Nutrition* 118:1082-1088.

Mitani, J. C., D. P. Watts, and M. N. Muller. 2002. "Recent Developments in the Study of Wild Chimpanzee Behavior." *Evolutionary Anthropology* 11:9-25.

Moggi-Cecchi, J. 2001. "Questions of Growth." *Nature* 414:596-597.

Mora, R., and I. de la Torre. 2005. "Percussion Tools in Olduvai Beds I and II (Tanzania): Implications for Early Human Activities." *Journal of Anthropological Archaeology* 24:179-192.

Muir, J. G., A. Birkett, I. Brown, G. Jones, and K. O'Dea. 1995. "Food Processing and Maize Variety Affects Amounts of Starch Escaping Digestion in the Small Intestine." *American Journal of Clinical Nutrition* 61:82-89.

Mabjeesh, S. J., J. Galindez, O. Kroll, and A. Arieli. 2000. "The Effect of Roasting Nonlinted Whole Cottonseed on Milk Production by Dairy Cows." *Journal of Dairy Science* 83:2557-2563.

MacLarnon, A. M., R. D. Martin, D. J. Chivers, and C. M. Hladik. 1986. "Some Aspects of Gastro-Intestinal Allometry in Primates and Other Mammals." In *Definition et Origines de L'Homme*, M. Sakka, ed., 293-302. Paris: Editions du CNRS.

Mallol, C., F. W. Marlowe, B. M. Wood, and C. C. Porter. 2007. "Earth, Wind, and Fire: Ethnoarchaeological Signals of Hadza Fires." *Journal of Archaeological Science* 34:2035-2052.

Man, E. H. 1932 (1885). *On the Aboriginal Inhabitants of the Andaman Islands*. London: Royal Anthropological Institute of Great Britain and Ireland.

Mania, D. 1995. "The Earliest Occupation of Europe: The Elbe-Saale Region (Germany)." In *The Earliest Occupation of Europe*, W. Roebroeks and T. van Kolfschoten, eds., 85-102. Leiden, Netherlands: European Science Foundation.

Mania, D., and U. Mania. 2005. "The Natural and Socio-Cultural Environment of *Homo Erectus* at Bilzingsleben, Germany." In *The Hominid Individual in Context: Archaeological Investigations of Lower and Middle Palaeolithic Landscapes, Locales and Artefacts*, C. Gamble and M. Porr, eds., 98-114. London and New York: Routledge.

Marlowe, F. W. 2007. "Hunting and Gathering: The Human Sexual Division of Foraging Labor." *Cross-Cultural Research* 41:170-196.

______. 2003. "A Critical Period for Provisioning by Hadza Men: Implications for Pair Bonding." *Evolution and Human Behavior* 24:217-229.

Marshall, L. 1998 (1976). "Sharing, Talking, and Giving: Relief of Social Tensions Among the !Kung." In *Limited Wants, Unlimited Means: A Reader on Hunter-Gatherer Economics and the Environment*, J. M. Gowdy, ed., 65-85. Washington, DC: Island Press.

Marshall, W. E. 1873. *A Phrenologist Among the Todas, or the Study of a Primitive Tribe in South India: History, Character, Customs, Religion, Infanticide, Polyandry, Language*. London: Longmans, Green & Co.

Martin, R. D., D. J. Chivers, A. M. MacLarnon, and C. M. Hladik. 1985. "Gastrointestinal Allometry in Primates and Other Mammals." In *Size and Scaling in Primate Biology*,W. L. Jungers, ed., 61-89. New York: Plenum.

Mazza, P. P. A., F. Martini, B. Sala, M. Magi, M. P. Colombini, G. Giachi, F. Landucci, C. Lemorini, F. Modugno, and E. Ribechini. 2006. "A New Palaeolithic Discovery: Tar-Hafted Stone Tools in a European Mid-Pleistocene Bone-Bearing Bed." *Journal of Archaeological Science* 33:1310-1318.

McBrearty, S., and A. S. Brooks. 2000. "The Revolution That Wasn't: A New Interpretation of the Origin of Modern Human Behavior." *Journal of Human Evolution* 39:453-563.

McGee, H. 2004. *On Food and Cooking: The Science and Lore of the Kitchen*. New York: Scribners.（邦訳：『マギーキッチンサイエンス——食材から食卓まで』北山薫、北山雅彦訳、共立出版、2008 年）

McHenry, H. M., and K. Coffing. 2000. "*Australopithecus to Homo*: Transformations in Body and Mind." *Annual Review of Anthropology* 29:125-146.

Medel, P., F. Baucells, M. I. Gracia, C. de Blas, and G. G. Mateos. 2002. "Processing of Barley and Enzyme Supplementation in Diets for Young Pigs." *Animal Feed Science and Technology* 95:113-122.

Langkilde, A. M., M. Champ, and H. Andersson. 2002. "Effects of High-Resistant-Starch Banana Flour (RS_2) on In Vitro Fermentation and the Small-Bowel Excretion of Energy, Nutrients, and Sterols: An Ileostomy Study." *American Journal of Clinical Nutrition* 75:104-111.

Lawrie, R. A. 1991. *Meat Science*, 5th ed. Oxford, UK: Pergamon Press.

Leach, E. 1970. *Lévi-Strauss*. London: Fontana.（邦訳：『レヴィ＝ストロース』吉田禎吾訳、筑摩書房、2000年）

Lee, R. B., and I. DeVore. 1968. *Man the Hunter*. Cambridge, MA: Harvard University Press.

Lee, R. B. 1979. *The !Kung San: Men, Women and Work in a Foraging Society*. Cambridge, UK: Cambridge University Press.

Lee, S. W., J. H. Lee, S. H. Han, J. W. Lee, and C. Rhee. 2005. "Effect of Various Processing Methods on the Physical Properties of Cooked Rice and on *In Vitro* Starch Hydrolysis and Blood Glucose Response in Rats." *Starch-Starke* 57:531-539.

Leonard, W. R., and M. L. Robertson. 1997. "Comparative Primate Energetics and Hominid Evolution." *American Journal of Physical Anthropology* 102:265-281.

Leonard, W. R., J. J. Snodgrass, and M. L. Robertson. 2007. "Effects of Brain Evolution on Human Nutrition and Metabolism." *Annual Review of Nutrition* 27:311-327.

Lepowsky, M. 1993. *Fruit of the Motherland: Gender in an Egalitarian Society*. New York: Columbia University Press.

Letterman, J. B. 2003. *Survivors: True Tales of Endurance*. New York: Simon & Schuster.

Lévi-Strauss, C. 1969. *The Raw and the Cooked. Introduction to a Science of Mythology. I*. New York: Harper & Row.（邦訳:『生のものと火を通したもの』神話論理1、早水洋太郎訳、みすず書房、2006年）

Lewin, R., and R. A. Foley. 2004. *Principles of Human Evolution*. New York: Wiley-Blackwell.

Lieberman, D. E., G. E. Krovitz, F. W. Yates, M. Devlin, and M. St. Claire. 2004. "Effects of Food Processing on Masticatory Strain and Craniofacial Growth in a Retrognathic Face." *Journal of Human Evolution* 46:655-677.

Lieberman, D. E., B. M. McBratney, and G. Krovitz. 2002. "The Evolution and Development of Cranial Form in *Homo sapiens*." *Proceedings of the National Academy of Sciences* 99:1134-1139.

Livesey, G. 1995. "The Impact of Complex Carbohydrates on Energy Balance." *European Journal of Clinical Nutrition* 49:S89-S96.

______. 2001. "A Perspective on Food Energy Standards for Nutrition Labelling." *British Journal of Nutrition* 85:271-287.

Low, B. 2000. *Why Sex Matters*. Princeton, NJ: Princeton University Press.

Lucas, P. 2004. *Dental Functional Morphology: How Teeth Work*. Cambridge, UK: Cambridge University Press.

Lucas, P. W., K. Y. Ang, Z. Sui, K. R. Agrawal, J. F. Prinz, and N. J. Dominy. 2006. "A Brief Review of the Recent Evolution of the Human Mouth in Physiological and Nutritional Contexts." *Physiology and Behavior* 89:36-38.

Agriculture 83:1587-1592.

Kaufman, J. A. 2006. "On the Expensive Tissue Hypothesis: Independent Support from Highly Encephalized Fish." *Current Anthropology* 44:705-707.

Kay, R. F. 1975. "The Functional Adaptations of Primate Molar Teeth." *American Journal of Physical Anthropology* 42:195-215.

Kay, R. F., M. Cartmill, and M. Balow. 1998. "The Hypoglossal Canal and the Origin of Human Vocal Behaviour." *Proceedings of the National Academy of Sciences* 95:5417-5419.

Kelly, R. C. 1993. *Constructing Inequality: The Fabrication of a Hierarchy of Virtue Among the Etoro*. Ann Arbor: University of Michigan Press.

Kelly, R. L. 1995. *The Foraging Spectrum: Diversity in Hunter-Gatherer Lifeways*.Washington, DC: Smithsonian Institution.

Khaitovich, P., H. E. Lockstone, M. T. Wayland, T. M. Tsang, S. D. Jayatilaka, A. J. Guo, J. Zhou, M. Somel, L. W. Harris, E. Holmes, S. Pääbo, and S. Bahn. 2008. "Metabolic Changes in Schizophrenia and Human Brain Evolution." *Genome Biology* 9: R124, 1-11.

King, J. E. 2000. *Mayo Clinic on Digestive Health*. Rochester, MN: Mayo Clinic.

Klein, R. G. 1999. *The Human Career: Human Biological and Cultural Origins*. Chicago: University of Chicago Press.

Knott, C. 2001. "Female Reproductive Ecology of the Apes: Implications for Human Evolution." In *Reproductive Ecology and Human Evolution*, P. Ellison, ed., 429-463. New York: Aldine.

Koebnick, C., A. L. Garcia, P. C. Dagnelie, C. Strassner, J. Lindemans, N. Katz, C. Leitzmann, and I. Hoffmann. 2005. "Long-Term Consumption of a Raw Food Diet Is Associated with Favorable Serum LDL Cholesterol and Triglycerides but Also with Elevated Plasma Homocysteine and Low Serum HDL Cholesterol in Humans." *Journal of Nutrition* 135:2372-2378.

Koebnick, C., C. Strassner, I. Hoffmann, and C. Leitzmann. 1999. "Consequences of a Longterm Raw Food Diet on Body Weight and Menstruation: Results of a Questionnaire Survey." *Annals of Nutrition and Metabolism* 43:69-79.

Kuhn, S. L., and M. C. Stiner. 2006. "What's a Mother to Do? The Division of Labor Among Neandertals and Modern Humans in Eurasia." *Current Anthropology* 47:953-963.

Kummer, H. 1995. *In Quest of the Sacred Baboon: A Scientist's Journey*. Princeton, NJ: Princeton University Press.

Kuzawa, C. W. 1998. "Adipose Tissue in Human Infancy and Childhood: An Evolutionary Perspective." *Yearbook of Physical Anthropology* 41:177-209.

Laden, G., and R. W. Wrangham. 2005. "The Rise of the Hominids as an Adaptive Shift in Fallback Foods: Plant Underground Storage Organs (USOs) and Australopith Origins." *Journal of Human Evolution* 49:482-498.

Lancaster, J., and C. Lancaster. 1983. "Parental Investment, the Hominid Adaptation." In *How Humans Adapt: A Biocultural Odyssey*, D. S. Ortner, ed., 33-56. Washington, DC: Smithsonian Institution Press.

Isler, K., and C. P. van Schaik. 2006. "Costs of Encephalization: The Energy Trade-Off Hypothesis Tested on Birds." *Journal of Human Evolution* 51:228-243.

James, S. R. 1989. "Hominid Use of Fire in the Lower and Middle Pleistocene: A Review of the Evidence." *Current Anthropology* 30:1-26.

Jenike, M. 2001. "Nutritional Ecology: Diet, Physical Activity and Body Size." In *Hunter-Gatherers: An Interdisciplinary Perspective*, C. Panter-Brick, R. H. Layton, and P. Rowley-Conwy, eds., 205-238. Cambridge, UK: Cambridge University Press.

Jenkins, D. J. A. 1988. "Nutrition and Diet in Management of Diseases of the Gastrointestinal Tract. (C) Small Intestine: (6) Factors Influencing Absorption of Natural Diets." In *Modern Nutrition in Health and Disease*, M. E. Shils, and V. R. Young, eds., 1151-1166. Philadelphia: Lea and Febiger.

Jenness, D. 1922. *Report of the Canadian Arctic Expedition 1913?18. Volume XII: The Life of the Copper Eskimos*. Ottawa: F. A. Acland.

Johnson, A. 1975. "Time Allocation in a Machiguenga Community." *Ethnology* 14:301-310.

______. 2003. *Families of the Forest: The Matsigenka Indians of the Peruvian Amazon*. Berkeley, CA: University of California Press.

Johnson, A., and O. R. Johnson. 1994. *Time Allocation Among the Machiguenga of Shimaa*. New Haven, CT: Human Relations Area Files Inc.

Johnson, L. R. 1994. *Physiology of the Gastrointestinal Tract*, 3rd ed. New York: Raven Press.

______. 2001. *Gastrointestinal Physiology*, 6th ed. St. Louis, MO: Mosby.（邦訳：『消化管の生理学』森岡恭彦他訳、中外医学社、1979 年）

Jolly, C., and R. White. 1995. *Physical Anthropology and Archaeology*. New York: McGraw-Hill.

Jones, M. 2007. *Feast: Why Humans Share Food*. New York: Oxford University Press.

Kaberry, P. M. 1939. *Aboriginal Woman: Sacred and Profane*. London: Routledge.

Kadohisa, M., E. T. Rolls, and J. V. Verhagen. 2004. "Orbitofrontal Cortex: Neuronal Representation of Oral Temperature and Capsaicin in Addition to Taste and Texture." *Neuroscience* 127:207-221.

______. 2005a. "Neuronal Representations of Stimuli in the Mouth: The Primate Insular Taste Cortex, Orbitofrontal Cortex and Amygdala." *Chemical Senses* 30:401-419.

Kadohisa, M., J. V. Verhagen, and E. T. Rolls. 2005b. "The Primate Amygdala: Neuronal Representations of the Viscosity, Fat Texture, Temperature, Grittiness and Taste of Foods." *Neuroscience* 132:33-48.

Kaplan, H., K. Hill, J. Lancaster, and A. M. Hurtado. 2000. "A Theory of Human Life History Evolution: Diet, Intelligence and Longevity." *Evolutionary Anthropology* 9:156-185.

Kaplan, H. S., and A. J. Robson. 2002. "The Emergence of Humans: The Coevolution of Intelligence and Longevity with Intergenerational Transfers." *Proceedings of the National Academy of Sciences* 99: 10221-10226.

Karlsson, M. E., and A.-C. Eliasson. 2003. "Effects of Time/ Temperature Treatments on Potato (*Solanum Tuberosum*) Starch: A Comparison of Isolated Starch and Starch *In Situ*." *Journal of the Science of Food and*

Headland, T. N., and L. A. Reid. 1989. "Hunter-Gatherers and Their Neighbors from Prehistory to the Present." *Current Anthropology* 30:27-43.

Heaton, K. W., S. N. Marcus, P. M. Emmett, and C. H. Bolton. 1988. "Particle Size of Wheat, Maize, and Oat Test Meals: Effects on Plasma Glucose and Insulin Responses and on the Rate of Starch Digestion In Vitro." *American Journal of Clinical Nutrition* 47:675-682.

Hernandez-Aguilar, R. A., J. Moore, and T. R. Pickering. 2007. "Savanna Chimpanzees Use Tools to Harvest the Underground Storage Organs of Plants." *Proceedings of the National Academy of Sciences* 104:19210-19213.

Heyerdahl, T. 1996. *The Kon-Tiki Expedition: By Raft Across the South Seas*. London: Flamingo.

Hiiemae, K. M., and J. B. Palmer. 1999. "Food Transport and Bolus Formation During Complete Feeding Sequences on Foods of Different Initial Consistency." *Dysphagia* 14:31-42.

Hladik, C. M., D. J. Chivers, and P. Pasquet. 1999. "On Diet and Gut Size in Non-Human Primates and Humans: Is There a Relationship to Brain Size?" *Current Anthropology* 40:695-697.

Hobbs, S. H. 2005. "Attitudes, Practices, and Beliefs of Individuals Consuming a Raw Foods Diet." *Explore* 1:272-277.

Hofferth, S. L., and J. F. Sandberg. 2001. "How American Children Spend Their Time." *Journal of Marriage and the Family* 63:295-308.

Hohmann, G., and B. Fruth. 2000. "Use and Function of Genital Contacts Among Female Bonobos." *Animal Behavior* 60:107-120.

Holekamp, K. E., S. T. Sakai, and B. L. Lundrigan. 2007. "Social Intelligence in the Spotted Hyena (*Crocuta crocuta*)." *Philosophical Transactions of the Royal Society of London, Series B* 362:523-538.

Holmberg, A. R. 1969. *Nomads of the Longbow: The Siriono of Eastern Bolivia*. Garden City, NY: Natural History Press.

Hough, W. 1926. *Fire as an Agent in Human Culture*.Washington, DC: U.S. Government Printing Office.

Howell, E. 1994. *Food Enzymes for Health and Longevity*. Twin Lakes, WI: Lotus Press.（邦訳：『医者も知らない酵素の力』今村光一訳、中央アート出版社、2009 年）

Hrdy, S. B. 1999. *Mother Nature: A History of Mothers, Infants, and Natural Selection*. New York: Pantheon.（邦訳：『マザー・ネイチャー――「母親」はいかにヒトを進化させたか』塩原通緒訳、早川書房、2005 年）

Hunt, K. D. 1991. "Positional Behavior in the Hominoidea." *International Journal of Primatology* 12:95-118.

Hunt, P. 1961. *Eating and Drinking: An Anthology for Epicures*. London: Ebury Press.

Hurtado, J. L., P. Montero, J. Borderias, and M. T. Solas. 2001. "Morphological and Physical Changes During Heating of Pressurized Common Octopus Muscle up to Cooking Temperature." *Food Science and Technology International* 7:329-338.

Isaacs, J. 1987. *Bush Food: Aboriginal Food and Herbal Medicine*. Sydney, Australia: New Holland.

Grant, P. R., and B. R. Grant. 2002. "Unpredictable Evolution in a 30year Study of Darwin's Finches." *Science* 296:707-711.

Gregor, T. 1985. *Anxious Pleasures: The Sexual Lives of an Amazonian People*. Chicago: University of Chicago Press.

Grinker, R. R. 1994. *Houses in the Rain Forest: Ethnicity and Inequality Among Farmers and Foragers in Central Africa*. Berkeley: University of California Press.

Gusinde, M. 1961. *The Yamana: The Life and Thought of the Water Nomads of Cape Horn*. Frieda Schutze, trans. New Haven, CT: Human Relations Area Files.

Haeusler, M., and H. M. McHenry. 2004. "Body Proportions of *Homo Habilis* Reviewed." *Journal of Human Evolution* 46:433-465.

Hagen, A. 1998. *A Handbook of Anglo-Saxon Food: Processing and Consumption*. Hockwold-cum-Wilton, Norfolk, UK: Anglo-Saxon Books.

Hames, R. 1993. *Ye'kwana Time Allocation*. New Haven, CT: Human Relations Area Files Inc.

Hamilton, A. 1987. "Dual Social System: Technology, Labour and Women's Secret Rites in the Eastern Western Desert of Australia." In *Traditional Aboriginal Society: A Reader*, W. H. Edwards, ed., 34-52. Melbourne, Australia: Macmillan.

Handy, E. S. C. 1923. "The Native Culture in the Marquesas." *Bernice P. Bishop Museum Bulletin* 9:1-358.

Hare, B., A. P. Melis, V. Woods, S. Hastings, and R. Wrangham. 2007. "Tolerance Allows Bonobos to Outperform Chimpanzees on a Cooperative Task." *Current Biology* 17:619-623.

Hare, B., I. Plyusnina, N. Ignacio, O. Schepina, A. Stepika, R. Wrangham, and L. Trut. 2005. "Social Cognitive Evolution in Captive Foxes Is a Correlated By-Product of Experimental Domestication." *Current Biology* 15:1-20.

Harris, P. V., and W. R. Shorthose. 1988. "Meat Texture." In *Developments in Meat Science*, R. A. Lawrie, ed., 245-296. London: Elsevier.

Hart, C. W. M., and A. R. Pilling. 1960. *The Tiwi of North Australia*. New York: Holt, Rinehart and Winston.

Hawk, P. B. 1919. *What We Eat and What Happens to It: The Results of the First Direct Method Ever Devised to Follow the Actual Digestion of Food in the Human Stomach*. New York: Harper.

Hawkes, K., J. O'Connell, and N. Blurton-Jones. 1997. "Hadza Women's Time Allocation, Offspring Provisioning, and the Evolution of Long Menopausal Lifespans." *Current Anthropology* 38:551-577.

______. 2001a. "Hadza Meat Sharing." *Evolution and Human Behavior*, 22:113-142.

______. 2001b. "Hunting and Nuclear Families: Some Lessons from the Hadza About Men's Work." *Current Anthropology* 42:681-709.

Hawkes, K., J. F. O'Connell, N. G. Blurton-Jones, H. Alvarez, and E. L. Charnov. 1998. "Grandmothering, Menopause, and the Evolution of Human Life Histories." *Proceedings of the National Academy of Sciences, USA* 95:1336-1339.

Fuentes, A. 2000. "Hylobatid Communities: Changing Views on Pair Bonding and Social Organization in Hominoids." *Yearbook of Physical Anthropology* 43：33-60.

Fullerton-Smith, J. 2007. *The Truth About Food: What You Eat Can Change Your Life*. London: Bloomsbury.

Funston, P. J., M. G. L. Mills, H. C. Biggs, and P. R. K. Richardson. 1998. "Hunting by Male Lions: Ecological Implications and Socioecological Influences." *Animal Behavior* 56:1333-1345.

Galbraith, J. K. 1958. *The Affluent Society*. Boston: Houghton Mifflin.（邦訳：『ゆたかな社会 決定版』鈴木哲太郎訳、岩波書店、2006 年）

Gaman, P. M., and K. B. Sherrington. 1958. *The Science of Food: An Introduction to Food Science, Nutrition and Microbiology*. Oxford, UK: Pergamon Press.（邦訳:『食物科学のすべて』村山篤子、品川弘子訳、マグロウヒル出版、1993 年）

Gilby, I. C. 2006. "Meat Sharing Among the Gombe Chimpanzees: Harassment and Reciprocal Exchange." *Animal Behaviour* 71:953-963.

Gilby, I. C., L. E. Eberly, L. Pintea, A. E. Pusey. 2006. "Ecological and Social Influences on the Hunting Behaviour of Wild Chimpanzees, *Pan troglodytes schweinfurthii*." *Animal Behaviour* 72:169-180.

Gilby, I. C., and R. Wrangham. 2007. "Risk-Prone Hunting by Chimpanzees (*Pan troglodytes schweinfurthii*) Increases During Periods of High Diet Quality." *Behavioral Ecology and Sociobiology* 61:1771-1779.

Gilman, C. P. 1966 (1898). *Women and Economics: A Study of the Economic Relation Between Men and Women as a Factor in Social Evolution*. New York: Harper.

Gladwin, T., and S. B. Sarason. 1953. "Truk: Man in Paradise." *Viking Fund Publications in Anthropology* 29:1-655.

Goodall, J. 1986. *The Chimpanzees of Gombe: Patterns of Behavior*. Cambridge, MA: Harvard University Press.（邦訳:『野生チンパンジーの世界』杉山幸丸、松沢哲郎監訳、杉山幸丸他訳、ミネルヴァ書房、1990 年）

______. 1982. *Cooking, Cuisine and Class: A Study in Comparative Sociology*. Cambridge, UK: Cambridge University Press.

Goren-Inbar, N., N. Alperson, M. E. Kislev, O. Simchoni, Y. Melamed, A. Ben-Nun, and E. Werker. 2004. "Evidence of Hominin Control of Fire at Gesher Benot Ya'aqov, Israel." *Science* 304:725-727.

Gott, B. 2002. "Fire-Making in Tasmania: Absence of Evidence is Not Evidence of Absence." *Current Anthropology* 43:650-656.

Goudsblom, J. 1992. *Fire and Civilization*. New York: Penguin.（邦訳：『火と文明化』大平章訳、法政大学出版局、1999 年）

Gould, S. J. 2002. *The Structure of Evolutionary Theory*. Cambridge, MA: Harvard University Press.

Gowlett, J. A. J. 2002. "The Early Settlement of Northern Europe: Fire History in the Context of Climate Change and the Social Brain." *C. R. Palevol* 5:299-310.

Gowlett, J. A. J., J. Hallos, S. Hounsell, V. Brant, and N. C. Debenham. 2005. "Beeches Pit-Archaeology, Assemblage Dynamics and Early Fire History of a Middle Pleistocene Site in East Anglia, UK." *Journal of Eurasian Archaeology* 3:3-40.

Emmons, G. T. 1991. *The Tlingit Indians*. Seattle: University of Washington Press.

Engelen, L., R. A. de Wijk, A. van der Bilt, J. F. Prinz, A. M. Janssen, and F. Bosman. 2005a. "Relating Particles and Texture Perception." *Physiology and Behavior* 86:111-117.

Engelen, L., A. Fontijn-Tekamp, and A. van der Bilt. 2005b. "The Influence of Product and Oral Characteristics on Swallowing." *Archives of Oral Biology* 50:739-746.

Englyst, H. N., and J. H. Cummings. 1985. "Digestion of the Polysaccharides of Some Cereal Foods in the Human Small Intestine." *American Journal of Clinical Nutrition* 42:778-787.

______. 1986. "Digestion of the Carbohydrates of Banana (*Musa paradisiaca sapientum*) in the Human Small Intestine." *American Journal of Clinical Nutrition* 444:42-50.

______. 1987. "Digestion of Polysaccharides of Potato in the Small Intestine of Man." *American Journal of Clinical Nutrition* 45:423-431.

Evenepoel, P., D. Claus, B. Geypens, M. Hiele, K. Geboes, P. Rutgeerts, and Y. Ghoos. 1999. "Amount and Fate of Egg Protein Escaping Assimilation in the Small Intestine of Humans." *American Journal of Physiology (Endocrinol. Metabol.)* 277:G935-G943.

Evenepoel, P., B. Geypens, A. Luypaerts, M. Hiele, and P. Rutgeerts. 1998. "Digestibility of Cooked and Raw Egg Protein in Humans as Assessed by Stable Isotope Techniques." *Journal of Nutrition* 128:1716-1722.

Felger, R., and M. B. Moser. 1985. *People of the Desert and Sea: Ethnobotany of the Seri Indians*. Tucson: University of Arizona Press.

Fernandez-Armesto, F. 2001. *Food: A History*. London: Macmillan.（邦訳：『食べる人類誌――火の発見からファーストフードの蔓延まで』小田切勝子訳、早川書房、2003 年）

Fish, J. L., and C. A. Lockwood. 2003. "Dietary Constraints on Encephalization in Primates." *American Journal of Physical Anthropology* 120:171-181.

Fisher, J. R., and D. J. Bruck. 2004. "A Technique for Continuous Mass Rearing of the Black Vine Weevil, *Otiorhyncus Sulcatus*." *Entomologia Experimentalis et Applicata* 113:71-75.

Foley, R. 2002. "Adaptive Radiations and Dispersals in Hominin Evolutionary Ecology." *Evolutionary Anthropology* 11:32-37.

Fontana, B. L. 2000. *Trails to Tiburon: The 1894 and 1895 Field Diaries of W. J. McGee*. Tucson: University of Arizona Press.

Fontana, L., J. L. Shew, J. O. Holloszy, and D. T. Villareal. 2005. "Low Bone Mass in Subjects on a Long-Term Raw Vegetarian Diet." *Archives of Internal Medicine* 165:684-689.

Food Standards Agency. 2002. *McCance and Widdowson's The Composition of Foods: Sixth Summary Edition*. Cambridge, UK: Royal Society of Chemistry.

Frazer, J. G. 1930 (reprinted 1974). *Myths of the Origins of Fire*. New York: Hacker Art Books.

Fry, T. C., H. M. Shelton, and D. Klein. 2003. *Self Healing Power! How to Tap into the Great Power Within You*. Sebastopol, CA: Living Nutrition.

R.N., 3rd ed. London: John Murray.（邦訳：『ビーグル号航海記　上・中・下』島地威雄訳、岩波書店、1959-1961 年）

Davies, K. J. A., S. W. Lin, and R. E. Pacifici. 1987. "Protein Damage and Degradation by Oxygen Radicals. IV. Degradation of Denatured Protein." *Journal of Biological Chemistry* 262:9914-9920.

Dawson, J. 1881. *Australian Aborigines: The Languages and Customs of Several Tribes of Aborigines in the Western District of Victoria, Australia.* Melbourne, Australia: George Robertson.

de Araujo, I. E., and E. T. Rolls. 2004. "Representations in the Human Brain of Food Texture and Oral Fat." *Journal of Neuroscience* 24:3086-3093.

de Huidobro, F. R., E. Miguel, B. Blazquez, and E. Onega. 2005. "A Comparison Between Two Methods (Warner-Bratzler and Texture Profile Analysis) for Testing Either Raw Meat or Cooked Meat." *Meat Science* 69:527-536.

Dean, C., M. G. Leave, D. Reid, F. Schrenk, G. T. Schwartz, C. Stringer, and A. Walker. 2001. "Growth Processes in Teeth Distinguish Modern Humans from *Homo Erectus* and Earlier Hominins." *Nature* 414:628-631.

Deaner, R. O., K. Isler, J. Burkart, and C. van Schaik. 2007. "Overall Brain Size, and Not Encephalization Quotient, Best Predicts Cognitive Ability Across Non-Human Primates." *Brain, Behavior and Evolution* 70:115-124.

DeGusta, D., H. W. Gilbert, and S. P. Turner. 1999. "Hypoglossal Canal Size and Hominid Speech." *Proceedings of the National Academy of Sciences* 96:1800-1804.

DeVault, M. 1997. "Conflict and Deference." In *Food and Culture: A Reader*, C. Counihan and P. van Esterik, eds., 180-199. New York: Routledge.

Devivo, R., and A. Spors. 2003. *Genefit Nutrition.* Berkeley, CA: Celestial Arts.

Dominguez-Rodrigo, M. 2002. "Hunting and Scavenging by Early Humans: The State of the Debate." *Journal of World Prehistory* 16:1-54.

Donaldson, M. S. 2001. "Food and Nutrient Intake of Hallelujah Vegetarians." *Nutrition and Food Science* 31:293-303.

Doran, D. M., and A. McNeilage. 1998. "Gorilla Ecology and Behavior." *Evolutionary Anthropology* 6:120-131.

Driver, H. E. 1961. *Indians of North America.* Chicago: University of Chicago Press.

Dunbar, R. I. M. 1998. "The Social Brain Hypothesis." *Evolutionary Anthropology* 6:178-190.

Durkheim, E. 1933. *On the Division of Labor in Society.* George Simpson, trans. New York: Macmillan.

Dzudie, T., R. Ndjouenkeu, and A. Okubanjo. 2000. "Effect of Cooking Methods and Rigor State on the Composition, Tenderness and Eating Quality of Cured Goat Loins." *Journal of Food Engineering* 44:149-153.

Eastwood, M. 2003. *Principles of Human Nutrition*, 2nd ed. Oxford, UK: Blackwell.

Ellison, P. 2001. *On Fertile Ground.* Cambridge, MA: Harvard University Press.

Primates." In *Primate Ecology*, T. H. Clutton-Brock, ed., 557-580. London: Academic Press.

Cnotka, J., O. Güntürkün, G. Rehkämper, R. D. Gray, and G. R. Hunt. 2008. "Extraordinary Large Brains in Tool-Using New Caledonian Crows (Corvus moneduloides)." *Neuroscience Letters* 433:241-245.

Cohn, E. W. 1936. "In Vitro and In Vivo Experiments on the Digestibility of Heat-Treated Egg White." PhD diss., University of Chicago.

Collard, M., and B. A. Wood. 1999. "Grades Among the African Early Hominids." In *African Biogeography, Climate Change, and Early Hominid Evolution*, T. Bromage and F. Schrenk, eds., 316-327. New York: Oxford University Press.

Collier, J. F., and M. Z. Rosaldo. 1981. "Politics and Gender in Simple Societies." In *Sexual Meanings: The Cultural Construction of Gender and Sexuality*, S. B. Ortner and H. Whitehead, eds., 275-329. Cambridge, UK: Cambridge University Press.

Collin, F., D. Mattart, L. Pirnay, and J. Speckens. 1991. "L'obtention du feu par percussion: approche experimentale et traceologique." *Bulletin des Chercheurs de la Wallonie* 31:19-49.

Collings, P., C. Williams, and I. MacDonald. 1981. "Effects of Cooking on Serum Glucose and Insulin Responses to Starch." *British Medical Journal* 282:1032.

Combes, S., J. Lepetit, B. Darche, and F. Lebas. 2003. "Effect of Cooking Temperature and Cooking Time on Warner-Bratzler Tenderness Measurement and Collagen Content in Rabbit Meat." *Meat Science* 66:91-96.

Conklin-Brittain, N., R. W. Wrangham, and C. C. Smith. 2002. "A Two-Stage Model of Increased Dietary Quality in Early Hominid Evolution: The Role of Fiber." In *Human Diet: Its Origin and Evolution*, P. Ungar and M. Teaford, eds., 61-76. Westport, CT: Bergin & Garvey.

Connor, R. C. 2007. "Dolphin Social Intelligence: Complex Alliance Relationships in Bottlenose Dolphins and a Consideration of Selective Environments for Extreme Brain Size Evolution in Mammals." *Philosophical Transactions of the Royal Society of London Series B* 362:587-602.

Coon, C. S. 1962. *The History of Man: From the First Human to Primitive Culture and Beyond.*, 2nd ed. London: Jonathan Cape.

Coppinger, R., and L. Coppinger. 2000. *Dogs: A Startling New Understanding of Canine Origin, Behavior, and Evolution*. New York: Scribner.

Coqueugniot, H., J.-J. Hublin, F. Veillon, F. Houet, and T. Jacob. 2004. "Early Brain Growth in *Homo erectus* and Implications for Cognitive Ability." *Nature* 431:299-302.

Critser, G. 2003. *Fat Land: How Americans Became the Fattest People in the World*. Boston, MA: Houghton Mifflin.（邦訳：『デブの帝国――いかにしてアメリカは肥満大国となったのか』竹迫仁子訳、バジリコ、2003年）

Darwin, C. 1871 (2006). *The Descent of Man, and Selection in Relation to Sex*. In *From So Simple a Beginning: The Four Great Books of Charles Darwin*, E. O. Wilson, ed. New York: W. W. Norton, pp. 767-1254.（邦訳：『人間の進化と性淘汰』ダーウィン著作集1､2、長谷川眞理子訳、文一総合出版、1999年）

______. 1888. *A Naturalist's Voyage. Journal of Researches into the Natural History and Geology of the Countries Visited During the Voyage of H.M.S. "Beagle" Round the World Under the Command of Capt. Fitzroy,*

Bricker, H. M. 1995. *Le Paleolithique Superieur de l'Abri Pataud (Dordogne): Les Fouilles de H. L. Movius, Jr.* Paris: Documents d'Archeologie Française, Maison des Sciences de l'Homme.

Brillat-Savarin, J. A. 1971. *The Physiology of Taste: Or Meditations on Transcendental Gastronomy (1825).* New York: Alfred A. Knopf.

Brink, A. 1957. "The Spontaneous Fire-Controlling Reactions of Two Chimpanzee Smoking Addicts." *South African Journal of Science* 53:241-247.

Brown, M. A., L. H. Storlien, I. L. Brown, and J. A. Higgins. 2003. "Cooking Attenuates the Ability of High-Amylose Meals to Reduce Plasma Insulin Concentrations in Rats." *British Journal of Nutrition* 90:823-827.

Browne, K. 2002. *Biology at Work: Rethinking Sexual Equality.* New Brunswick, NJ: Rutgers University Press.

Bunn, H. T., and C. B. Stanford. 2001. "Research Trajectories and Hominid Meat-Eating." In *Meat-Eating and Human Evolution*, C. B. Stanford and H. T. Bunn, eds., 350-359. New York: Oxford University Press.

Burch, E. 1998. *The Inupiaq Eskimo Nations of Northwest Alaska.* Fairbanks: University of Alaska Press.

Byrne, R. W., and L. A. Bates. 2007. "Sociality, Evolution and Cognition." *Current Biology* 17: R714-R723.

Campling, R. C. 1991. "Processing Grains for Cattle?a Review." *Livestock Production Science* 28:223-234.

Carmody, R., and R. W. Wrangham. At press. "The Energetic Significance of Cooking." *Journal of Human Evolution.*

Carpenter, J. E., and S. Bloem. 2002. "Interaction Between Insect Strain and Artificial Diet in Diamondback Moth Development and Reproduction." *Entomologia Experimentalis et Applicata* 102:283-294.

Cartmill, M. 1993. *A View to a Death in the Morning: Hunting and Nature through History.* Cambridge, MA: Harvard University Press.（邦訳：『人はなぜ殺すか——狩猟仮説と動物観の文明史』内田亮子訳、新曜社、1995 年）

Charnov, E. L. 1993. *Life-History Invariants: Some Explorations of Symmetry in Evolutionary Ecology.* Oxford, UK: Oxford University Press.

Chivers, D. J., and C. M. Hladik. 1980. "Morphology of the Gastrointestinal Tract in Primates: Comparison with Other Mammals in Relation to Diet." *Journal of Morphology* 166:337-386.

______. 1984. "Diet and Gut Morphology in Primates." In *Food Acquisition and Processing in Primates*, D. J. Chivers, B. A. Wood, and A. Bilsborough, eds., 213-230. New York: Plenum Press.

Christian, M. G., and Christian, E. 1904. *Uncooked Foods and How to Use Them: A Treatise on How to Get the Highest Form of Animal Energy from Food.* New York: The Health-Culture Company.

Clark, J. D., and J. W. K. Harris. 1985. "Fire and Its Role in Early Hominid Lifeways." *African Archaeological Review* 3:3-27.

Clegg, M., and L. C. Aiello. 1999. "A Comparison of the Nariokotome *Homo erectus* with Juveniles from a Modern Human Population." *American Journal of Physical Anthropology* 110:81-94.

Clutton-Brock, T. H., and P. H. Harvey. 1977. "Species Differences in Feeding and Ranging Behaviour in

Journal of Clinical Nutrition 70:549S-554S.

Barton, R. A. 1992. "Allometry of Food Intake in Free-Ranging Anthropoid Primates." *Folia primatologica* 58:56-59.

Barton, R. N. E., A. P. Currant, Y. Fernandez-Jalvo, J. C. Finlayson, P. Goldberg, R. Macphail, P. B. Pettitt, and C. B. Stringer. 1999."Gibralter Neanderthals and Results of Recent Excavations in Gorham's, Vanguard and Ibex Caves." *Antiquity* 73:13-23.

Basedow, H. 1925. *The Australian Aboriginal*. Adelaide, Australia: F. W. Preece.

Beaumont, W. 1996 (first published 1833). *Experiments and Observations on the Gastric Juice and the Physiology of Digestion*. Mineola, NY: Dover.

Becker, G. S. 1985. "Human Capital, Effort, and the Sexual Division of Labor." *Journal of Labor Economics* 3:S33-S58.

Beeton, I. 1909. *Mrs. Beeton's Book of Household Management*. London: Ward, Lock.

Bermudez de Castro, J. M., and M. E. Nicolas. 1995. "Posterior Dental Size Reduction in Hominids: The Atapuerca Evidence." *American Journal of Physical Anthropology* 96:335-356.

Berndt, R. M., and C. H. Berndt. 1988. *The World of the First Australians*. Canberra, Australia: Aboriginal Studies Press.

Bird, R. 1999. "Cooperation and Conflict: The Behavioral Ecology of the Sexual Division of Labor." *Evolutionary Anthropology* 8:65-75.

Boag, P. T., and P. R. Grant. 1981. "Intense Natural Selection in a Population of Darwin's Finches (Geospizinae) in the Galápagos." *Science* 214:82-85.

Boback, S. M. 2006. "A Morphometric Comparison of Island and Mainland Boas (*Boa constrictor*) in Belize." *Copeia*:261-267.

Boback, S. M., C. L. Cox, B. D. Ott, R. Carmody, R. W. Wrangham, and S. M. Secor. 2007. "Cooking Reduces the Cost of Meat Digestion."*Comparative Biochemistry and Physiology* 148:651-656.

Boehm, C. 1999. *Hierarchy in the Forest: The Evolution of Egalitarian Behavior*. Cambridge, MA: Harvard University Press.

Boyd, R., and J. B. Silk. 2002. *How Humans Evolved*. New York: W. W. Norton.

Brace, C. L. 1995. *The Stages of Human Evolution*, 5th ed. Englewood Cliffs, NJ: Prentice-Hall.（邦訳：『人類の進化——人類と文化の起源』香原志勢、寺田和夫訳、鹿島研究所出版会、1972 年）

Bramble, D. M., and D. E. Lieberman. 2004. "Endurance Running and the Evolution of Homo." *Nature* 432:345-352.

Brand-Miller, J. 2006. *The New Glucose Revolution. New York*: Da Capo Press.

Breeks, J. W. 1873. *An Account of the Primitive Tribes and Monuments of the Nilagiris*. London: W. H. Allen.

Brewer, S. 1978. *The Forest Dwellers*. London: Collins.（邦訳：『森へ帰る』増井光子、増井久代訳、サンリオ、1979 年）

参考文献

Agetsuma, N., and N. Nakagawa. 1998. "Effects of Habitat Differences on Feeding Behaviors of Japanese Monkeys: Comparison Between Yakushima and Kinkazan. *Primates* 39:275-289.

Aiello, L., and J. C. K. Wells. 2002. "Energetics and the Evolution of the Genus *Homo*." *Annual Review of Anthropology* 31:323-338.

Aiello, L., and P. Wheeler. 1995. "The Expensive-Tissue Hypothesis: The Brain and the Digestive System in Human and Primate Evolution." *Current Anthropology* 36：199-221.

Albert, R. M., O. Bar-Yosef, L. Meignen, and S. Weiner. 2003. "Quantitative Phytolith Study of Hearths from the Natufian and Middle Palaeolithic Levels of Hayonim Cave (Galilee, Israel)." *Journal of Archaeological Science* 30:461-480.

Alberts, S. C., H. E. Watts, and J. Altmann. 2003. "Queuing and Queue-Jumping: Long Term Patterns of Reproductive Skew Among Male Savannah Baboons." *Animal Behavior* 65:821-840.

Alexander, R. D. 1987. *The Biology of Moral Systems*. Hawthorne, NY: Aldine de Gruyter.

——. 1990. "How Did Humans Evolve? Reflections on the Uniquely Unique Species." *Museum of Zoology, The University of Michigan, Special Publication* 1:1-40.

Alperson-Afil, N. 2008. "Continual Fire-Making by Hominins at Gesher Benot Ya'aqov, Israel." *Quaternary Science Reviews* 27:1733-1739.

Antón, S. C. 2003. "Natural History of *Homo Erectus*." *Yearbook of Physical Anthropology* 46:126-170.

Antón, S. C., and C. C. I. Swisher. 2004. "Early Dispersals of *Homo* from Africa." *Annual Review of Anthropology* 33:271-296.

Arlin, S., F. Dini, and D. Wolfe. 1996. *Nature's First Law: the Raw-Food Diet*. San Diego: Maul Brothers.

Armbrust, L. J., J. J. Hoskinson, M. Lora-Michiels, and G. A. Milliken. 2003. "Gastric Emptying in Cats Using Foods Varying in Fiber Content and Kibble Shapes." *Veterinary Radiology and Ultrasound* 44:339-343.

Arnqvist, G., T. M. Jones, and M. A. Elgar. 2006. "Sex-Role Reversed Nuptial Feeding Reduces Male Kleptoparasitism of Females in Zeus Bugs (Heteroptera; Veliidae)." *Biology Letters* 2:491-493.

Atkins, P., and I. Bowler. 2001. *Food in Society: Economy, Culture, Geography*. London: Arnold.

Austad, S. N., and K. E. Fischer. 1991. "Mammalian Aging, Metabolism, and Ecology-Evidence from the Bats and Marsupials." *Journal of Gerontology* 46:B47-B53.

Baksh, M. 1990. *Time Allocation Among the Machiguenga of Camana*. New Haven, CT: Human Relations Area Files Inc.

Barham, P. 2000. *The Science of Cooking*. Berlin: Springer.（邦訳：『料理のわざを科学する——キッチンは実験室』渡辺正、久村典子訳、丸善、2003 年）

Barr, S. I. 1999. "Vegetarianism and Menstrual Cycle Disturbances: Is There an Association?" *American*

人名索引

事項索引

著者紹介

リチャード・ランガム（Richard Wrangham）

1948年生まれ。ハーバード大学生物人類学教授。専門は霊長類の行動生態学。国際霊長類学会名誉会長。ピーボディ博物館霊長類行動生物学主幹、ウガンダのキバレ・チンパンジー・プロジェクト理事をつとめるほか、アメリカ芸術科学アカデミーおよび英国学士院（British Academy）フェローでもある。その功績を称えて、英国王立人類学協会からリバーズ記念賞を贈られた。著書に『善と悪のパラドックス』（NTT出版）、『男の凶暴性はどこからきたか』（デイル・ピーターソンとの共著、三田出版会）など。

訳者紹介

依田卓巳（よだ・たくみ）

翻訳家。おもな翻訳書に、ランガム『善と悪のパラドックス』、ウェイド『宗教を生みだす本能』、ブラウン他『使える脳の鍛え方』、スティクスラッド他『セルフドリブン・チャイルド』（以上、NTT出版）、ジョーンズ『チャヴ』『エスタブリッシュメント』（以上、海と月社）、ケープルズ『ザ・コピーライティング』（ダイヤモンド社）、ボーゲルスタイン『アップルvs.グーグル』（新潮社）など。

火の賜物

ヒトは料理で進化した

2010年3月31日　初　版第1刷　発行
2023年3月3日　新装版第1刷　発行

著者　リチャード・ランガム
訳者　依田卓巳
発行者　東　明彦
発行所　NTT出版株式会社
〒108-0023
東京都港区芝浦3-4-1
グランパークタワー
営業担当　電話　03-6809-4891
ファクス　03-6809-4101
編集担当　電話　03-6809-3276
https://www.nttpub.co.jp

装丁　コバヤシタケシ
本文デザイン　荒井雅美（TYPEFACE）
本文組版　株式会社群企画
印刷・製本　中央精版印刷株式会社

ISBN　978-4-7571-6088-0　C0040